पेंगुइन स्वदेश

अद्भुत सफलता का मार्गदर्शन

बहुमुखी प्रतिभा के धनी डॉ विवेक मानसिंह श्रेष्ठ मेंटॉर हैं, जो बिल ह्युलैट, डेविड पैकार्ड (एचपी), स्टीव जॉब्स (ऐप्पल), माईकल डैल (डैल) और जॉन चैम्बर्स (सिस्को) के साथ भी काम कर चुके हैं। इन्होंने अनेक स्टार्ट-अप शुरू किए और कई कंपनियों और एनजीओ के बोर्ड मैंबर हैं। डॉ मानसिंह का नाम साल 2000 में यूएस की "नेशनल हूज़ हू" की सूची में शामिल हो चुका है। आपको 2012 में चाणक्य लीडरशिप अवॉर्ड और 2016 में ऑन्त्रप्रोन्योर कनैक्ट द्वारा आईटी मैन ऑफ़ द ईयर, इंडिया से सम्मानित किया गया है। डॉ मानसिंह ने इलाहाबाद के एनआईटी से गोल्डमैडल प्राप्त किया, क्वींस यूनिवर्सिटी, कनाडा से पीएच डी और स्टैनफ़ोर्ड यूनिवर्सिटी से एग्ज़ीक्यूटिव मैनेजमेंट की शिक्षा प्राप्त की है।

आपके पास यूएस के छह पेटेंट हैं और आपने टैक्नोलॉजी की दो पुस्तकों में महत्त्वपूर्ण योगदान दिया है। आपके समाजसेवा के प्रोग्रामों में ग़रीबों के लिए जनरल अस्पताल, आईसीयू, आँख के अस्पताल और दिव्यांग बच्चों का स्कूल शामिल हैं।

रचना ठाकुरदास सिंह कई प्रकाशित पुस्तकों की लेखिका हैं। उनका उपन्यास *डेटिंग, डायपर्स एंड डिनायल* बेस्टसेलर रहा। उनके एक अन्य उपन्यास, *बैंड बाजा बॉएज़* का रूपांतरण वेब सीरीज़ *ममफोडगंज की बिन्नी* के रूप में हुआ है। उन्होंने साइकॉलोजी में एमए किया है और टाटा मोटर्स, इंफ़ोसिस और डैल में काम किया है। *न्यू इंडियन एक्सप्रेस* ने इन्हें 'देश की स्मार्ट और जागरूक महिला लेखकों में' शामिल किया है।

अनुवादक परिचय

विदुषी डॉ सोनल मित्रा एक लेखिका, अनुवादक और स्क्रिप्ट राईटर हैं। कई नामी प्रकाशन गृहों से उनकी पुस्तकें छप चुकी हैं, जिनमें बतौर लेखिका 6 पुस्तकें तथा अनुवादक के तौर पर 50 से अधिक पुस्तकें शामिल हैं। उनमें कुछ प्रसिद्ध लोगों की जीवनियाँ हैं तो कुछ विदेशी फ़िल्मों का अनुवाद भी। उन्होंने कुछ वर्ष केंद्रीय विद्यालय में नौकरी करने के बाद कई एडवर्टाइज़िंग एजेंसियों में काम किया। उसके बाद से स्वतंत्र रूप से लेखिका और अनुवादक के रूप में सक्रिय हैं।

किताब की प्रशंसा

'हर पाठक, चाहे उसका प्रोफ़ेशन या आयु कुछ भी हो, अपना जीवन बेहतर करने के लिए इस किताब में से कोई-न-कोई स्वर्णिम सबक़ अवश्य ही सीख पाएगा' **—नारायण मूर्ति, संस्थापक इंफ़ोसिस।**

'हरेक के लिए बहुत ही रुचिकर, प्रेरणादायक और प्रैक्टिकल किताब; इस किताब के हर पृष्ठ पर कम-से-कम एक ऐसा आइडिया आपको अवश्य मिलेगा, जिसे आप तुरंत अपना सकते हैं और अपनी ज़िंदगी बेहतर बना सकते हैं' **—राजन आनंदन, गूगल, माईक्रोसॉफ़्ट और डैल के भूतपूर्व अध्यक्ष।**

'हम सभी को मेंटॉर्स की ज़रूरत होती है। स्वयं ग़लती करने से बेहतर है कि आप मेंटॉर से सीखें; विवेक की यह अनमोल किताब आपको सारी उम्र मेंटॉर करेगी' **—जॉन चैम्बर्स, भूतपूर्व चेयरमैन और सीईओ, सिस्को।**

'तेनज़िंग नोरगे और एडमंड हिलेरी के मांउट एवरेस्ट पर विजय प्राप्त करने के एकदम बाद बहुत-से लोगों ने इसी काम को दोहराया। रोल मॉडल्स में ऐसी ताक़त होती है, जो डॉ मानसिंह की किताब आपको दर्शाती है। यह किताब किसी भी पाठक के लिए अद्‌भुत मेंटॉर सिद्ध होगी' **—डॉ देवी शेट्टी, संस्थापक, नारायण हृदयालय।**

'सफलता प्राप्त करने और अपनी क्षमता को पहचानने के लिए आपको एक गुरु या मेंटॉर की आवश्यकता होती है। यह अद्‌भुत किताब आपको मेंटॉर करके सफलता के रास्ते पर आगे ले जाएगी' **—मोहनदास पाई, चेयरमैन, मनीपाल एजुकेशन, आरिन कैपिटल, इंफ़ोसिस।**

'मैंने अनेक लेखकों की किताबें पढ़ी हैं, जिनमें से कुछ नाम हैं–रॉबिन शर्मा, एंथनी रॉबिंस और स्टीफ़न कोवि। यह किताब अलग-सी है और एक निजी मेंटॉर का काम करती है। मुझे यक़ीन है कि लाखों लोगों को इस किताब के रूप में एक मेंटॉर मिल जाएगा' —**मनोज झांजी, संस्थापक, कलैक्टिव वैंचर्स।**

'चाहे उनका भाषण हो या उनके साथ वार्तालाप या उनकी किताब पढ़ना, आपको कभी भी निराशा नहीं होगी . . . मैं इस बात की गारंटी लेता हूँ। इस किताब में निवेश किए कुछ सौ रुपए आपको लाखों रुपयों का फ़ायदा दे जाएँगे' —**प्रदीप बी, भूतपूर्व सीईओ और मैनेजिंग एडीटर, *सिलिकोनइंडिया* मैगज़ीन।**

'यह किताब हमें प्रेरणा देती है और हमें एक अच्छे लीडर में बदलकर, हमारे निजी विकास को प्रभावित करती हुई एक अच्छे मेंटॉर का रोल अदा करती है' —**वाणी कोला, संस्थापक और मैनेजिंग डायरेक्टर, कलारी कैपिटल।**

'विवेक की किताब एक शक्तिशाली मेंटॉर के रूप में है। यह अर्थपूर्ण सफलता की विशेषता और बड़े लक्ष्यों की पावर की व्याख्या करती है और अपने लक्ष्यों को पाने के लिए श्रेष्ठ बनने के मार्ग को दर्शाती है। यह किताब हर आयु के लोगों की मदद करेगी' —**मनोज कोहली, एमडी, सॉफ़्टबैंक एयरटेल।**

'विवेक की किताब भारत की प्राचीन धरोहर का समकालीन चित्रण है : आज की अस्त-व्यस्त दुनिया में किस प्रकार पूरी तरह संलग्न होकर, संपूर्ण रूप से कर्म योगी बना जाए। इनका संदेश इसलिए भी महत्त्वपूर्ण है कि विवेक जो कहते हैं, वही स्वयं भी करते हैं' —**स्वाति और रमेश रामानाथन, संस्थापक, जनाग्रह ग्रुप।**

'यह हर व्यक्ति के काम आने वाली एक महत्त्वपूर्ण किताब है। इसे पढ़कर पाठक स्वयं को श्रेष्ठ बना सकते हैं और सफलता के रास्ते पर आगे बढ़ सकते हैं' —**विनीता बाली, भूतपूर्व एमडी, ब्रिटानिया।**

'मुझे लक्ष्यचक्र और स्वयं को श्रेष्ठतम बनाने वाले विचार बहुत पसंद आए हैं। यह किताब बहुत ही ख़ूबसूरती से लिखी गई है और हर एक के लिए अति महत्त्वपूर्ण है' —**टीएन हरी, संस्थापक, अर्था स्कूल ऑफ़ ऑन्त्रप्रोन्योरशिप, लेखक व एंजल इंवेस्टर।**

'डॉ मानसिंह ने यह किताब कुछ इस तरह से लिखी है कि इसे पढ़ते समय पाठकों को महसूस होता है, जैसे वह मेंटॉर से वार्तालाप कर रहे हैं। यह किताब आपको अपने सपनों को पाने के लिए प्रेरित करती है और अपनी मंज़िल तक पहुँचने का रास्ता दिखाती है। हरेक को यह किताब ज़रूर पढ़नी चाहिए' —**शेफाली प्रकाश, असिस्टेंट डायरेक्टर, डिलायट, लंदन।**

'अद्‌भुत किताब, शुरू करने के बाद छोड़ने का मन नहीं करता। हर अध्याय में आपको कुछ नई सीख मिलती है। विवेक मानसिंह एक सफल मेंटॉर तो हैं ही और अब इस किताब के साथ एक उम्दा लेखक भी बन चुके हैं' —**शुभ्रा सिन्हा, सदस्य, बोर्ड एडवाईज़र, डाटावर्क्स, यूएसए।**

'यह किताब मेरी पढ़ी हुई वर्तमान की श्रेष्ठ किताबों में से एक है। यह किताब प्रत्येक पाठक को ज़रूर प्रभावित करेगी और सफलता का रास्ता दिखाएगी। चाहे वे ऑन्त्रप्रोन्योर्स, प्रोफ़ेशनल्स, विद्यार्थी या कोई अन्य व्यक्ति हों' —**गोकुल मुरलीधरण, संस्थापक, आरगॉयड, यूएसए।**

'मैं सदा यह सोचता था कि हमारा अनुभव हमारा श्रेष्ठ टीचर होता है। फिर यह किताब पढ़कर मेरा विचार बदल गया। मैं इस किताब को अपने मेंटॉर के रूप में, अपनी डैस्क पर हमेशा रखूँगा और हर साल पढ़ूँगा' —**सुजय दत्ता, इवैल्युसर्व, कनाडा।**

'यह अद्भुत तरीक़े से लिखी गई किताब है, जैसे कि आप लेखक की ज़ुबानी सुन रहे हैं। यह किताब जीवनभर के लिए आपको सबक़ देती रहेगी' **—मुदित दंडवते, संस्थापक, डोज़ी।**

'यह किताब एक बार शुरू करने के बाद छूटती ही नहीं। आप पहले एक अध्याय पढ़ते हैं, फिर दूसरा और फिर तीसरा और फिर . . . डॉ मानसिंह ने अपना अनुभव और मार्गदर्शन एक सरल और आसानी से समझ में आने वाले तरीक़े से आपके सामने रख दिया है' **—अशोक करानी, सीनियर डायरेक्टर, ग्लोबल सॉफ़्टवेयर, जीई हैल्थकेयर।**

'जिस तरह एक मेंटॉर के साथ वार्तालाप आपको प्रेरित करता है और आपका मार्गदर्शन करता है, इस किताब को पढ़ने से आप अपने निजी और प्रोफ़ेशनल जीवन में पग-पग पर सकारात्मकता, आशा और आत्मविश्वास से भर उठते हैं' **—स्वाति शर्मा, सहसंस्थापक और चीफ स्ट्रैटेजी ऑफ़िसर, थ्राईव।**

'डॉ मानसिंह ने यह किताब लिखकर हमेशा की तरह एक बार फिर छक्का मारा है। एक बार इस किताब को पढ़ना शुरू करके, आप इसे बीच में छोड़ना नहीं चाहेंगे। यह अद्भुत तरीक़े से लिखी गई अनमोल किताब है, जो आपको उद्देश्यपूर्ण बहुमुखी सफलता पाने का ब्लूप्रिंट उपलब्ध करवाती है' **—सुनील मेनन, प्रेसिडेंट, टैल्स्ट्रा।**

'वर्तमान में पढ़ने योग्य सबसे आवश्यक कुछ सौ पृष्ठ एक किताब में बंधे हैं। डॉ मानसिंह ने बहुमूल्य ज्ञान को, जो समय से परे है, बड़े कलात्मक तरीक़े से बुन-सा दिया है। मेरे विचार से यह किताब किसी भी आयु के व्यक्ति के लिए बहुमूल्य सिद्ध होगी' **—सिद्धार्थ चंद्रा, डाटा साइंटिस्ट, यूएसए।**

'सेल्फ़-डेवलपमेंट पर लिखी अधिकतर किताबें बेमेल-सी, अकारण सलाहों वाली होती हैं और इसलिए आधी पढ़कर लोग इन्हें छोड़ देते हैं। परंतु यह एक नई तरह की किताब है। यह प्रेरणादायक और प्रोत्साहित करने वाली

ऐसी किताब है, जो आपको बिना फ़ेल हुए आगे बढ़ने वाला रास्ता दिखाती है' —**अशोकन सत्तानाथन, संस्थापक, आहा टैक्नोलॉजीज़।**

'हर व्यक्ति को एक मेंटॉर की आवश्यकता होती है, चाहे उसकी आयु कुछ भी हो, पर हरेक को अच्छा मेंटॉर सरलता से नहीं मिलता। यह किताब एक अच्छे मेंटॉर की कमी पूरी करती है। मुझे इस किताब के रूप में उम्दा मेंटॉर मिल गया' —**श्रेया पुंज, रीड बैटर।**

अद्‍भुत सफलता का मार्गदर्शन

डॉ विवेक मानसिंह

और रचना ठाकुरदास

अनुवाद : डॉ सोनल मित्रा

पेंगुइन स्वदेश

पेंगुइन रैंडम हाउस इंप्रिंट

पेंगुइन स्वदेश

पेंगुइन स्वदेश, पेंगुइन रैंडम हाउस ग्रुप ऑफ़ कंपनीज़ का हिस्सा है,
जिसका पता global.penguinrandomhouse.com पर मिलेगा

पेंगुइन रैंडम हाउस इंडिया प्रा.लि.
चौथी मंज़िल, कैपिटल टावर 1, एमजी रोड,
गुरुग्राम 122002, हरियाणा, भारत

पेंगुइन
रैंडम हाउस
इंडिया

यह हिंदी संस्करण पेंगुइन स्वदेश में पेंगुइन रैंडम हाउस द्वारा 2024 में प्रकाशित

10 9 8 7 6 5 4 3 2 1

ISBN 9780143466383

टाइपसेटिंग : डीजीअल्ट्राबुक्स प्रा.लि., नई दिल्ली
मुद्रक : थॉमसन प्रेस इंडिया लिमिटेड, नई दिल्ली
यह पुस्तक रीसाइकल्ड कागज़ पर मुद्रित हुई है

www.penguin.co.in

MIX
Paper | Supporting responsible forestry
FSC www.fsc.org
FSC® C010615

मैं अपनी मम्मी की प्रेरणा और प्रार्थनाओं,
अपने पापा के विश्वास और मूल्यों,
अपने अध्यापकों और मेंटॉर्स के मार्गदर्शन
और
अर्थपूर्ण सफलता प्राप्त करने के अपने जुनून से बना हुआ व्यक्ति हूँ।

यह किताब मेरी पत्नी प्रीति को उसके प्रेम, सहायता व योगदान के लिए समर्पित है।
मेरे बच्चों अनंत, अनूशा, आयुष और हरवीन को उनके निरंतर प्रोत्साहन के लिए, और मेरी पोती इरा को भी समर्पित है।

इस किताब से प्राप्त सारी आय सदगुरू नेत्र चिकित्सालय, चित्रकूट, को ग़रीबों की आँखों की देखभाल के लिए समर्पित की जाएगी।

विषय सूची

लेखक के दो शब्द

कहते हैं, ज़िंदगी के साथ कोई निर्देश-पत्रिका नहीं आती। परंतु यह किताब जीवन के लिए अद्‌भुत निर्देश-पत्रिका है। यदि आप इसे यहाँ दिए गए निर्देशों के साथ पढ़ें तो यह जीवन के सभी पड़ावों पर श्रेष्ठ मेंटॉर का काम करेगी और आपको अद्‌भुत सफलता दिलाएगी।

मैं मेंटॉर की शक्ति पर और अपने द्वारा अपनाए गए सफलता प्राप्त करने के तरीक़ों पर अटल विश्वास रखता हूँ। दुनियाभर में जब भी मैंने भाषण दिया, तब श्रोताओं ने मुझसे पूछा है कि अद्‌भुत सफलता पाने के लिए मैंने इन तरीक़ों को कैसे अपने जीवन में लागू किया और क्या मैं ऐसी किसी किताब के नाम का सुझाव दे सकता हूँ? तो यह किताब उन सवालों का जवाब है। वास्तव में, केवल मैं ही नहीं हज़ारों लोगों ने, जिन्हें मैंने मेंटॉर किया है, उन अर्थपूर्ण सफलता प्राप्त करने के इन तरीक़ों से लाभ उठाया है, जो इस किताब में दिए गए हैं। **मेरा दृढ़ विश्वास है कि हर व्यक्ति को मेंटॉर की ज़रूरत होती है** और उसे मेंटॉर मिलना ही चाहिए। पर अच्छा मेंटॉर मिलना बहुत मुश्क़िल होता है। यह किताब आपके लिए जीवनपर्यंत की मेंटॉर सिद्ध होगी और आपकी अपने करियर व जीवन में सफल होने में मदद करेगी। मेरा सपना है कि इस क़िताब के माध्यम से दस लाख लोगों को मेंटॉर कर सकूँ।

यह किताब क्यों?

यह किताब जीवनभर आपको मेंटॉर और आपका मार्गदर्शन करेगी। इसमें दिए गए विचार, 15 वर्ष से अधिक आयु के, हाई स्कूल के विद्यार्थियों से सीनियर प्रोफ़ेशनल और सीईओ तक सभी लोगों के लिए फ़ायदेमंद हैं।

यह किताब संतुलित जीवन लक्ष्यों के माध्यम से, अर्थपूर्ण सफलता हासिल करने में आपका मार्गदर्शन करती है। यही ख़ुशी, परिपूर्णता और पश्चाताप मुक्त जीवन जीने का रहस्य है।

किताब का पहला भाग आपको वैसा व्यक्ति परिभाषित करने पर फ़ोकस करता है, जैसा बनने की आप महत्त्वाकांक्षा रखते हैं। यह आपको इच्छित जीवन लक्ष्यों को तय करने में मदद करता है, जो आपको अद्भुत प्रोफ़ेशनल सफलता सहित अर्थपूर्ण सफलता पाने में मदद करेगा।

दूसरा भाग, आपको श्रेष्ठ (बेस्ट वर्ज़न ऑफ़ योरसेल्फ़) और अपनी इच्छाओं के योग्य व्यक्ति बनने में मदद करता है। इस किताब में दिए गए सबक़ और शिक्षाएँ आसानी से उपयोग की जा सकती हैं और यही इस किताब की अनोखी बात है। इस किताब में दिए गए विचार लेखक के अपने जीवन के वास्तविक अनुभवों पर आधारित हैं।

यह किताब अनेक अति सफल, विश्व-स्तर के व्यक्तियों की सलाहों से भरपूर है। इन लोगों ने इस किताब के लिए ये ख़ास इंटरव्यू दिए हैं। जिन विचारों का विवरण इस किताब में दिया गया है, वैसे ही विचारों पर अमल करते हुए इन योग्य व्यक्तियों ने भरपूर प्रसिद्धि और अर्थपूर्ण सफलता प्राप्त की है।

अनेक मेंटीज़ ने, जिन्होंने इस किताब में बताई गई प्रक्रिया और तकनीक का उपयोग किया है, अपने अनुभव शेयर किए हैं और यह भी बताया है कि उन्हें मेंटॉरिंग से कैसे मदद मिली है। मुझे इस बात का पक्का यक़ीन है कि इनमें से कुछ लोग आपके जैसे जीवन-स्थिति में होंगे और आपको प्रेरित करेंगे।

इस किताब से कैसे लाभ उठाया जाए?

इस किताब में दिए गए सफल होने के तरीक़े, विश्वसनीय और अनुभव पर आधारित हैं। परंतु इन्हें अपने जीवन में लागू करना ही असली और महत्त्वपूर्ण बात है। इसलिए ध्यान रहे कि जो भी सुझाव इस किताब में दिए गए हैं, आपको पूरे अनुशासन से, उन्हीं के अनुसार अपने जीवन में अमल करना है।

सबसे पहले किताब को सरल ढंग से पढ़ें। फिर स्वयं को केंद्र में रखकर, हर अध्याय को दोबारा से पढ़ें और सोचें कि आप इसे अपने जीवन में कैसे लागू कर सकते हैं। फिर अपने लक्ष्य चक्र को निर्धारित करें, **एक नोटपैड लें और अपने इन लक्ष्यों को लिखें**। एक बार लक्ष्यों को स्पष्ट रूप से लिख लेने के बाद, पूरे जुनून के साथ काम शुरू करें। अपने लक्ष्यों में पूरी तरह रम जाएँ। आपको यह देखकर हैरानी होगी कि आपमें कितनी क्षमता है और आप कितना कुछ कर सकते हैं। बाक़ी के अध्यायों में दिए गए विचार, श्रेष्ठ बनने में और सफलता पाने में आपकी मदद करेंगे।

यदि, आपके पास इस किताब को पढ़ने के बाद भी कुछ सवाल हैं तो आप इन्हें मेरी वेबसाइट www.vivekmansingh.com पर या किताब के अंत में दी गई सोशल मीडिया साइट पर सबमिट कर सकते हैं। मेंरी वेबसाइट पर आपको बहुत-सी अन्य सहायताएँ भी मिलेंगी जैसेकि टॉक्स और इंटरव्यू, जो आपकी सफलता की यात्रा में आपको प्रेरणा देती रहेंगे। यह वेबसाइट निःशुल्क है।

अब आगे का काम आपको करना है। जाइए और अर्थपूर्ण सफलता की जीत हासिल कीजिए!

ARMY TRAIN
फ़तेहपुर

प्रस्तावना

नवंबर 1962 की बात है, एक स्टीम इंजिन काले बादलों का धुंआ उड़ाता, लगभग दस डिब्बों की ट्रेन के साथ फ़तेहपुर रेलवे स्टेशन पर आकर रुका। इस ट्रेन को यहाँ केवल कुछेक मिनट ही रुकना था।

प्लेटफ़ॉर्म हमेशा की तरह लोगों से भरा हुआ था, पर आज यहाँ महिलाओं की संख्या अधिक थी। अपनी साड़ी की प्लीटों को एक हाथ से थामे, वे महिला लगभग भाग ही रही थीं। नहीं, ट्रेन पर चढ़ने के लिए नहीं। एक छोटा लड़का कभी भागता और कभी चलता हुआ, उन महिला के साथ लंबे डग भरते, कदमों से कदम मिलाने की कोशिश कर रहा था।

ट्रेन की खिड़कियाँ खुली थीं और लकड़ी की सीटों पर हमारी फ़ौज के सिपाही यूनिफ़ॉर्म पहने बैठे थे। ये फ़ौजी, भारत और चीन के बीच एक महत्त्वपूर्ण जंग लड़ने जा रहे थे।

वह महिला अपने बेटे के साथ ट्रेन के एक डिब्बे के समीप रुकीं। उन्होंने एक फ़ौजी के हाथ में एक पैकेट दे दिया। यह उनका अपने हाथों से, ख़ूबसूरती से बुना हुआ स्वेटर था–मैरून रंग का स्वेटर, जिस पर सुंदर डिज़ाइन बनी हुई थी। चूँकि यह युद्ध पर्वतों पर, 4000 मीटर की ऊँचाई पर हो रहा था, इसलिए फ़तेहपुर की बहुत-सी महिलाओं ने उन महिला के नेतृत्व में जवानों के लिए स्वेटर बुने थे। ये सभी महिलाएँ पैकेटों में मिठाइयाँ और नमकीन भी बनाकर लाई थीं।

ट्रेन की खिड़कियों पर महिलाओं की कतारें लगी थीं, जो मातृभूमि के सपुत्रों को स्वेटर और पैकेट पकड़ा रही थीं।

कुछ ही मिनटों में, इंजिन ने सीटी दी और ट्रेन जाने को तैयार हो गई। छह साल का छोटा-सा लड़का वहीं स्तब्ध खड़ा था। **इस घटना ने और उन महिला ने, जो उसकी मम्मी थीं और एक मज़बूत चरित्र की देशभक्त थीं, उस बच्चे के जीवन पर गहरा प्रभाव डाला।** वो छोटा लड़का यही विवेक था। इसी समय से उसने अपनी मम्मी के आदर्शों और सही मूल्यों को सदा के लिए अपने जीवन में उतार लिया था।

मेरी यात्रा

1

अद्भुत और अर्थपूर्ण सफलता की मेरी यात्रा : इस अनुभव से मिली सीख

'जीवन का अर्थ केवल जीवित रहना ही नहीं है, बल्कि जीने के लिए कुछ अद्भुत और अर्थपूर्ण करना है' —डॉ विवेक मानसिंह

मैं आशावादी हूँ। मेरा मानना है कि कोई भी व्यक्ति, चाहे वह समाज के छोटे या किसी भी स्तर से ही क्यों न हो और उसने जीवन में कितनी ही कठिनाइयों का सामना किया हो, अद्भुत और उद्देश्यपूर्ण सफलता हासिल कर, अर्थपूर्ण ज़िंदगी जी सकता है। मैं समझता हूँ कि अगर एक कृषि प्रधान और छोटे शहर का एक सीधा-सादा लड़का, आगे चलकर डेविड पैकार्ड और बिल ह्युलेट (ह्युलेट पैकार्ड), स्टीव जॉब्स (ऐप्पल), माइकल डैल (डैल) और जॉन चेम्बर्स (सिस्को) जैसे टैक्नोलॉजी लीडर्स के साथ काम कर सकता है, (शायद मैं इस दुनिया का एकमात्र व्यक्ति हूँ, जिसने इन सभी विशिष्ट व्यक्तित्व वाले जाने-माने लोगों के साथ काम करने का गौरव पाया है) तो कोई भी व्यक्ति अपने जीवन में आगे चलकर कुछ भी विशिष्ट और अद्भुत सफलता हासिल कर सकता है।

हालाँकि, मैं यह स्पष्ट करना चाहता हूँ कि मैं नारायण मूर्ति या राहुल द्रविड़ जैसा सफल और प्रसिद्ध व्यक्ति नहीं हूँ। मैं आप सब जैसा ही साधारण व्यक्ति हूँ, जिसने अपनी क्षमता को विकसित करके, साथ ही, उद्देश्यपूर्ण लक्ष्यों के पीछे चलकर अद्भुत और अर्थपूर्ण सफलता प्राप्त की है।

अर्थपूर्ण सफलता तब प्राप्त होती है, जब कोई व्यक्ति अपने बहुमुखी संतुलित और इच्छित जीवन लक्ष्यों को निर्धारित करता है और फिर उन्हें प्राप्त करता है। यह बार-बार देखा गया है कि अर्थपूर्ण सफलता प्राप्त करने से ही जीवन में स्थायी तृप्ति और ख़ुशी मिलती है और बाद में पछतावे से भी बचा जा सकता है।

लेकिन इससे पहले कि मैं अपनी अर्थपूर्ण सफलता की यात्रा से सीखे गए सबक़ आपके साथ शेयर करूँ, मैं अपनी जीवन यात्रा की कहानी आप सबको बताना चाहूँगा। मैं यह मानता हूँ कि कहानियाँ अपनी बात समझाने का सबसे शक्तिशाली तरीक़ा हैं और मेरी कहानी से आप **अद्भुत और अर्थपूर्ण सफलता** के मायने और इसे प्राप्त करने के विकल्प को अच्छी तरह से समझ पाएँगे।

3-4-'56, बहुत ही अद्वितीय तारीख़ थी, जब मेरा जन्म श्री उदय और श्रीमति रेखा मानसिंह के यहाँ हुआ। मेरी पैदाईश फ़तेहपुर, उत्तर प्रदेश के एक छोटे-से शहर में घर पर ही हुई थी। मेरी परवरिश संयुक्त परिवार में हुई। हम सभी चचेरे भाइयों के घर ही पास-पास नहीं थे, बल्कि हम दिलों से भी एक-दूसरे के क़रीब थे। हम सभी चचेरे भाइयों की एक टोली थी, जो सिर्फ़ एक साथ खेलते ही नहीं थे, बल्कि एक-दूसरे के दोस्त व हमराज़ भी थे। हमें किसी के भी घर में कुछ भी खाने और कहीं भी सोने के लिए खुली छूट थी।

मैंने फ़तेहपुर के गवर्नमेंट इंटरमीडिएट कॉलेज में पढ़ाई की, जोकि एक बहुत ही मामूली हिंदी मीडियम कॉलेज था। परंतु इस बात ने मुझे कभी परेशान नहीं किया। मेरी निगाहें स्वयं को कुछ बड़ा बनाने पर टिकी थीं और एक 'श्रेष्ठ' रोल मॉडल का स्वरूप व आदर्श, मेरी मम्मी द्वारा बहुत पहले ही मेरे जीवन में स्थापित कर दिया गया था। मेरी मम्मी ने मुझे मेरे चाचा और चचेरे भाइयों से प्रेरणा लेने के लिए कहा, जो शैक्षिक और व्यवसायिक सफलता हासिल कर रहे थे।

कॉलेज के बाद मैंने मोतीलाल नेहरू नेशनल इंस्टीट्यूट ऑफ़ टैक्नोलॉजी, इलाहाबाद से मैकेनिकल इंजीनियरिंग में अपनी क्लास में सर्वोत्तम स्थान के साथ ग्रेजुएशन किया और अकादमिक गोल्ड मैडल प्राप्त किया। मैंने अपने

इंजीनियरिंग कॉलेज के साथ-साथ इलाहाबाद यूनिवर्सिटी के लिए बैडमिंटन भी खेला। साथ में, मैंने टेनिस, क्रिकेट और ब्रिज के टूर्नामेंट भी खेले। मुझे संगीत में काफ़ी रुचि थी और पुरानी हिंदी फ़िल्मों के गीतों को गाने से ख़ास लगाव था। मेरी छोटी बहन सुरभि अद्भुत, सुरीली और अवॉर्ड प्राप्त गायिका है और उसी से प्रेरणा पाकर मैंने बहुत-से संगीत के प्रोग्रामों में भी हिस्सा लिया।

मेरी पहली नौकरी जेके सिंथेटिक्स में लगी थी, जो कोटा, राजस्थान में है। काम के बाद मैं वहाँ बिलियर्ड्स, क्रिकेट और बैडमिंटन खेलता था और संगीत के कार्यक्रमों में भी भाग लेता था। दोस्तों के ज़ोर देने पर मैंने क्लब के अध्यक्ष पद के लिए चुनाव लड़ा। हैरानी की बात यह रही कि नया होने के बावजूद, मैं जीत गया! **अब मैं अपने अंदर की लीडरशिप योग्यताओं के बारे में जागरूक होने लगा था।**

वहाँ से मैं मैकेनिकल इंजीनियरिंग में एमएस करने, क्वीन्स यूनिवर्सिटी, कनाडा गया। मुझे मैकलॉघलिन फ़ैलोशिप द्वारा सौ फ़ीसदी छात्रवृति प्राप्त हुई। यह मेरे जीवन का महत्त्वपूर्ण परिवर्तनकाल था! क्वीन्स यूनिवर्सिटी का बहुत ही ख़ूबसूरत कैंपस था। मैं दिल में एक जुनून लेकर आया था। मेरे अंदर लालसा थी, कुछ पाने की लालसा, कुछ सीखने की लालसा और मैंने अपने रास्ते में मिली हर प्रकार की शिक्षा (सीख) दोनों हाथों से समेट ली। आमतौर पर लोगों को मास्टर्स पूरा करने में लगभग दो साल लग जाते हैं, लेकिन मैंने यह डिग्री चौदह महीने में पूरी कर ली।

यूरोप की यात्रा के रूप में मैंने स्वयं को पुरस्कार दिया। मैंने लगभग दस देशों का दौरा किया होगा और हर जगह से जीवन की जो सीख मिली, वो शानदार और बहुमूल्य थी। उसके बाद, मैंने क्वीन्स यूनिवर्सिटी, कनाडा में अपनी पीएचडी शुरू की, जो 1986 में पूरी की। अपनी पीएचडी थीसिस लिखने के दौरान मैंने लिहाई यूनिवर्सिटी, पेन्सिलवेनिया, यूएसए में एक सहायक प्रोफ़ेसर के रूप में भी काम किया।

उसी दौरान भारत में अपने कज़िन की शादी में मैं अपनी भावी जीवन साथी प्रीति से मिला। हमारी शादी हो गई और हम पेन्सिलवेनिया के बेथलहम

शहर में अपने नए जीवन की शुरुआत करने आ गए। यहीं हमारे पहले बेटे अनंत का जन्म हुआ और हमारा जीवन ख़ुशहाल व मज़े में चलने लगा।

मेरा प्रोफ़ेशनल करियर 1987 में कैलिफ़ोर्निया के क्यूपर्टिनो में ह्युलेट-पैकार्ड (एचपी) के साथ शुरू हुआ। मैंने एचपी कंप्यूटर्स के लिए कुछ लीडिंग-एज (अपने समय के पहले) टैक्निकल डिज़ाइन का काम किया, कई टैक्निकल पेपर्स प्रकाशित किए और एचपी के लिए पहले पेटेंट को फ़ाइल करके अपनी **'इनोवेशन और पेटेंट' यात्रा की ओर कदम बढ़ा दिए।**

इसके साथ ही, ह्युलेट पैकार्ड के दिग्गज संस्थापकों के संपर्क से मुझे बहुत कुछ सीखने का मौक़ा मिला। एक बार, एचपी के निजी जेट पर सैन होज़े से कोलोराडो स्प्रिंग्स की यात्रा पर जाने से पहले, जब मैं सैन होज़े हवाई अड्डे के एचपी के निजी टर्मिनल पर इंतज़ार कर रहा था तो मैंने डेविड पैकार्ड और बिल ह्युलेट को अंदर आते हुए देखा। डेविड पैकार्ड कॉफ़ी मशीन पर कॉफ़ी बनाने जा रहे थे और उन्होंने मुझसे भी पूछा कि क्या मुझे भी कॉफ़ी चाहिए–उनके इस विनम्र व्यवहार ने मुझे बहुत प्रभावित किया। फ़्लाइट के दौरान उन्होंने मुझे अपने और बिल के बीच बैठने को कहा। मैं ख़ुशी से भावविभोर हो उठा। फिर, उन्होंने मुझसे पूछा कि एचपी में मेरी अब तक की दो सबसे बड़ी उपलब्धियाँ क्या हैं? मैंने अपने पेटेंट और एक पेपर का वर्णन किया, जिसमें मैंने एचपी की मैगज़ीन में एयरफ़्लो और थर्मल कंप्यूटर सिमुलेशन के बारे में लिखा था और जिसे मैंने सुपरकंप्यूटर 'क्रे' का उपयोग करके किया था। उन्होंने मेरी बातों को बहुत ध्यान से सुना और मुझसे बहुत सारे सवाल भी पूछे। जब हमारी फ़्लाइट लैंड हुई तो मैंने उनसे पूछा कि अपने करियर को उन्नत बनाने के लिए मुझे अपनी कौन-सी योग्यताओं को विकसित करना चाहिए। इसके जवाब में जो उन्होंने कहा, उसे मैंने हमेशा दिमाग़ में बिठाकर रखा है–***निरंतर सीखते रहो और हर समय स्वयं को पहले से बेहतर बनाने की कोशिश में लगे रहो।*** कितने बढ़िया लीडर्स थे, सरल व प्रैक्टिकल विचारों के आदर्श रूप, जिन्होंने एचपी को दुनिया के सर्वोच्च कॉर्पोरेशंस में से एक के रूप में स्थापित किया। ऐसे दयालु लोग, जिन्होंने अपनी अधिकांश संपत्ति स्टैनफ़ोर्ड यूनिवर्सिटी को दे दी थी!

अपने छात्र जीवन से ही लक्ष्य निर्धारित करने की आदत होने के कारण, अब मैं अपने अगले लक्ष्यों के बारे में सोच रहा था। मैं आपको एक बात बताता हूँ–जब तक स्टूडेंट पढ़ाई कर रहा होता है तो लक्ष्य सरल होते हैं : *अपना सर्वश्रेष्ठ प्रदर्शन करके, अच्छे नंबर प्राप्त करें और एक अच्छी नौकरी प्राप्त करें।* यह स्पष्ट और साफ़ बात है। लेकिन जब कोई कॉलेज के बाद अपना करियर शुरू करता है तो यह लक्ष्य धुंधले पड़ जाते हैं। इसकी जगह व्यक्ति अवसरवादी हो जाता है और उसे इस बात का अहसास भी नहीं होता (कि वह अवसरवादी बन रहा है)। इस समय, यह जानना बहुत ही महत्त्वपूर्ण है कि अब फिर से नए लक्ष्य निर्धारित करने की आवश्यकता है।

> *'जिस व्यक्ति को अपने लक्ष्य का पता हो, दुनिया उसके लिए रास्ता छोड़ देती है' —महात्मा गांधी*

मैं भी लक्ष्यों की अथाह शक्ति में विश्वास रखता हूँ। उस वक़्त तक, शायद मेरा पथ भी वही था, जो मेरे समान बैकग्राउंड से आए अन्य लोगों का होता है। पर उस समय मैंने एक अलग लक्ष्य निर्धारित कर लिया था। मेरा लक्ष्य था कि मैं 40 साल की आयु तक पहुँचने के पहले आर्थिक रूप से स्वावलंबी हो जाऊँ। यह 30 साल के उस युवक का लक्ष्य था, जिसके पास अभी ग्रीनकार्ड नहीं था, न परिवार से धरोहर में मिला कोई धन था और उस पर पत्नी और नवजात शिशु की ज़िम्मेदारी थी। मैंने लक्ष्य को स्पष्ट शब्दों में लिख लिया–*40 की आयु में आर्थिक रूप से स्वावलंबी होने की मेरी परिभाषा क्या है?*

लक्ष्य निर्धारित करके उसे लिख लेना बहुत ही आवश्यक है, यह हमें निरंतर याद दिलाता रहता है कि हमारा लक्ष्य क्या है और हमारा दिमाग़ फ़ालतू इधर-उधर भटकने से बच जाता है। मैंने यह लक्ष्य तो निर्धारित कर लिया था। *लेकिन अब मैं इसे हासिल करूँ तो कैसे?* मैंने बहुत सोच-विचार किया। आख़िर में मैंने एक फ़ैसला लिया कि मैं ऐसे अनोखे उपकरण का आविष्कार करूँगा जिसे मैं किसी कंपनी को लाइसेंस कर सकूँ और उससे रॉयल्टी पा सकूँ। इस विचार ने मेरे दिमाग़ में घर कर लिया। एचपी में अपने दिनभर के

काम के बाद, मैं हर समय इसके बारे में सोचता रहता था। अनेक विचार मेरे दिमाग़ में आते-जाते थे; कुछ तो रात को भी मेरे दिमाग़ में चलते रहते थे। मुझे लगता कि मैं अगर सो गया तो उठने पर शायद भूल जाऊँगा। मुझ पर कोई इन्वेंशन करने का जुनून सवार था। प्रीति ने मुझे सुझाव दिया कि मैं अपने बिस्तर के पास एक नोटपैड और पेन रखूँ, फिर जो भी विचार मेरे दिमाग़ में आए उसे लिख लूँ, ताकि मेरा मन शांत हो सके और मैं आराम से सो सकूँ। मेरी शामें और वीकएंड, इन विचारों को आकार देते हुए, मेरे गैरेज में बीतते थे। एक साल में ही, मैंने एक उपकरण (इंस्ट्रयुमेंट) का आविष्कार कर लिया (यह मेरे एचपी के काम से संबंधित नहीं था), इसे पेटेंट करवा लिया और बौस्टन स्थित एक कंपनी, कैम्ब्रिज एक्यूसेंस को इसका लाइसेंस बेच दिया। जिस पर मुझे रॉयल्टी मिलने लगी और यह सिलसिला सत्रह साल तक चला। अलग सोच और इन्वेंशन करके, मैंने अपने 'आर्थिक स्वतंत्रता' वाले लक्ष्य को पा लिया। **बड़े लक्ष्य निर्धारित करके और मेहनत व जुनून से उस पर काम करके सफलता प्राप्त करने का यह मेरा बहुत ही अच्छा अनुभव था।**

1991 में, मैं एचपी से फ़ुजित्सु में आ गया। यहाँ मैं स्पष्ट रूप से सेल्स व मार्केटिंग का अनुभव हासिल करने आया था। मैं यह बताना चाहूँगा कि यहाँ मेरा स्तर और वेतन मेरे वर्तमान ओहदे से नीचे था! लेकिन मैंने इसे बिना किसी हिचक के स्वीकार कर लिया। मेरे दिमाग़ में यह बात साफ़ थी कि मुझे अपने प्रोफ़ेशनल अनुभव और प्रोफ़ाइल को मल्टी स्किल्ड करना है। (हर दृष्टिकोण से बढ़िया और बहुमुखी बनाना है)।

मैंने फ़ुजित्सु के मल्टीमिलियन डॉलर माइक्रोइलेक्ट्रॉनिक व्यवसाय को स्थापित करने के लिए, अमेरिका और जापान में आर एंड डी इंजीनियरों, मार्केटिंग प्रबंधकों और बिक्री प्रबंधकों की एक टीम का नेतृत्व किया। इसी दौरान हमारे दूसरे बेटे आयुष का जन्म हुआ। अधिक-से-अधिक सीखने की मेरी इच्छा कम नहीं हो रही थी, बल्कि बढ़ती ही जा रही थी। इसलिए मैंने स्टैनफ़ोर्ड विश्वविद्यालय से एग्ज़ीक्यूटिव बिज़नेस मैनेजमेंट प्रोग्राम को भी पूरा किया।

मेरा अगला लक्ष्य अमेरिका में अपने फ़ील्ड में नंबर एक बनना और अपनी ख़ुद की कंपनी शुरू करना था। मैंने 1997 में एटीटीआई नाम से एक

नई, इंजीनियरिंग सर्विसेज़ की कंपनी सांता क्लारा, कैलिफ़ोर्निया, में स्थापित की। जल्द ही, इसने रफ्तार पकड़ ली और ऐप्पल, सिस्को, एचपी और जुनिपर नेटवर्क्स जैसी नामी कंपनियाँ इसकी ग्राहक बनीं। इस दौरान, मुझे स्टीव जॉब्स के साथ *आईमैक (iMac)* कंप्यूटर पर काम करने का अवसर मिला। स्टीव के दूसरी बार ऐप्पल के सीईओ बनने के बाद, यह ऐप्पल का पहला प्रॉडक्ट था। डिज़ाइन के प्रति ख़ास लगाव के कारण, स्टीव ने हमें बड़े मुश्क़िल डिज़ाइन के साथ, अंदर के फ़ैन के बग़ैर, एक आईमैक (कंप्यूटर) तैयार करने की चुनौती दी। बहुत सारे विश्लेषण, नई और रचनात्मक सोच के बाद, हमने एक अनोखा समाधान तैयार कर ही लिया। लाँच के दौरान स्टीव जॉब्स ने इसकी बहुत ही सराहना की और इसके गुणों की चर्चा स्वयं सबके सामने की। हमारे लिए बेहद गर्व का क्षण तो तब आया, जब हमें आईमैक के एक बड़े पोस्टर पर स्टीव द्वारा व्यक्तिगत रूप से लिखा एक नोट मिला, 'विवेक और टीम, आप सबकी मदद के लिए बहुत-बहुत धन्यवाद, हम आपके बिना यह कार्य नहीं कर सकते थे।' **अन्वेषण (इनोवेशन), उत्कृष्टता (एक्सलेंस), लीडरशिप योग्यताओं का बेजोड़ काम!**

अब मैं अमेरिका में, अपने क्षेत्र में, चोटी पर पहुँच गया था, मेरे नाम पर छह अमेरिकी पेटेंट थे और अब मैं तकनीकी से जुड़े सम्मेलनों में एक स्टार स्पीकर भी था। मैंने दुनियाभर के सौ से अधिक श्रेष्ठ यूनिवर्सिटीज़ और टैक्निकल कंपनियों में तकनीकी सेमिनारों को संबोधित किया। उसी दौरान शैक्षिक प्रकाशक मैकग्रॉ हिल ने मुझसे एक किताब लिखने के लिए संपर्क किया। मैंने लिखना शुरू किया, लेकिन मैं कार्पल टनल सिंड्रोम से परेशान हो गया। (इसमें कलाई पर बार-बार प्रेशर पड़ने से हाथ में और ख़ासकर अंगूठे की ओर नीचे एक नस में दर्द होने लगता है) और इससे मुझे टाईप करने में बहुत दर्द होने लगा। अत: इसे फिर मैकग्रॉ हिल हैंडबुक में इलेक्ट्रॉनिक सिस्टम डिज़ाइन पर एक अध्याय के रूप में लिख दिया।

एटीटीआई का पूरी तरह से एविड में विलय हो गया और वह इसकी अनुसंधान एवं विकास (आर एंड डी) की शाखा बन गई। एविड एक इंजीनियरिंग डिज़ाइन सॉफ़्टवेयर और थर्मल उत्पाद की कंपनी बन गई,

जिसका सालाना रेवेन्यू $350 मिलियन से अधिक था। इसे 1999 में अमेरिका में *फ़ॉर्च्यून* मैगज़ीन की सबसे तेज़ी से बढ़ती सौ कंपनियों में से एक के रूप में लिस्ट किया गया। अपनी अन्य भूमिकाओं के अलावा, मैंने वॉल स्ट्रीट पर एविड के प्रवक्ता के रूप में अपनी भूमिका का विशेष रूप से आनंद लिया। **मुझे अपने कार्य में श्रेष्ठ होने का जुनून था और इसके परिणामों को पाकर मुझे बेहद ख़ुशी मिल रही थी।**

फिर जीवन ने मुझे एक चक्रव्यूह में फेंक दिया : मुझे पता चला कि मेरी मम्मी, जो मेरी प्रेरणा थीं, गुर्दे (किडनी) फ़ेल होने के अंतिम चरण पर हैं। मैं और मेरा भाई उन्हें स्टैनफ़ोर्ड अस्पताल ले गए और यहाँ सभी परीक्षणों के बाद हमें बताया गया कि उनके पास जीने के लिए सिर्फ छह महीने बाक़ी हैं। यह बात सुनकर हम पर दुखों का पहाड़ टूट पड़ा था। बिना समय गँवाए मैंने अपने परिवार के साथ भारत लौटने का फ़ैसला किया। **यह मेरे जीवन के सबसे बड़े और सबसे कठिन फ़ैसलों में से एक था** और यह केवल इसलिए संभव हुआ क्योंकि प्रीति बिना किसी हिचकिचाहट के इस निर्णय में मेरे साथ थी। मेरे दोनों बच्चों, अनंत और आयुष ने भी इस फ़ैसले में मेरा साथ दिया, हालाँकि उनको अपने दोस्तों, स्कूल और ऐसे जीवन को छोड़कर जाना पड़ रहा था, जिसे वे अब तक जीने के आदी थे। **जब मैं पीछे मुड़कर देखता हूँ तो अपने इस बहुत मुश्क़िल निर्णय के लिए परिवार के साथ ख़ुद भी बहुत ख़ुश और गौर्वान्वित महसूस करता हूँ।**

मेरे लिए अपनी मम्मी के साथ भारत में रहना बेहद सुखद था–मम्मी को अपने पोते-पोतियों के साथ खेलते हुए देखना और हम सबके साथ ख़ुशी भरे पल बिताते देखना, मेरे लिए बहुत सुकून से भरा था। मेरे जीवन की पुस्तक का यह अध्याय हमें सिखाता है कि **जीवन के विभिन्न चरणों में विभिन्न लक्ष्य अधिक अहमियत रखते हैं।** आपको मुश्क़िल लक्ष्यों से घबराना नहीं चाहिए। मेरे लिए, मेरे जीवन के लक्ष्यों की सूची में मेरे मम्मी-पापा की देखभाल करना हमेशा सबसे ऊपर रहा है।

एक बात सोचने की है – "द टॉप फ़िफ़्टी रिचेस्ट पीपल इन द वर्ल्ड" जैसी सूचियाँ मुझे अनुचित और भ्रम में डालने वाली लगती हैं। लोगों की सफलता का आकलन केवल पैसे से करना सही नहीं है। हम उन लोगों की

कहानियाँ क्यों नहीं शेयर कर सकते जिन्होंने बहुमुखी सफलता हासिल की है, ख़ासकर युवा पीढ़ी के साथ, ताकि उन्हें अर्थपूर्ण सफलता प्राप्त करने के लिए प्रेरित किया जा सके। जीवन का मायने केवल पैसे के पीछे भागना नहीं है। वास्तव में, वैयक्तिक और सांस्थानिक, दोनों स्तरों पर 'लाभ' कई सारे उद्देश्यों में से एक उद्देश्य होना चाहिए।

प्रोफ़ेशन की बात करूँ तो भारत में आने के बाद मेरी स्थिति ठीक नहीं थी। मेरी पहली नौकरी सिलिकॉन वैली की एक ऑप्टिकल नेटवर्किंग कंपनी जैस्मिन नेटवर्क्स के साथ थी। 2001 में, वॉल स्ट्रीट में गिरावट के साथ, इसकी फ़ंडिंग समाप्त हो गई। मुझे इस वक़्त कार्य बंद करना पड़ा और मैं अनिश्चितता की स्थिति में आ गया। **पीछे मुड़कर देखता हूँ तो मैं इस तरह की असफलता का आभारी हूँ। इसने मुझे और अधिक उद्देश्य प्रेरित किया और दृढ़ता से भर दिया था।**

फिर मैंने ईशोनी नेटवर्क्स इंडिया में मैनेजिंग डायरेक्टर के रूप में काम शुरू किया। मैंने एक चिप पर ईशोनी के ब्रॉडबैंड और वीओआईपी सिस्टम के लिए एम्बेडेड सॉफ़्टवेयर के एक प्लेटफ़ॉर्म के विकास का नेतृत्व किया। ईशोनी को भी आर्थिक मंदी का सामना करना पड़ा और 2003 में फ़िलिप्स ने इस कंपनी का अधिग्रहण कर लिया। फिर, मैं एक एमडी के रूप में अपनी अगली प्रोफ़ेशनल चुनौती पोर्टल सॉफ़्टवेयर में चला गया।

पारिवारिक स्थिति भी कुछ मुश्क़िल थी। होनी को कोई नहीं टाल सकता था, मेरी मम्मी का मई 2003 में स्वर्गवास हो गया। उनके निधन के वक़्त मेरे पापा, उनके तीनों बच्चे सपरिवार उनके पास मौजूद थे, एक तरह से उनकी मृत्यु शांतिपूर्ण थी। वह हमारे भारत आने के बाद दो साल से अधिक समय तक जीवित रहीं—जबकि स्टैनफ़ोर्ड के डॉक्टरों का अनुमान केवल छह महीने था। हमने उनके साथ इन वर्षों को पूरी तरह से जिया और यादों को संजोया। मेरे लिए उनके विदाई संदेशों में से एक यह भी था कि उन्हें ऐसा प्रतीत हुआ जैसे ज़िंदगी के इन दो सालों में उन्होंने दस साल की ज़िंदगी जी ली हो। उनके अंतिम दिनों को यथासंभव आरामदायक और भावनात्मक रूप से समृद्ध बनाने के अपने लक्ष्य में, मैं और मेरे भाई-बहन एकजुट थे।

पर मम्मी की मृत्यु के बाद ऐसा प्रतीत होता था, जैसे मेरे पिता ने अपने जीवन में जीने का उद्देश्य खो दिया था। उनका हमसाया और उनका मुख्य आधार, मेरी माँ, अब उनके साथ नहीं थीं। हमें कुछ करना था। मेरे छोटे भाई, साकेत के दिमाग़ में पिता जी को लेकर एक विचार आया कि फ़तेहपुर में सामाजिक-कल्याण परियोजनाओं को शुरू किया जाए और मेरे पिता को उनमें शामिल किया जाए, ताकि उनको नए उद्देश्य मिले और वे व्यस्त रहें।

इस परियोजना का लक्ष्य विकलांग बच्चों के लिए *करैक्टिव* (सुधारात्मक) सर्जरी करवाना था। इसने मेरे पिता में एक आशा और जागरूकता की चिंगारी भर दी और उन्हें जीवन में एक नया उद्देश्य मिल गया था। मैं भी तहे-दिल से इस परियोजना में शामिल हुआ और इस परियोजना में आर्थिक रूप से सहयोग दिया। उन्हें अपने नए जोश के साथ प्रसन्न देखकर मेरी ख़ुशी चौगुनी हो गई थी। इस प्रयास से 300 से अधिक बच्चों को मदद मिली थी, अधिकांश बच्चे ऐसे थे, जो सर्जरी के बाद जीवन में पहली बार अपने पैरों पर चले थे।

पोर्टल सॉफ़्टवेयर में, मैंने पोर्टल के रेवेन्यु प्रबंधन सॉफ़्टवेयर उत्पादों के विकास का नेतृत्व किया। 2005 में ऑरेकल द्वारा पोर्टल का अधिग्रहण कर लिया गया। इस समय तक, मैं लीडरशिप में वरिष्ठ स्तर पर आ गया था। मैंने सीखा कि एक लीडर के रूप में, अपनी टीम के सदस्यों से उनका साथ और हाथ माँगने से पूर्व मुझे उनका विश्वास जीतने और दिलों के क़रीब जाने की ज़रूरत है। **मेरा लीडरशिप कौशल काम कर रहा था।** "सच्ची सफलता" का मतलब क्या है, यह मेरे ज़ेहन से कभी नहीं गया। मैं अभी भी सीखने को उतना ही उत्सुक था, जितना बीस साल पहले। मुझे एक जनून था कि मैं अपने करियर में बेहद आगे जाऊँ और समाज के लिए भी कुछ अच्छा कर सकूँ।

मैंने 2005 में डैल इंडिया के आर एंड डी सेंटर को बतौर कंट्री हैड जॉइन किया। यहाँ मैं डैल इंडिया लीडरशिप टीम के चार सदस्यों में से एक था, जो 25,000 से अधिक डैल कर्मचारियों और 1 बिलियन डॉलर से अधिक की सेल को मैनेज कर रहे थे। मैंने डैल के सर्वर हार्डवेयर और सिस्टम प्रबंधन सॉफ़्टवेयर उत्पादों के विकास का नेतृत्व किया। जब मैं अपने करियर के

इस पहलू के बारे में सोचता हूँ तो माइकल डैल के साथ हुई अपनी अर्थपूर्ण बातचीत को याद करके बहुत हर्षित होता हूँ। उनके साथ हर वार्तालाप किसी-न-किसी सीख से भरपूर था। अन्य बातों के अलावा, डैल इंडिया को, डैल चाईना, डैल ताईवान और डैल सिंगापुर की तुलना में, सबसे अधिक नवीन विचारों (पेटेंट योग्य) वाली आर एंड डी साइट बनाने के लिए उन्होंने मुझे बहुत सम्मान दिया। मैंने उनसे वादा किया था कि मैं डैल इंडिया में एक ऐसा इंजीनियर तैयार करूँगा, जो पाँच साल से भी कम समय में इनोवेशन के लिए माइकल डैल अवॉर्ड जीतेगा। *जब मैंने तीन साल में ही यह लक्ष्य पूरा किया तो वे बहुत हर्षित हुए और उन्होंने मुझे ढेर सारी बधाई दी।* माइकल डैल की बैंगलोर यात्राओं में से एक के दौरान, हमें अज़ीम प्रेमजी (विप्रो के अध्यक्ष और दानवीर) ने अपने घर डिनर पर आमंत्रित किया था। श्रीमती प्रेमजी ने ख़ुद हम सभी को भोजन परोसा, यह हमारे लिए विनम्रता का एक अद्भुत सबक़ था।

फिर 2010 में मैंने अध्यक्ष के रूप में सिस्को इंडिया जॉइन किया। वहाँ इनोवेटिव ग्लोबल कोलेबोरेशन और क्लाउड बेस्ड उत्पाद विकसित करने के लिए ग्लोबल टीमों का संचालन किया। उस समय सिस्को के कोलेबोरेशन प्रॉडक्ट पोर्टफ़ोलियो का रेवेन्यू 4.5 बिलियन डॉलर प्रति वर्ष था। *इस समय के दौरान, चेयरमैन और सीईओ जॉन चैम्बर्स से मुझे असाधारण रूप से सीखने को मिला।* जॉन के साथ मेरी पिछली मुलाक़ात कैलिफ़ोर्निया के पालो ऑल्टो में उनके आलीशान घर में हुई थी। उन्होंने मुझे अपनी पुस्तक *कनेक्टिंग द डॉट्स* की एक प्रति भेंट की, जिस पर एक उल्लेखनीय नोट लिखा था–'विवेक, अनेक सफलताओं के लिए बधाई . . . आशा करता हूँ कि हम बहुत-सी कंपनियों में साथ काम करेंगे।' मुलाक़ात के बाद वह मुझे मेरी कार तक छोड़ने आए। कार उनके पोर्च में नहीं पार्क की थी; यह उनके 400 मीटर लंबे ड्राईव वे को पार करके पार्क की गई थी। जब मैंने उनसे कहा कि मैं ख़ुद कार तक चला जाऊँगा, वे परेशान ना हों तो उन्होंने मुझे बताया कि एक सप्ताह पहले वह फ्रांस के राष्ट्रपति इमैनुएल मैक्रों के साथ थे और मुलाक़ात के बाद मैक्रों उन्हें उनकी कार तक छोड़ने आए थे। उन्होंने

आगे कहा कि नम्रता के इस सीखे गए सबक़ का वह ख़ुद पालन करना चाहते हैं। **जॉन के साथ हुई ऐसी कई मुलाक़ातों ने मुझे बहुत कुछ सिखाया, जैसे कि लीडरशिप कौशल और मेंटॉरिंग (किसी भी अनुभवी गुरु से परामर्श लेते रहने) की शक्ति और विनम्रता का महत्त्व।**

2013 में, जब मैं सिस्को इंडिया से रिटायर हुआ तो मुझे सिस्को अमेरिका में एक पद लेने की पेशकश की गई क्योंकि वहाँ सेवानिवृत्ति की कोई आयु नहीं है। लेकिन उस समय मेरे पिता की आयु अस्सी वर्ष से अधिक थी। इसलिए, मैंने भारत में ही रहने और उनके साथ यादगार समय बिताने का फ़ैसला किया। ***मुझे गर्व है कि एक बार फिर, मैंने करियर और पैसे से ज़्यादा रिश्तों और अपने पिता की देखभाल को प्राथमिकता दी।***

अपने प्रोफ़ेशनल करियर में, मैंने इलेक्ट्रॉनिक्स कूलिंग में वैश्विक विशेषज्ञ से लेकर कंट्री हेड और सॉफ़्टवेयर लीडर से लेकर स्टार्ट-अप और वेंचर कैपिटल वर्ल्ड तक, ख़ुद को बार-बार गढ़ा और तैयार किया। पीछे मुड़कर संतोष के साथ देखता हूँ कि मेरे करियर गोल्स और कड़ी मेहनत ने मुझे कहाँ से कहाँ तक पहुँचाया है।

अपने पूरे करियर के दौरान, मैंने कई मंचों पर और विभिन्न बैकग्राउंड के श्रोताओं के जीवन में बदलाव लाने के लिए, उनके साथ अपने जीवन के अनुभव और ज्ञान शेयर किए हैं। मैंने दुनियाभर में लोगों को इलेक्ट्रॉनिक्स कूलिंग, क्लाउड कंप्यूटिंग, इंटरनेट ऑफ़ थिंग्स, लीडरशिप, एक्सलेंस, इनोवेशन और उद्देश्यपूर्ण सफलता प्राप्त करने जैसे विषयों पर संबोधित किया है। केवल प्रोफ़ेशनल श्रोताओं ने ही नहीं, बल्कि जीवन के अन्य क्षेत्रों में काम करने वालों ने भी मेरा बहुत स्वागत किया है और इसमें भारत के छात्र और रोटरी क्लब के सदस्य भी शामिल हैं। मुझे इस बात पर गर्व है कि मैंने भारतीय सेना के ऑफ़िसर्स के साथ लद्दाख, सिक्किम, अरुणाचल प्रदेश और राजस्थान सहित कई सीमा चौकियों पर अपने अनुभव और ज्ञान शेयर किए हैं।

अब फिर से अपनी जीवन स्थिति का मूल्यांकन करने और जीवन के इस नए चरण के लिए, दस साल की योजना और लक्ष्य बनाने का समय था। मैंने "योरनेस्ट वीसी फ़ंड" में एक सामान्य भागीदार के रूप में और कई भारतीय

और अंतरराष्ट्रीय कंपनियों में बोर्ड के सदस्य के रूप में, अपनी भूमिका संभाली है। इससे मैं कई संस्थापकों और स्टार्ट-अप कंपनियों का मार्गदर्शन भी कर पा रहा हूँ। मेरा लक्ष्य, कम-से-कम तीन यूनिकॉर्न, एक अरब डॉलर की कंपनियों को बनाने में मदद करना है, जो भारत के आर्थिक विकास में मदद करेगा और आने वाले वर्षों में 50,000 नौकरियाँ उपलब्ध कराएगा।

लाखों लोगों को मेंटॉर करने (मार्गदर्शन करने) के लक्ष्य ने मुझे 'मेंटॉर ए मिलियन' की कल्पना करने और इस पुस्तक को लिखने के लिए प्रोत्साहित किया। अपनी व्यक्तिगत क्षमता के अनुसार और कई लाभकारी और ग़ैर-लाभकारी संगठनों के बोर्ड सदस्य के रूप में, मैं समाज के लिए कुछ करने का प्रयत्न कर रहा हूँ। मैं फ़तेहपुर में सुविधाओं से वंचित लोगों के लिए सक्रिय रूप से कई कार्यक्रम चला रहा हूँ। मेरा लक्ष्य अगले पाँच वर्षों में एक लाख से अधिक लोगों की मददकर, उन्हें सशक्त बनाने का है।

जैसा कि हम जानते हैं . . . जीवन रंग बदलता है। 2018 में, मेरे पिता और प्रेरक, हमें छोड़कर चले गए। आख़िरी वक़्त में, उनके बच्चे, बच्चों के जीवनसाथी और उनके पोते-पोतियाँ उनके पास थे। उनके आख़िरी सालों में, हमने उनके साथ बैठ उनकी कविताएँ सुनने का और उनके साथ विभिन्न स्थानों पर जाने का भरपूर आनंद लिया। पापा अपने अंतिम दिन तक ग़रीब लोगों की मदद करने के लिए कड़ी मेहनत करते रहे। ***उन्होंने हमें सिखाया कि अपने बच्चों का सम्मान अर्जित करने का तरीक़ा है, उन्हें बिना शर्त प्यार करना और दूसरों की सेवा करना।***

मेरा गृह कार्यालय, मेरे लिए एक मंदिर स्वरूप है। प्रीति और मेरे द्वारा रखे हुए प्लॉक व स्मृति चिन्ह हमें उस यात्रा की याद दिलाते हैं, जो हमने एक साथ पूरी की। उन सभी को देखकर मुझे ख़ुशी होती है। 2016 में, भारत की सूचना प्रौद्योगिकी का "आईटी मैन ऑफ़ द ईयर" पुरस्कार पाना, मेरे लिए विशेष रूप से गर्वपूर्ण क्षण था। हार्डवेयर प्रौद्योगिकी के क्षेत्र में मेरे छह अमेरिकी पेटेंट, मेरे लिए गर्व का विषय हैं। दो पुस्तकों और सौ से अधिक टैक्निकल पेपर्स में मेरा योगदान है। जब मुझे यूनाइटेड स्टेट्स (2000) में "नेशनल हूज़ हू" पुरस्कार और नेशनल अचीवर्स (2012) के

लिए "चाणक्य लीडरशिप अवॉर्ड ऑफ़ इंडिया" दिया गया तो इससे मुझे बहुत प्रोत्साहन मिला।

मुझ पर ईश्वर की कृपा दृष्टि रही है और उन्होंने सदैव मुझे सार्थक और बहुमुखी सफलता का आशीर्वाद दिया है। **मैंने जीवनभर अपनी आकांक्षाओं को अपने लक्ष्यों में परिवर्तित किया और फिर मेहनत करके अपने आपको बेहतर-से-बेहतर बनाया और फिर उन लक्ष्यों के क़ाबिल बनकर, सफलता प्राप्त की है।** अपने जीवन के उतार-चढ़ाव में, मैं अधिकतर ख़ुश तबीयत ही रहा हूँ। बेशक, मैं कभी भी पैसे के पीछे नहीं भागा, फिर भी मैंने अपने प्रोफ़ेशन में सदा अच्छा किया है, कुछ प्रतिष्ठित पुरस्कार भी प्राप्त किए हैं, अपने आर्थिक लक्ष्यों को हासिल किया है। मैंने ख़ुशी-ख़ुशी अपने माता-पिता के प्रति अपना कर्तव्य निभाया है और उनके आशीर्वाद को संजोया है। मेरे बेटे अमेरिका के सर्वश्रेष्ठ कॉलेजों में गए हैं और अब दुनिया की कुछ बेहतरीन कंपनियों में अपनी पसंद की नौकरी कर रहे हैं और अर्थपूर्ण सफलता के अपने रास्ते पर चल रहे हैं। मैंने 50 देशों की यात्रा की है, एक स्वस्थ जीवन शैली को जिया है, अपने रिश्तों को संजोया है, हज़ारों लोगों और कई स्टार्ट-अप कंपनियों को मार्गदर्शन दे रहा हूँ और हज़ारों कम सुविधाप्राप्त (*अंडर प्रिविलेज्ड*) लोगों के जीवन में कुछ बदलाव लाकर, महत्त्वपूर्ण तरीक़े से समाज को प्रतिदान देने का प्रयास कर रहा हूँ। ये है मेरी अद्भुत और अर्थपूर्ण सफलता की यात्रा।

लेकिन जैसा कि कहा गया है :

'ज़िंदगी एक सफ़र है, न कि मंज़िल' —राल्फ वाल्डो इमर्सन

ईश्वर की कृपा से, मैंने अपने जीवन के सफ़र में उतना ही आनंद लिया है, जितना मंज़िल पर पहुँचने में। मैं अपनी टॉक्स (भाषणों) में जो ज्ञान और अनुभव की बातें शेयर करता हूँ, उससे हज़ारों लोगों को प्रेरणा मिली है और मेरे हज़ारों मेंटीज़ (जिनका मैंने मार्गदर्शन किया है) ने अद्भुत सफलता प्राप्त की है। मैं इस पुस्तक में ज्ञान की उन सभी बातों को समेटकर इस

उम्मीद से रखने का प्रयास कर रहा हूँ, ताकि वे आपको जीवन में अर्थपूर्ण और उद्देश्यपूर्ण सफलता को पाने के लिए प्रेरित करें। याद रखिए, *ज़िंदगी में रिवाइंड बटन नहीं होता। (आप बीते वक़्त को वापिस नहीं ला सकते।) 'अनडू फ़ीचर'* की सुविधा है ही नहीं। इसलिए, अभी से योजना बनाना अतिमहत्त्वपूर्ण है, ताकि हमारा बहुमूल्य समय बर्बाद न हो और बाद में कोई पछतावा न हो।

इस जटिल दुनिया में, इस पुस्तक के सरल पाठ, जीवन में उद्देश्यपूर्ण सफलता प्राप्त करने का ब्लूप्रिंट देते हैं। वे दृढ़ता से आपका मार्गदर्शन करते रहेंगे; न केवल यदा-कदा होने वाली सफलता की ओर, बल्कि कई गुना और अर्थपूर्ण सफलताओं की ओर आपको ले जाएँगे। ***यह पुस्तक आपकी लाइफ़ मेंटॉर बनकर, आपको जीवन के सभी पड़ावों में अद्भुत और अर्थपूर्ण सफलता प्राप्त करने का रास्ता दिखाते रहने के लिए ही लिखी गई है।***

अद्भुत और अर्थपूर्ण सफलता हासिल करना, उन बीजों का बॉक्स है जिन्हें मैं आज के युवाओं और अन्य लोगों की दिमाग़ रूपी धरती में छिड़क देना चाहता हूँ। क्या पता, मेरी कहानी ही आपकी कहानी का बीज बन जाए और इन पन्नों में ही आपकी कहानी का बीज छुपा हो।

मुख्य शिक्षा

मैं एक साधारण आदमी हूँ, मेरा नाम सबसे अमीर लोगों या सबसे सफल सीईओ की सूची में नहीं आता है, लेकिन विनम्रता के साथ, मैं मानता हूँ कि मैंने एक अद्भुत और अर्थपूर्ण सफलता, अपने संतुलित, (*मल्टी-डाइमेंशनल*) और बड़े लक्ष्यों को हासिल करके प्राप्त की है।

1. मैंने जीवनभर अपनी आकांक्षाओं को अपने लक्ष्यों में परिवर्तित किया। फिर मेहनत करके अपने आपको बेहतर-से-बेहतर बनाया और उन लक्ष्यों के क़ाबिल बनकर, सफलता प्राप्त की है।
2. **मैं लक्ष्यों की अथाह शक्ति में विश्वास रखता हूँ।** लक्ष्य निर्धारित करते

समय कुछ बड़ा सोचें, घबराएँ नहीं और फिर **पूरे जुनून और मेहनत** से उस पर काम करें।

3. **यदि आप विद्यार्थी हैं तो अपने** लक्ष्यों के अनुसार, अपनी शिक्षा पूरी लगन के साथ पूरी करें और **अपने करियर की शुरुआत ऐसी कंपनी से करें, जिससे आपको आपके लंबी अवधि के** लक्ष्यों को पाने में सहायता मिले।
4. **यदि आप अपना करियर अभी शुरू कर रहे हैं तो उस तरह के अनुभव हासिल करें, जिससे आपको आपके लंबी अवधि के** लक्ष्यों को पाने में सहायता मिले।
5. **यदि आप सफलता के पथ पर हैं तो अपने लंबी अवधि के** लक्ष्यों को और अधिक बड़ा करें।
6. **इनोवेशन, एक्सलेंस और लीडरशिप स्किल्स आपको बहुत योग्य और क़ाबिल इंसान बना देती हैं और** आपको आपके मुश्क़िल-से-मुश्क़िल लक्ष्य प्राप्त करने में मदद करती हैं।
7. **सफलता के रास्ते में असफलता सभी को मिलती है, इससे सीखें, घबराएँ नहीं।**
8. **मेरी सफलता** में मेरे मार्गदर्शकों का बहुत बड़ा योगदान है, आप मार्गदर्शकों से अवश्य मदद लें। यह किताब भी आपका अनोखा मार्गदर्शन करेगी।
9. **जीवन के विभिन्न चरणों में, विभिन्न लक्ष्य अधिक अहमियत रखते हैं, आपको मुश्क़िल लक्ष्यों से घबराना नहीं चाहिए।** मुझे नहीं पता कि कितने सीईओ अपने माता-पिता की देखभाल करने के लिए, अपनी अच्छी-ख़ासी नौकरी और उसके साथ आने वाली जीवन शैली को एकदम से छोड़कर अमेरिका से भारत चले आने का साहस करेंगे। अद्‌भुत और अर्थपूर्ण सफलता *का अर्थ है, आपके लिए जो सार्थक, अर्थपूर्ण और महत्त्वपूर्ण* लक्ष्य *हो, उन* ***सबको*** *प्राप्त करना।*
10. मैंने अपने जीवन की कहानी को, एक उदाहरण के रूप में, आप सबके साथ शेयर किया है। मैंने जिन रणनीतियों का उपयोग किया है, वे सब

यहीं इस पुस्तक के इन पृष्ठों में हैं, जो आपको अद्भुत और **अर्थपूर्ण** सफलता प्राप्त करने में मदद करेंगी। मुझे यक़ीन है कि उनका अनुसरण करके आप अपने सपनों को पूरा करने में सफल होंगे, अपने जीवन पर गर्व करेंगे और अपनी मंज़िल के साथ-साथ, अपने जीवन की यात्रा का भी आनंद लेंगे।

अपने लक्ष्य निर्धारित करें

2

अपने लक्ष्य चक्र को निर्धारित करें

'स्पष्ट कर लें कि आप कैसा व्यक्ति बनना चाहते हैं, फिर उस व्यक्ति जैसा ही बनें' —डॉ विवेक मानसिंह

मैं एक साधारण आदमी हूँ, कभी अपनी कार की चाबियाँ कहीं रखकर भूल जाता हूँ तो कभी सिर पर लगाई गई ऐनक को ढूँढ़ता रहता हूँ और कभी दोस्तों के साथ पुराने फ़िल्मी गीत गाते हुए जीवन का आनंद लेता हूँ। परंतु *ऐसा साधारण आदमी जिसने बहुमुखी और संतुलित लक्ष्य निर्धारित करके और दृढ़ निश्चय के साथ मेहनत करके, अद्‌भुत और सार्थक सफलता हासिल की है।*

लोगों का असीमित प्रोफ़ेशनल सफलता हासिल करना और बाद में निराश व दुखी होना, कोई असाधारण बात नहीं है। कुछ प्रोफ़ेशनली सफल लोगों ने, ख़ालीपन और निराशा के बारे में, कई अध्ययनों में रिपोर्ट किया है। जिन पर अध्ययन किया, उनमें सीईओ, सरकारी लीडर्स, साइंटिस्ट, लीडिंग डॉक्टर्स और जीवन के हर क्षेत्र से अवॉर्ड प्राप्त लोग शामिल थे। येल यूनिवर्सिटी में, फ़ॉर्चून 500 कंपनियों के रिटायर्ड सीईओ के लिए किए गए एक अध्ययन में, अधिकांश सफल प्रोफ़ेशनल लोगों ने बताया कि उन्हें अपनी ज़िंदगी कई प्रकार से अपूर्ण और निराशाजनक महसूस होती है।

हार्वर्ड यूनिवर्सिटी के प्रोफ़ेसर और *द इनोवेटर्स डिलैमा* के लेखक, सी क्लैटन एक अजीबो-ग़रीब बात की चर्चा करते हैं। उन्होंने हार्वर्ड में

एमबीए करने वाले अपने स्टूडेंट्स पर अध्ययन किया। अपनी पाँचवीं रीयूनियन तक, वे अपने जीवन में अच्छा कर रहे थे, उनके पास अच्छे लाइफ़ पार्टनर्स, बढ़िया जॉब, निजी घर और कारें थीं। दसवीं रीयूनियन तक, सभी ने प्रोफ़ेशनल सफलता तो हासिल कर ली थी, पर उनमें से एक-तिहाई अपनी ज़िंदगी से नाख़ुश थे। पच्चीसवीं रीयूनियन तक, स्थिति और भी बदतर थी। प्रोफ़ेशनल और आर्थिक स्थिति लगभग सभी की अच्छी थी, पर उनमें से बहुत-से अपनी ज़िंदगी से नाख़ुश थे, कुछ का तलाक़ हो चुका था या रिलेशनशिप में प्रॉब्लम्स आ चुकी थीं। कइयों को स्वास्थ्य संबंधी समस्याएँ थीं और कुछ तो बिज़नेस में गड़बड़ियाँ करके जेल भी पहुँच चुके थे। इतनी बढ़िया शुरुआत करने के बाद, इन स्मार्ट, बुद्धिमान और चतुर लोगों ने कहाँ ग़लती कर दी थी?

जवाब स्पष्ट है, इनकी ग़लती थी इनके लक्ष्यों के चुनाव में। इन्होंने सफलता के एक ही पहलू यानी कि पैसा (धन) या प्रोफ़ेशनल सफलता का पीछा किया और ऐसा करने में, उन सभी लक्ष्यों को नज़रअंदाज़ कर दिया, जो अर्थपूर्ण सफलता के लिए महत्त्व रखते हैं।

प्रोफ़ेसर क्लैटन के अनुसार, प्रोफ़ेशन में सफल अनेक लोग अपने काम में श्रेष्ठ व्यक्ति बनने पर तो बहुत ध्यान देते हैं, लेकिन अपने अन्य और महत्त्वपूर्ण लक्ष्यों की ओर कम ध्यान देते (फ़ोकस करते) हैं। जैसे कि अपने बच्चों के विकास या अपने जीवनसाथी, माता-पिता, परिवार और मित्रों के साथ अच्छे संबंध स्थापित करने में, या हैल्थ पर, (कम फ़ोकस करते हैं) क्योंकि इन पर लगाए गए समय व एनर्जी का असर कई सालों तक स्पष्ट दिखाई नहीं देता।

एंड्रयु कारनेगी बहुत अच्छे से इसका सार बताते हैं–‘यदि आप ख़ुश रहना चाहते हैं तो ऐसे लक्ष्य निर्धारित करें, जो आपके विचारों को दिशा दें, अंदरूनी शक्ति को जागृत करें और आपकी आकांक्षाओं को प्रेरित करें।’ और उन्होंने ऐसा ही किया।

कारनेगी, जिन्होंने कॉटन फ़ैक्टरी में 1.20 डॉलर प्रति सप्ताह पर बोबिन बॉय (लेबर) के रूप में अपना करियर शुरू किया था, अपनी कंपनी, कारनेगी

स्टील को 480 मिलियन डॉलर में बेचकर, दुनिया के सबसे अमीर आदमियों में से एक बन गए थे। अपनी स्टील कंपनी बेचने के बाद, पाँच फुट तीन इंच क़द का छोटा-सा यह महापुरुष अपने बिज़नेस से रिटायर हो गया और फिर उन्होंने अपना पूरा समय समाजसेवा (जन-हित) में लगा दिया।

इन्होंने उस समय अपने धन का बड़ा हिस्सा, 350 मिलियन डालर (आज के कई बिलियन डॉलर), समाजसेवा से संबंधित कामों में लगा दिया। इन्होंने दुनियाभर के 2500 से अधिक पब्लिक लाइब्रेरी संस्थानों को फ़ंड दिए, दुनियाभर के 7600 से अधिक चर्च को फ़ंड दिए और सांइस, शिक्षा, विश्व शांति और अन्य कामों की रिसर्च में समर्पित संस्थाओं को स्थापित किया। इनके द्वारा दिए गए उपहारों में, 1891 में खुलने वाले न्यू यॉर्क सिटी कॉन्सर्ट हॉल और कारनेगी हॉल की भूमि और उसके निर्माण की लागत (1.1 मिलियन डॉलर) शामिल थे। इन्होंने कारनेगी इंस्टीट्यूशन फ़ॉर सांइस, कारनेगी मेलन यूनिवर्सिटी और कारनेगी फ़ाउंडेशन को भी फ़ंड्स दिए। किताबों के प्रेमी कारनेगी, अमेरिकन इतिहास में व्यक्तिगत रूप से पब्लिक लाइब्रेरियों में निवेश करने वाले सबसे बड़े व्यक्ति थे। कारनेगी की माताजी, जिनका कारनेगी के जीवन पर मुख्य प्रभाव था, आजीवन (मृत्यु, 1886) उनके साथ रहीं। मैं इस समानता को उत्साहपूर्वक देखता हूँ, क्योंकि मेरे जीवन पर भी मेरी माँ का मुख्य रूप से प्रभाव था, उन्होंने मुझे सही लक्ष्यों को निर्धारित करने और उन्हें पाने का महत्त्व समझाया था।

मैं अक्सर कहता हूँ कि अगर आप अपनी ज़िंदगी के फ़ैसले ख़ुद नहीं लेते हैं तो तो फ़ैसले आपके लिए कोई और ले लेता है। जिनके पास कोई लक्ष्य नहीं होते, वे उन लोगों के लिए काम करने लगते हैं, जिन्होंने अपने लक्ष्य निर्धारित कर लिए होते हैं। इसलिए यह ज़रूरी हो जाता है कि आप अपने लक्ष्य स्वयं निर्धारित करें।

एक बार लक्ष्य निर्धारित कर लेने के बाद, एक स्ट्रैटेजी (योजना) बना लें और इसे माईलस्टोंस यानी कि पड़ावों के साथ लिख लें। कई अध्ययनों के अनुसार, अपने लक्ष्यों को लिखकर रखने वाले लोगों के लिए, अपने लक्ष्यों को हासिल करने के अवसर 80% अधिक होते हैं। मैं ऐसे ही लोगों की गिनती में आता हूँ।

मेरे लिए, सफलता कोई ऐसी चीज़ नहीं थी, जिसे मैं अन्य लोगों की तुलना में आंकता। अपने लिए अर्थपूर्ण सफलता का अर्थ जान लेने के बाद, मैंने सदा स्वयं से ही स्पर्धा की थी। यदि आपके लिए सफलता का अर्थ क्रिकेट खिलाड़ी, गायक, पेंटर, इंजीनियर, टीचर या डॉक्टर बनना है तो आप अवश्य बनिए। पर आप अपने सामर्थ्य के अनुसार, इसमें श्रेष्ठ बनिए। अपने लक्ष्यों को हासिल करते समय और जीवन की यात्रा के दौरान आनंदित रहें, सकारात्मक रहें। सकारात्मक साइकॉलोजी में हुई एक रिसर्च के अनुसार, ख़ुश, सकारात्मक और आनंदित लोगों को अपने लक्ष्य और सफलता हासिल करने के अधिक अवसर मिलते हैं।

लक्ष्यों के बारे में एक बहुत ही महत्त्वपूर्ण बात, जो मैंने सीखी और उस पर अमल किया, वह है कि **लक्ष्य संतुलित और बहुमुखी होने चाहिए**। बहुमुखी लक्ष्य जीवनचक्र को संतुलित रखते हैं और अर्थपूर्ण सफलता हासिल करने में आपकी मदद करते हैं, परिणामस्वरूप जीवन में पूरी संतुष्टि, ख़ुशी और पूर्णता पैदा करते रहते हैं।

क्या हो, अगर आपके पास अपनी ज़िंदगी डिज़ाइन करने और अपनी पसंद का व्यक्ति बनने का पूरा विकल्प हो? ऐसी आदर्श स्थिति तक पहुँचने व ख़ुशियों भरी ज़िंदगी जीने के लिए, आपको कैसे लक्ष्य हासिल करने होंगे? आप ऐसे लक्ष्यों को कैसे बनाएँगे? अर्थपूर्ण सफलता की यात्रा शुरू करने से पहले, आपको इन सब सवालों के उत्तर तलाशने चाहिए। अधिकतर लोग अपने करियर को केंद्र में रखकर, अपने जीवन का ख़ाका तैयार करते हैं। इसमें कुछ ग़लत नहीं, पर इससे बेहतर होगा कि सबसे पहले आप अपनी आदर्श ज़िंदगी को डिज़ाइन कर लें और अपने सभी लक्ष्यों को निर्धारित कर लें और फिर जुनून के साथ काम करके सफलता प्राप्त करें। अतः, **अपने लिए समय निकालें और सोचें कि आप अपने जीवन को कैसे डिज़ाइन करना चाहते हैं फिर उसके लिए आपको कैसे लक्ष्य हासिल करने होंगे। यह आपकी ज़िंदगी का एक बहुत ही महत्त्वपूर्ण काम होगा।**

जैसा कि चित्र 1 में दर्शाया गया है, मैंने अपने लक्ष्य चक्र पर जीवन के आठ क्षेत्र निर्धारित किए हैं। मेरे लिए ये आठ क्षेत्र बहुत महत्त्व रखते हैं।

इसी तरह, आपके लिए जो महत्त्वपूर्ण है, उसे आधार बनाते हुए, आपको अपने जीवन के लक्ष्य चक्र बना लेने चाहिए। कई बार जीवन के विभिन्न पड़ावों पर लक्ष्य बदल जाते हैं, वो स्वाभाविक है। पर इस अनिश्चितता के डर से ऐसा न करें कि लक्ष्य ही न बनाएँ।

यह महत्त्वपूर्ण बात है कि लंबी अवधि को ध्यान में रखकर लक्ष्य निर्धारित किए जाने चाहिए और साथ ही, ये लक्ष्य बहुमुखी होने चाहिए। इन लक्ष्यों को प्राप्त करके आपको अर्थपूर्ण और सच्ची सफलता हासिल करने में मदद मिलेगी, जो आपको सच्ची, भरपूर और अनंत ख़ुशी देगी। ये लक्ष्य जीवन में किसी भी उम्र और पड़ाव पर निर्धारित किए जा सकते हैं। आप जीवन के किस पड़ाव पर हैं, इसे आधार बनाते हुए, आप कुछ चुनिंदा लक्ष्यों पर भी फ़ोकस कर सकते हैं, मान लीजिए कि पाँच।

लक्ष्यों का चक्र

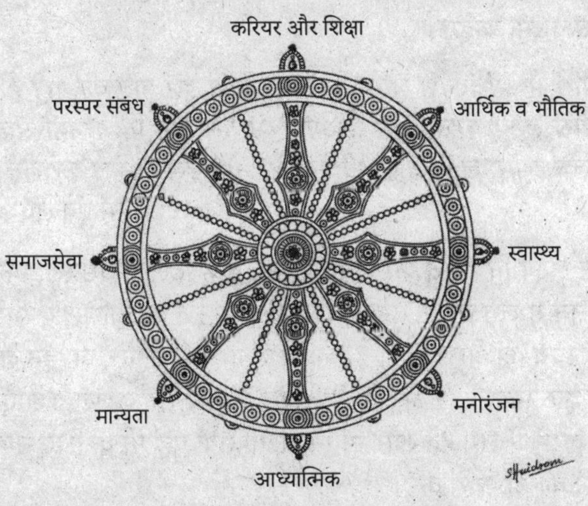

चित्र1: मेरे लक्ष्यों का चक्र

चित्र 1 के अनुसार, दर्शाए जीवन चक्रों को मोटे तौर पर 2 ग्रुप में बाँटा जा सकता है, पहला–प्रोफ़ेशनल लक्ष्य और दूसरा–व्यक्तिगत लक्ष्य।

मेरे प्रोफ़ेशनल लक्ष्यों में, शिक्षा, करियर, आर्थिक व भौतिक लक्ष्य और व्यक्तिगत लक्ष्यों में, रिलेशनशिप, स्वास्थ्य, मनोरंजन, अध्यात्मिकता और समाजसेवा शामिल है।

प्रोफ़ेशनल लक्ष्य निर्धारित करना

अपने प्रोफ़ेशनल (व्यावसायिक) लक्ष्य निर्धारित करते समय, महत्त्वाकांक्षी रहें, बड़ी सोच रखें और इन्हें हासिल करते समय सामने आने वाली मुश्क़िलों की चिंता न करें।

आसमान के तारे तोड़ लाने का लक्ष्य रखो, क्योंकि अगर चूक भी गए तो गिरोगे तो चाँद पर ही न (ज़मीन पर तो नहीं)। अगर आप प्रतिरोधित विचारों से छुटकारा नहीं पा सकते हैं तो मान लें कि अगर भगवान आपके सामने आकर आपको अपनी व्यक्तिगत और प्रोफ़ेशनल ज़िंदगी के लिए वर माँगने को कहे तो आप क्या माँगेंगे? यही वे लक्ष्य हैं, जो आप अपने लिए निर्धारित करना चाहेंगे।

'हममें से अधिकांश लोगों के लिए ख़तरा इस बात का नहीं है कि हमारा लक्ष्य बहुत ऊँचा है और हम इस तक पहुँच नहीं सकते, बल्कि हमारा लक्ष्य बहुत नीचे है और हम इसे हासिल कर लेते हैं'

—माईकलएंजलो

एक बार लक्ष्य निर्धारित कर लेने के बाद, इन्हें दिल में बसा लें, फिर इनके पीछे जुनून से लग जाएँ। देखने में मुश्क़िल लक्ष्यों को हासिल करने के लिए आपको स्वयं को श्रेष्ठ बनाना है, वो भी ऐसा श्रेष्ठ व्यक्ति, जो इन लक्ष्यों को पाने का हक़ रखता हो। अपनी लीडरशिप में बेहतरीन कुशलता लाएँ, श्रेष्ठता हासिल करने में लगे रहें और अपने लक्ष्यों तक पहुँचने के लिए नए तरीक़ों से सोचने का अभ्यास करें।

यहाँ मैं आपको एक सरल उदाहरण देता हूँ : यदि आप 12 सेकेंड में 100 मीटर दौड़ने का लक्ष्य निर्धारित करते हैं तो हो सकता है, आज आपको यह असंभव लगे। एक औसत (सामान्य) पुरुष 27 सेकेंड में 100 मीटर

दौड़ सकता है और एक औसत (सामान्य) महिला, यही 100 मीटर की दूरी 34 सेकेंड में दौड़कर पूरी करती है। एक सामान्य धावक (एथलीट) 100 मीटर की दूरी 14 सेकेंड में पूरी करता है। पर अगर आप ओलम्पिक चैम्पियन उसैन बोल्ट (9.58 सेकेंड) या फ़्लोरेंस जी जॉयनर (10.49 सेकेंड) की तरह ट्रेनिंग प्राप्त करें तो क्या आपके लिए 12 सेकेंड में यह दूरी तय करना संभव हो पाएगा? हाँ, यह बिल्कुल संभव होगा!

जब बॉलीवुड एक्टर फ़रहान अख़्तर ने, जो एथलीट नहीं थे, *भाग मिल्खा भाग* फ़िल्म में प्रसिद्ध एथलीट मिल्खा सिंह (द फ़्लाईंग सिक्ख, भारतीय ट्रैक व फ़ील्ड स्प्रिंटर) के रोल के लिए अपनी तैयारी शुरू की तो उन्होंने अपनी ट्रेनिंग कमाल के जुनून से शुरू की थी और फ़िल्म की, शूटिंग शुरू होने तक, वे 12 सेकेंड से भी कम समय में 100 मीटर की दूरी तय कर लेते थे। इसे कहते हैं जुनून, आपके असंभव लगने वाले लक्ष्य भी संभव होंगे। यह आपके उस एक फ़ैसले का कमाल है, जो आप स्वयं को श्रेष्ठ बनाने के लिए करते हैं।

मेरा पक्का विश्वास है कि अगर आपका लक्ष्य एक इंजीनियर, टीचर, प्रसिद्ध डॉक्टर या वकील बनने का या फिर अपनी स्वयं की कंपनी खोलने का है और **अगर आप जुनून से काम करने और इसके लिए सक्षम व्यक्ति बनने को तैयार हैं तो आपको कोई भी नहीं रोक सकता।** इसलिए बड़े लक्ष्य निर्धारित करें और इन्हें हासिल करने योग्य बनें।

'जिस वस्तु के हम हक़दार हैं, वह हमारे पास आ ही जाती है, बस हमारे अंदर इसे पाने की क्षमता होनी चाहिए' —*रबींद्रनाथ टैगोर*

अपना मार्गदर्शक (मेंटॉर) अवश्य तलाश लें और एक अच्छा शिष्य (मैंटी) बनें। ऐसे लोग, जो आपके आदर्श हैं या आपके रोल मॉडल हैं, उनसे प्रेरणा लें। अध्याय 3 से 8 आपको इस बारे में मार्गदर्शन देंगे।

व्यक्तिगत विकास के लक्ष्य

यदि जीवन एक सिक्का होता तो इसके एक तरफ प्रोफ़ेशनल लक्ष्य और दूसरी तरफ व्यक्तिगत विकास के लक्ष्य होते। व्यक्तिगत विकास के लक्ष्य उतने ही ज़रूरी हैं, जितने कि प्रोफ़ेशनल लक्ष्य। *'परस्पर संबंध' आपकी सबसे बहुमूल्य धरोहर होती है; अध्यात्म आपकी आत्मा के लिए चट्टान स्वरूप होता है; अच्छा स्वास्थ्य वह आधार होता है, जिसके द्वारा अन्य उपलब्धियाँ हासिल की जा सकती हैं; और समाजसेवा आपकी अंतरात्मा को भरपूर संतुष्टि देती है।* जब कोई व्यक्ति प्रोफ़ेशनल सफलता के पीछे पूरी तरह से व्यस्त रहता है तो ये व्यक्तिगत विकास के लक्ष्य अक्सर पीछे रह जाते हैं। इसलिए आप इन्हें निर्धारित करने में उतना ही ध्यान लगाएँ, जितना प्रोफ़ेशनल लक्ष्यों को बनाने में लगाते हैं। ये लक्ष्य आपके लिए एक मंच-सा तैयार करते हैं और आपको ऐसा व्यक्ति बनाते हैं, जो प्रोफ़ेशनल लक्ष्य हासिल करने के लिए तैयार होता है। अध्याय 9 से 11 आपको बताएँगे कि यह कैसे प्राप्त किया जाए।

हर प्रकार की लक्ष्य श्रेणी में कितना समय व प्रयास लगाया जाए? यहाँ चित्र 2 में एक सुझाव दिया गया है, पर अंत में, फ़ैसला आपको करना है। निस्संदेह, आपके लक्ष्यों और जीवन के पड़ाव को आधार मानकर, इनके मापदंड बदल जाएँगे।

प्रोफ़ेशनल लक्ष्य : करियर/शिक्षा/ आर्थिक/भौतिक लक्ष्य – 70 %

व्यक्तिगत विकास के लक्ष्य : 'परस्पर संबंध' लक्ष्य – 15%, स्वास्थ्य/खेल-कूद/मनोरंजन संबंधी लक्ष्य –10%, आध्यात्मिक/ समाजसेवा संबंधी लक्ष्य – 5 %

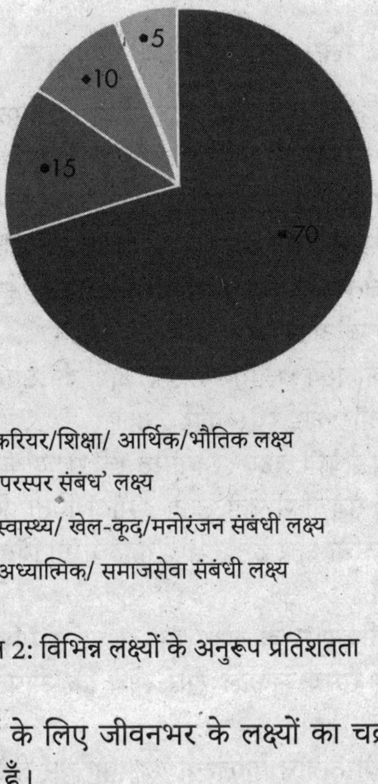

चित्र 2: विभिन्न लक्ष्यों के अनुरूप प्रतिशतता

अब मैं एक विद्यार्थी के लिए जीवनभर के लक्ष्यों का चक्र बनाकर, इस प्रक्रिया को समझाता हूँ।

एक विद्यार्थी के लिए पूरे जीवन का लक्ष्य चक्र

ये जीवनभर के लक्ष्य, किसी भी समय निर्धारित किए जा सकते हैं। फिर भी जितनी जल्दी किया जाए, उतना ही अच्छा है। आप जीवन में जो हासिल करना चाहते हैं, उसकी स्पष्ट अवधारणा बना लें, सोच को बड़ा रखें, स्वयं को चुनौती दें और स्वयं को श्रेष्ठ बनाने का उद्देश्य रखें। इन लक्ष्यों को लिख लें और हर समय ध्यान में रखें। निस्संदेह, ये आपके लक्ष्य हैं और आपकी आकांक्षाओं और जीवन परिस्थितियों के अनुसार बदल सकते हैं, पर फिर

भी, यह एक बहुत ही बढ़िया शुरुआत है। इस उदाहरण में, पाँच लक्ष्य चुने गए हैं, आप इसे और भी बढ़ा सकते हैं।

एक विद्यार्थी के लिए लंबी अवधि के पाँच लक्ष्य

- शैक्षिक लक्ष्य : एमबीए, लॉ, इंजीनियरिंग, फ़ाइनांस या मेडिसिन में डिग्री, या कोई भी प्रोग्राम किसी अच्छी यूनिवर्सिटी से पूरा करना।
- करियर लक्ष्य : सीनियर एग्ज़ीक्यूटिव बनना, या 10 करोड़ के बिज़नेस का मालिक बनना या अपने शहर का सबसे मशहूर हार्टसर्जन बनना या अपनी पसंद के किसी क्षेत्र को सुधारने के लिए एक एनजीओ स्थापित करना।
- आर्थिक लक्ष्य : जीवन में xx लाख की संपत्ति बनाना, एक घर / फ़्लैट और कोई ख़ास कार लेना।
- स्वास्थ्य संबंधी लक्ष्य : नियमित रूप से व्यायाम करना।
- परस्पर संबंधों से जुड़े लक्ष्य : माता-पिता, रिश्तेदारों व मित्रों की मदद करना और उनके साथ कुछ समय बिताना।

देखा आपने, जीवनभर के लक्ष्य बनाना इतना मुश्क़िल नहीं था, है न? नियमित रूप से समय निकालें और सोचें कि आप जीवन में क्या प्राप्त करना चाहते हैं।

एक बार लंबी अवधि के लक्ष्यों को स्पष्ट कर लेने के बाद, इन्हें छोटी अवधि, 5 साल, फिर 1 साल के, लक्ष्यों में समयानुसार बाँट लें और इन पर पूरे जुनून के साथ अमल करना शुरू कर दें।

यदि आप पहली बार लक्ष्यों को निर्धारित कर रहे हैं और आप जीवन के लंबी अवधि के लक्ष्यों के बारे में सोच नहीं पा रहे हैं तो आप इसकी शुरुआत 5/10 साल की अवधि के लिए लक्ष्य निर्धारित करके कर सकते हैं।

मैं अब आपको 25-30 साल की आयु के प्रोफ़ेशनल व्यक्ति के लिए 10 साल का लक्ष्य चक्र बनाकर समझाता हूँ। (परिशिष्ट में और भी अनेक उदाहरण साझा किए गए हैं):

25-30 साल की आयु के प्रोफ़ेशनल व्यक्ति के लिए 10 साल के लक्ष्य चक्र का उदाहरण

- करियर लक्ष्य : अगले दस साल में मैनेजर या डायरेक्टर के पद तक पहुँचना। करियर के इस पड़ाव की तैयारी के लिए सही अनुभव प्राप्त करने पर फ़ोकस करना। इस पड़ाव तक पहुँचने के साथ-साथ, स्वयं को अपनी फ़ील्ड में श्रेष्ठ बनाना, एक अलग ही तरह से (आउट ऑफ़ द बॉक्स) सोचना और लीडरशिप की योग्यताएँ अपनाना है। सफलता के लिए महत्त्वपूर्ण इन योग्यताओं को ग्रहण करने में, सहायक पड़ावों को आधार मान कर, छोटी अवधि के लक्ष्य बनाना। अपनी नौकरी में श्रेष्ठ प्रदर्शन करना, मुश्क़िल प्रोजेक्ट्स पर काम करना और कस्टमर्स की समस्याएँ हल करने के लिए नए-नए आइडिया सोचना।
- शैक्षिक लक्ष्य : एक अच्छे संस्थान से पोस्ट ग्रेजुएट (एमएस / एमबीए) की शिक्षा पूरी करना। अपनी रूचि के क्षेत्र में बीस किताबें पढ़ना, ताकि आप अप-टु-डेट रहें और लगातार सीखते रहें। ऐसे लोगों को पहचानना, जो आपको प्रेरित करते हों और आपके रोल मॉडल हों, उनके कार्यों को पढ़ना और जितना संभव हो, उनसे सीखना। एक मेंटॉर तलाशना और नियमित रूप से उनसे मिलते रहना।
- आर्थिक लक्ष्य : 50 लाख या xx की संपत्ति बनाना। माता-पिता/ परिवार के अन्य ज़रूरतमंद सदस्यों को सहायता देना शुरू करना। स्पष्ट आर्थिक लक्ष्यों पर फ़ोकस करके बचत करना और निवेश शुरू करना।
- भौतिक लक्ष्य : एक कार /मकान ख़रीदना।
- स्वास्थ्य संबंधी लक्ष्य : अपनी पसंद के तरीक़े से हर रोज़ 45 मिनट की एक्सरसाईज़ (व्यायाम) करना। टीम स्पोर्ट्स, जैसेकि काम के बाद बास्केटबॉल या क्रिकेट खेलना।
- संबंधों पर आधारित लक्ष्य : विवाह करना और अपना परिवार शुरू करना। अपने जीवनसाथी, बच्चों, माता-पिता और रिश्तेदारों के साथ अच्छा समय बिताना। सच्चे दोस्त बनाना और प्रोफ़ेशनल संबंध बनाना।

- अध्यात्मिक लक्ष्य : हर रोज़ 15 से 30 मिनट तक मेडिटेशन / प्रार्थना करना।
- मनोरंजन संबंधी लक्ष्य : अपने परिवार या दोस्तों के साथ, हर साल 7 दिन की छुट्टी लेकर घूमने जाना। अपनी छत पर एक बग़ीचे की शुरुआत करना। कोई नया क्राफ़्ट सीखना। हर महीने एक फ़िल्म देखना।
- समाजसेवा : किसी चैरिटी के साथ वॉलंटियर काम करना, उन्हें कुछ दान देना। तीन ग़रीब (कम सुविधा प्राप्त) बच्चों की शिक्षा के लिए पैसा देना। दस ग़रीब (कम सुविधा प्राप्त) व्यक्तियों को मेडिकल सहायता देना–आपको जो भी सही लगे।

एक बार अपने लक्ष्य लिख लेने के बाद, जैसा कि उदाहरण में दिखाया गया है, प्रत्येक लक्ष्य को अनेक छोटे-छोटे पड़ावों में बाँट लें। जीवन में हमेशा, आपके पास पाँच साल के और एक साल के लक्ष्य स्पष्ट होने चाहिए। इन लक्ष्यों को केंद्र मानकर एक योजना तैयार करें, योजना बनाकर इसे तुरंत अमल में लाएँ।

आइए, माया का उदाहरण लें। उसमें लगन है कि वह मेडिकल टैक्नोलॉजी के माध्यम से लोगों को जीवन दान दे और उसने करियर लक्ष्य बनाया है कि वह 10 सालों में एक बड़ी मेडिकल टैक्नोलॉजी कंपनी के डायरेक्टर पद पर पहुँचे। अब उसे इस लक्ष्य को छोटे पड़ावों में बाँटने की ज़रूरत है।

दस साल में, उसे डायरेक्टर बनना है; तो पाँच साल में सीनियर मैनेजर; दो साल में मैनेजर और एक साल में उसे अपने वर्तमान रोल में श्रेष्ठ प्रदर्शन करके दिखाना है और लीडरशिप व अन्य योग्यताओं को बढ़ाना है। हर स्तर पर, *उसे अगले स्तर तक पहुँचने के लिए ज़रूरी योग्यताओं और अनुभवों को हासिल करने की ज़रूरत* है। जब माया में डायरेक्टर पद के लिए योग्यता और सही अनुभव आ जाएगा, वो अपने आप उस पद पर पहुँच जाएगी। उसे ऐसा व्यक्ति बनना है, जो अगले 10 सालों में डायरेक्टर बनने के लिए तैयार हो। जैसा कि आप इस उदाहरण में देख सकते हैं, बड़े लक्ष्यों को छोटे और

सुगम लक्ष्यों में बाँट लेने से यह बात काफ़ी हद तक स्पष्ट हो जाती है कि इन लक्ष्यों को कैसे प्राप्त किया जाए। **आपके लिए छोटे लक्ष्यों को पहले पा लेना आत्मविश्वास और स्वयं पर भरोसा पैदा करने का सबसे अच्छा तरीक़ा है।**

करियर संबंधी लक्ष्य निर्धारित करना

करियर संबंधी लक्ष्य निर्धारित करना, चुनौतीपूर्ण हो सकता है। अगले चित्र 3 के अनुसार, आपके करियर का वह 'इच्छित क्षेत्र' आपके चार क्षेत्रों के चौराहों पर पड़ता है, वे क्षेत्र जिनमें आपकी रूचि हो, जिनमें आपको कुशलता हासिल है, वे क्षेत्र जिसको दुनिया मूल्यवान मानती है और वे क्षेत्र जिनके माध्यम से आप जीवन के अन्य लक्ष्य प्राप्त कर सकते हैं।

उदाहरण के तौर पर, मान लें आपको फ़िज़िक्स या इंजीनियरिंग पसंद है और आप इसमें काफ़ी अच्छे भी हैं। दुनिया को भी इस योग्यता की ज़रूरत है और आपको लगता है कि बंगलौर या अमेरिका में आपकी क्षमता को पहचानने वाली सही कंपनियाँ हैं।

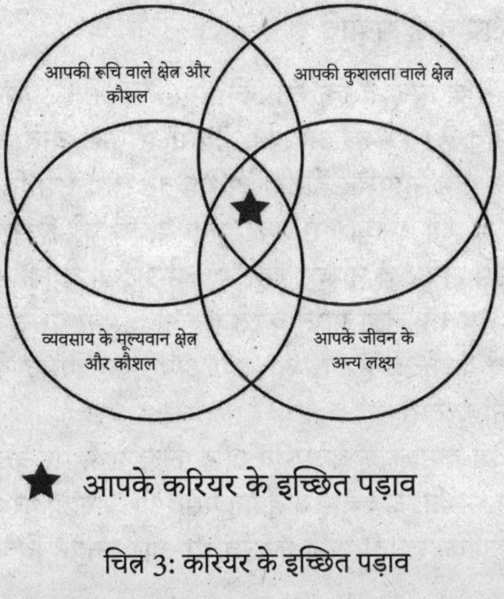

चित्र 3: करियर के इच्छित पड़ाव

फिर भी, आपके जीवन के अन्य लक्ष्यों, परिवार, स्वास्थ्य (उदाहरण–आयुर्वेदिक उपचार), कला (उदाहरण–कत्थक नृत्य) या समाजसेवा के कारण, आपको लखनऊ या पटना में रहने की ज़रूरत है। ऐसे में सही हल होगा कि अपने क्षेत्र में ही लखनऊ या पटना की किसी कंपनी में काम करें। हो सकता है, इसमें आपको तनख़्वाह कम मिले, लेकिन आप अपने जीवन के दूसरे लक्ष्य भी पूरे कर पाएँगे।

जैसे, कॉर्पोरेशन के संस्थापक श्रीधर वेम्बू का उदाहरण लें। वह एक ग्लोबल टैक्नोलॉजी प्रॉडक्ट की कंपनी का निर्माण करने की अपनी प्रोफ़ेशनल आकांक्षा को पूरा करना चाहते थे, पर साथ-साथ भारत के छोटे शहरों व गाँवों में नौकरियाँ और आर्थिक विकास पैदा करके, वहाँ सकारात्मक प्रभाव भी डालना चाहते थे। इसलिए उन्होंने अमेरिका से लौटकर, केरल के एक छोटे शहर में अपनी कंपनी शुरू की और पच्चीस साल काम करने के बाद, नतीजा यह है कि उन्होंने दुनिया में न केवल एक सफल उत्पाद और मल्टीबिलियन-डॉलर कंपनी का निर्माण किया, बल्कि छोटे शहरों में बड़ी संख्या में नौकरियों के अवसर भी बनाए।

करियर के लिए कुछ सुझाव

यह समझना महत्त्वपूर्ण है कि आपको अपनी 100% पसंद की नौकरी मिलनी असंभव है। हमेशा आपकी नौकरी में कुछ बातें आपकी पसंद की होंगी और कुछ नापसंद होंगी। अधिकतर लोग उस हिस्से में अच्छा प्रदर्शन करते हैं, जो उनकी पसंद का होता है, पर जो हिस्सा उन्हें अच्छा नहीं लगता उसे लेकर वे नाख़ुश रहते हैं। मैंने देखा है कि अपने करियर में वही लोग श्रेष्ठ सफलता प्राप्त करते हैं, जो *अपनी पसंद के क्षेत्र में तो अच्छा प्रदर्शन करते ही हैं, पर साथ ही अपने कम पसंद के क्षेत्र में भी अच्छा प्रदर्शन करते हैं।*

राहुल द्रविड़ कमाल के बैट्समैन और फ़ील्डर थे, पर कई बार उन्होंने विकेट कीपिंग भी की; अब चाहे उन्हें यह पसंद थी या नहीं, पर उन्होंने विकेट कीपिंग की क्योंकि यह टीम की ज़रूरत थी और उन्होंने विकेट कीपिंग में

अच्छा प्रदर्शन भी किया। ऐसे ही आपको नौकरी में कुछ काम पसंद आएँगे और कुछ नहीं, लेकिन आपको सब में अच्छा प्रदर्शन करना है।

नौकरी प्राप्त करने के लिए आपका फ़ोकस होना चाहिए कि वह आपके पसंद के क्षेत्र में हो, उस क्षेत्र में हो जिसमें आप कुशल हों, साथ ही, वो आपको अपने लंबी अवधि के करियर संबंधी लक्ष्यों की ओर ले जाए और आपको सीखने के अवसर भी दे। हो सकता है, यह एकदम परफ़ैक्ट नौकरी न हो और ऐसी नौकरी शायद होती भी नहीं है। याद रखें :

> *'आप जो भी काम करें, पूरे मन और लगन से करें, जब तक कि आपको ऐसा कुछ काम न मिल जाए, जो आपका मन करना चाहता हो' —डॉ विवेक मानसिंह*

हाईस्कूल में ही करियर संबंधी लक्ष्य निर्धारित कर लेना

आपको कक्षा 9 या10 में ही, अपने करियर संबंधी लक्ष्य निर्धारित करने की कोशिश करनी चाहिए। शायद यह दिखने में मुश्क़िल लगे, पर अगर आप इन्हें सरल रखेंगे और अच्छे से सोचेंगे तो मुश्क़िल नहीं होगा। समय का इसमें बहुत महत्त्व है, क्योंकि आपको ऐसे विषयों का चुनाव करना है, जो आपको एक ख़ास करियर की दिशा में ले जाएँ। हाईस्कूल के बच्चों के लिए यहाँ कुछ टिप्स दिए हैं, जो करियर संबंधी लक्ष्य निर्धारित करने में उनकी मदद करेंगे।

अगर, आप पहली बार लक्ष्य निर्धारित करने जा रहे हैं तो डरें मत। इन्हें सरल रखें और शुरुआत करें।

ऐसे करियर का चुनाव करें, जो आपको पसंद हो; बेहतर है, यदि यह आपकी पसंद के विषयों से मेल खाता हो और जिनमें आपका प्रदर्शन भी अच्छा हो।

अपनी पसंद के करियर का संकेत (इशारा) आपको अपने जीवन के आदर्श व्यक्ति, जैसे कि आपके माता-पिता, चाचा-चाची, मामा-मामी, दोस्तों के माता-पिता या कोई अन्य रिश्तेदारों, से मिल सकता है जिनके करियर ने आपको रोमांचित किया हो।

आप उन लोगों को भी विचार में रखें, जिनकी आप सराहना करते हों और चाहें तो उनके कदमों पर चल सकते हैं।

अपनी योग्यताओं को आंकने के लिए आप एट्टीव्युड टेस्ट भी ले सकते हैं और अपने योग्य करियर चुन सकते हैं।

इस आयु में सबसे बड़ा असमंजस यह है कि शायद आप अपनी हॉबी और करियर में अंतर न कर पाएँ। अपनी पसंद के करियर के क्षेत्र में सफल लोगों की ओर देखें और विचार करें कि क्या आप उन जैसा बनना चाहते हैं।

यदि आपको क्रिकेट पसंद है और आप इसे करियर बनाना चाहते हैं तो आप स्वयं का मूल्यांकन (इस क्षेत्र के) किसी अच्छे जानकार व्यक्ति से करवाएँ और देखें कि क्या वास्तव में आपमें क्रिकेट के लिए उपयुक्त गुण व क्षमताएँ हैं। क्रिकेटर बनने के फ़ायदे और नुक़सानों के बारे में किसी अच्छे कोच और क्रिकेट खिलाड़ियों से जानकारी लें। यह भी समझें कि एक सफल क्रिकेट खिलाड़ी बनने के लिए क्या करना चाहिए, जैसे कि फ़िटनेस, ट्रेनिंग और मेहनत। कई बार ऐसे चुनाव मुश्क़िल होते हैं, अत: किसी मेंटॉर (मार्गदर्शक) या ऐसे व्यक्ति से मदद लें, जो आपको गाइड कर सके।

इस पड़ाव पर आपके मनपसंद करियर का चुनाव दो चीज़ों को मिलाकर होगा, यानी कि जिस करियर में आपकी रूचि है और जिन क्षेत्रों में आप योग्यताएँ रखते हैं।

अत: यदि आपको बायोलॉजी सांइस पसंद नहीं तो केवल इसलिए मेडिकल करियर मत चुनें कि इसमें पैसा बहुत है या इसलिए कि आपके माता-पिता डॉक्टर हैं।

अपनी पसंद के करियर को आधार बनाकर, अपनी शिक्षा की योजना बनाएँ और जिस श्रेष्ठ-से-श्रेष्ठ कॉलेज में संभव हो सके, उसमें एडमिशन लें। इस समय अपनी पसंद के कॉलेज में एडमिशन लेना, आपके लिए छोटी अवधि का महत्त्वपूर्ण लक्ष्य है।

यदि फिर भी आपको अपने करियर के मार्ग स्पष्ट न हों, तो आप क्या करेंगे? अपनी मुख्य योग्यताओं और रुचियों के साथ आगे बढ़ें : जिन विषयों में आपका प्रदर्शन अच्छा है, उनके ऊपर फ़ोकस करें। बढ़िया प्रदर्शन करें और उसी के अनुसार अपना करियर चुनें।

मैंने इंजीनियरिंग को चुना, क्योंकि मुझे बचपन से ही इसमें दिलचस्पी थी। मेरे बेटों अनंत और आयुष ने हाईस्कूल में ही फ़ाइनेंस को करियर के रूप में चुन लिया था और फिर कॉलेज में अपने विषय इसी हिसाब से चुने और इसी से करियर की योजना बनाई। स्पष्ट सोच व मार्गदर्शन से और ऊपर दिए उदाहरण के अनुसार काम करने से, आप अपने करियर संबंधी लक्ष्य निर्धारित कर सकेंगे। कोई भी लक्ष्य सामने न होने से बेहतर है कि आपके सामने कोई लक्ष्य तो हो।

अपनी पहली नौकरी के लिए करियर संबंधी लक्ष्य निर्धारित करना

अपनी आय (सैलरी) ही नहीं, बल्कि चुनौतीपूर्ण कार्य और सीखने के अवसर की ओर ज़्यादा ध्यान दें।

ऐसा करियर चुनें जिसके बारे में आपको जुनून हो, चाहे वह शुरू में आर्थिक रूप से कम फ़ायदा दे पाए।

याद रहे, यदि आप करियर में सफल रहे तो आप करियर के अंतिम दस सालों में इतना कमा लेंगे, जितना पहले तीस सालों में भी नहीं कमाया होगा। इसलिए शुरू के करियर में कम या अधिक सैलरी का इतना महत्त्व नहीं है, जितना सीखने का है।

यदि आपमें अपने काम के बारे में जुनून है तो इसमें आप स्वयं ही अच्छा प्रदर्शन कर सकेंगे और करियर में बहुत आगे तक जाएँगे।

अपने जुनून का पीछा करें और फिर लंबी सफलता के लिए ज़रूरी योग्यताएँ और अनुभव बढ़ाएँ।

सक्रिय होकर अपनी पसंद के कार्य क्षेत्रों को पहचानें; इससे आपको संकेत मिलेगा कि आपको अपने करियर को किस दिशा में ले जाना है।

यदि आपको यह स्पष्टता न मिल पा रही हो तो क्या? अपनी मुख्य योग्यताओं के अनुसार, जो श्रेष्ठ रास्ता मिले उस पर चलें। साथ ही, सर्वश्रेष्ठ प्रोफ़ेशनल बनने के लिए ज़रूरी योग्यताओं की तैयारी करते रहें। अपने मार्गदर्शक की सहायता से अपनी पसंद के करियर की तलाश भी करते रहें।

अपने सभी स्रोत केवल उन लक्ष्यों में न लगाएँ, जो आपको स्पष्ट परिणाम दिखाए जैसेकि करियर में उन्नति। बल्कि उन सभी लक्ष्यों में संतुलन बनाए रखें, जो आपके लिए महत्त्वपूर्ण हैं।

यदि जीवन में किसी नौकरी के लिए आपको अपने मूल्यों से समझौता करना पड़े तो ऐसी नौकरी को त्याग दें।

लक्ष्य निर्धारित करने के लाभ

अपने प्रोफ़ेशनल जीवन की शुरुआत में, अपने करियर संबंधी लक्ष्य निर्धारित करने के अलावा, मैंने यह लक्ष्य भी तय कर लिया था कि चालीस साल की आयु तक मैं आर्थिक रूप से स्वतंत्र हो जाऊँगा। मुझे पैसे का लालच नहीं था, बल्कि आर्थिक स्वतंत्रता मेरी दृष्टि में महत्त्वपूर्ण थी, जिससे मुझे भौतिक आवश्यकताओं की पूर्ति के लिए काम से स्वतंत्रता मिल जाए। ताकि जब मैं अपने चालीसवें साल तक पहुँचूँ तो मैं अन्य लक्ष्यों की तरफ़ और ध्यान दे सकूँ। जैसा कि मैंने पहले बताया है, मैंने अपना यह लक्ष्य एक नवीन इंस्ट्रुमेंट की खोज करके हासिल कर लिया था। यदि मैंने यह (आर्थिक स्वतंत्रता का) लक्ष्य निर्धारित न किया होता तो मैं इसे कभी हासिल न कर पाता। लक्ष्य निर्धारित करने का यही फ़ायदा है, लक्ष्य निर्धारित करने की यही शक्ति है।

'कल्पना ही सबकुछ है। यह जीवन की सफलताओं का पूर्वदर्शन (पूर्वालोकन) है' —अल्बर्ट आईंस्टाईन

मन एक सागर की तरह होता है, तरंगें छोड़ता हुआ–आज़ाद, बेरोक, बिना किसी रुकावट के। अपनी कल्पना को ऐसे भागने दें। अपनी रोमांचक सफल यात्रा के अंतिम पड़ाव की कल्पना करें और इसके बारे में जुनून के साथ महसूस करें। अंतिम स्थिति और पड़ाव, एक गहरी छाप छोड़ते हुए आपके अंतस्थल में छप जाने चाहिए। *अपने अंतिम* पड़ाव *और लक्ष्यों के साथ दृष्टि बोर्ड (दृष्टिपटल) बनाना एक ऐसा तरीक़ा है, जो इन लक्ष्यों को आपके मन (दिमाग़) में सबसे ऊपर रखता है।* जो लोग आपको प्रेरित करते हैं, जिनसे आप संबंध बनाना चाहते हैं, जैसा घर और कार आप ख़रीदना चाहते हैं,

नौकरी जो आपको रोमांचित करती है, जिन स्थानों पर आप घूमने जाना चाहते हैं, इन सबकी तस्वीरें आपके मन-मस्तिष्क और दृष्टिपटल पर लगाएँ।

'मैंने कल्पना कर ली थी कि मुझे कहाँ पहुँचना है, मैं कैसा खिलाड़ी बनना चाहता हूँ और मैंने अपना पूरा फ़ोकस वहाँ पहुँचने में लगा दिया,' ये माईकल जोर्डन के शब्द हैं, जो निस्संदेह अमेरिकी इतिहास में बास्केट बॉल के सबसे बड़े खिलाड़ी थे।

अपने लक्ष्य चक्रों को मैनेज करना

आपको प्रतिदिन प्रत्येक लक्ष्य को एक समान समय और फ़ोकस नहीं देना है, पर लंबी अवधि में आपको प्रत्येक लक्ष्य के लिए एक स्थान और समय देना होगा। अमेरिका में अपनी कंपनी शुरू करने से पहले, मैंने अपनी पत्नी और बच्चों से बातचीत की और उन्हें बताया कि अगले 18 महीने में मैं उन्हें कम समय दे पाऊँगा। उन्होंने मुझे अपना बहुमूल्य समर्थन दिया। मुश्क़िल था, पर उतनी अवधि के लिए मुझे अपने संबंधों और अन्य लक्ष्यों को पीछे रखना पड़ा।

हर साल आप अपने सबसे ऊपरी पाँच लक्ष्यों पर फ़ोकस कर सकते हैं, फिर भी, इस बात को निश्चित करें कि जीवनपर्यंत अपने सभी लक्ष्यों पर बारी-बारी फ़ोकस करेंगे।

एक अच्छे संतुलन का अर्थ है, प्राथमिकता के आधार पर हर लक्ष्य पर ***सही*** *अनुमान में समय और फ़ोकस लगाना, ना कि हर लक्ष्य पर* ***एक समान*** *समय लगाना और फ़ोकस करना।*

एक संतुलित लक्ष्य चक्र का तब तक कोई फ़ायदा नहीं होगा, जब तक आप अपने प्राथमिकता वाले लक्ष्यों को सही अनुपात में समय व फ़ोकस नहीं देते।

इस बात को निश्चित करें कि आपका पूरा फ़ोकस आपके प्रोफ़ेशनल लक्ष्यों पर ही न हो कि दूसरे लक्ष्य नज़रअंदाज़ हो जाएँ।

लंबी अवधि से संबंधित लक्ष्यों का फ़ैसला करते समय, अच्छे से व समय लगाकर विचार करें कि अंत में आप लोगों में अपनी कैसी छवि छोड़ना चाहेंगे कि लोग आपको किस तरह याद करें। इससे आपमें जोश आएगा।

यह याद करना महत्त्वपूर्ण है :

> *'आपके भविष्य के फ़ैसले इस बात पर आधारित नहीं होने चाहिए कि आप का भूतकाल कैसा रहा है। यह आपकी भविष्य की आकांक्षाओं से प्रेरित होने चाहिए'* —डॉ विवेक मानसिंह

आप एक बार यह बात समझ लें कि लक्ष्य निर्धारित करना अद्भुत सफलता हासिल करने की पहली सीढ़ी है, आप लगातार लक्ष्यों के बारे में सोचते रहें जैसे कोई प्रेमी अपनी प्रेमिका के बारे में सोचता रहता है। यदि आपके साथ भी ऐसा ही होता है तो आप सही रास्ते पर हैं।

असफलताएँ भी सफलता का ही हिस्सा हैं

मैंने असफलताओं को स्वीकार करना भी सीखा। कॉलेज जाने की तैयारी में अपने युवामन पर मैंने पहले आघात का सामना किया था, जब मेरा आईआईटी में प्रवेश नहीं हुआ। आईआईटी का परीक्षा पत्र अंग्रेज़ी में था! मैं तो हिंदी मीडियम का स्टूडेंट रहा था और मुझे कुछ प्रश्न समझने में मुश्क़िल हुई। जो होना था वही हुआ, परीक्षा अच्छी नहीं हुई! अत: आईआईटी के बजाय मुझे एनआईटी (नेशनल इंटस्टिट्यूट ऑफ़ टैक्नोलॉजी) इलाहाबाद में स्थान मिला। पर मैंने एक महत्त्वपूर्ण सबक़ बहुत जल्दी सीख लिया था : कभी शिक़ायत न करें। मैं फ़तेहपुर के गवर्नमेंट इंटर कॉलेज में उन विद्यार्थियों के साथ पढ़ता था, जिनके पास पहनने को ढंग के कपड़े भी नहीं थे और कुछ के घर में बिजली तक न थी।

इसकी भरपाई मैंने एनआईटी की कक्षा में प्रथम आने का लक्ष्य निर्धारित करके की, फिर प्रथम आया और गोल्ड मैडल भी हासिल किया।

मेरे एक स्टार्ट-अप, जैस्मिन नेटवर्क्स को, वर्ष 2000 की मंदी के दौरान आर्थिक तंगी का सामना करना पड़ा। मंदी के दौरान, मुझे अपनी नौकरी खोनी पड़ी और वह भी भारत आने के एकदम बाद ही।

मैंने अपना दिल-दिमाग़ लगाकर डैल इंडिया में हार्डवेयर डिज़ाइन की टीम तैयार की। पर सफलतापूर्वक कई सर्वर डिज़ाइन करने के बाद भी, हमें हार्डवेयर डिज़ाइन को डैल ताईवान ले जाना पड़ा और मुझे अपनी पूरी टीम को निकालना (लेऑफ़ करना) पड़ा।

मेरे कुछ स्टार्ट-अप्स, जो अभी इंकुबेशन (शुरू की) अवस्था में ही थे, कई कारणों से असफल हो गए।

मैं अपने वज़न को कम करने के प्रयास में निरंतर असफल रहता हूँ।

अपने मनोरंजन और योग के लक्ष्यों में भी कई बार असफल रहता हूँ।

मैंने और भी ऐसी कई असफलताओं का सामना किया है, पर व्यक्ति को सकारात्मक, दृढ़ निश्चयी होना चाहिए। इन अनुभवों से सबक़ सीखकर जीवन में आगे बढ़ना चाहिए।

हर व्यक्ति के जीवन में ऐसी चुनौतियाँ आती हैं। यदि आप गुणवान हैं, मेहनती हैं और हर काम सलीक़े से करते हैं तो भी चुनौतियों का सामना करना पड़ता है।

याद रहे, असफलता सफलता के विपरीत नहीं है, बल्कि यह सफलता के लिए आगे बढ़ने की प्रेरक है।

'आप जीवन में कई असफलताओं का सामना करेंगे, पर आप स्वयं को कभी न हारने दें' —माया एंजलो

आपको चुनौतियों का सामना करना होगा; करियर व आर्थिक लक्ष्य स्पष्ट दिखाई देंगे और आपका समय, कोशिशें व फ़ोकस इन पर रहेगा। आपके दूसरे, व्यक्तिगत लक्ष्य नज़रअंदाज़ हो सकते हैं। स्वयं से सवाल करते रहें; मेरा विश्वास करें, इन सबके जवाब आपके अंदर हैं, दुनिया के पास नहीं। अपने दिल की आवाज सुनें तो आप उन्हें उसी तरह सुन पाएँगे जैसे रिक ने सुना।

रिक के साथ कुछ ऐसा हुआ। उसके प्लेन को पेट्रोल के अभाव में हडसन नदी में पानी के ऊपर उतरना पड़ा था। वह यूएस एयरवेज़ फ़्लाइट 1549 थी। सभी यात्री डर से चिल्ला रहे थे क्योंकि मृत्यु निश्चित थी। एक विचार रिक को बार-बार सता रहा था। *उसने ज़िंदगी को और अच्छे से क्यों नहीं जिया? उसने अपने प्रियजनों, ख़ासकर परिवार, बीवी और बच्चों को और समय क्यों नहीं दिया?* सौभाग्य से प्लेन सुरक्षित उतर गया और सभी यात्री बच गए। उस दिन के बाद से रिक की ज़िंदगी बदल गई। उसने अपने लक्ष्यों में अलग तरह का बदलाव किया और पहले से अधिक संतुलित और अर्थपूर्ण जीवन बिताने लगा। वो अपने रिश्तों को और अधिक महत्त्व देने लगा। अपने लक्ष्यों को संतुलित तरह से निर्धारित करने के लिए प्लेनक्रैश जैसे मृत्यु तुल्य जीवन बदल देने वाले अवसर का इंतज़ार क्यों करना? इसमें बदलाव अभी करें!

मेरा लक्ष्य–चक्र और उसके फल

मुझे ख़ुशी है कि मैं अपने लक्ष्य–चक्र के सभी लक्ष्यों पर संतुलित रूप में फ़ोकस कर सका। जीवन के इस मोड़ पर, मैं स्वयं के बारे में सोचता हूँ : क्या मैं ऐसा व्यक्ति हूँ जैसा मैं अपने बच्चों को बनाना चाहूँगा? क्या मैं अपने बच्चों, भांजे और भांजियों के लिए आदर्श रूप (रोल मॉडल) हूँ? ये दो सवाल आपके सबसे अच्छे टेस्ट हैं।

मेरा संतुलित लक्ष्य चक्र सभी के लिए एक खुली किताब है। अपनी योग्यता के क्षेत्र में श्रेष्ठ बनने का मेरा प्रोफ़ेशनल / बुद्धिजीवी लक्ष्य मेरे डिज़ाइनों, पेटेंट्स, किताबों और टैक्निकल पेपर्स के माध्यम से वास्तविकता

बन गया। मैंने अपने आर्थिक, भौतिक और मनोरंजन संबंधित लक्ष्य बड़े अच्छे तरीक़े से हासिल किए हैं। मैं पचास से भी अधिक देशों की यात्रा कर सका हूँ। मैं वाईल्डलाइफ़ में रूचि रखता हूँ और स्वयं को भाग्यशाली मानता हूँ कि मैं भारत, अफ्रीका और यूएस के वाईल्डलाइफ़ पार्क देखने का आनंद उठा सका हूँ। साल में कम-से-कम बीस पुस्तकें पढ़ने के अपने लक्ष्य पर मैं आज भी क़ायम हूँ। रिश्ते और संबंध क़ायम रखने के लक्ष्य मेरे सामने इतने स्पष्ट रहे हैं जितना मेरी मम्मी के हाथ से बने कबाब का स्वाद। मैंने अपने माता-पिता, पत्नी, बेटों, रिश्तेदारों, अन्य परिवार और मित्रों से अच्छे रिश्ते रखे और अपना कर्त्तव्य निभाया। आज, मैं अपने बेटों, बहू, भतीजे, भतीजी, भांजों और अन्य सैंकड़ों लोगों का मार्गदर्शन करता हूँ। मेरे अवॉर्ड्स–"हूज़ हू ऑफ़ यूएसए" और "आईटी मैन ऑफ़ द ईयर, इंडिया"–ने मेरी पहचान बनाकर मेरे नाम कमाने के लक्ष्यों को पूरा किया।

स्वास्थ्य के लक्ष्यों को मैं कभी आँख से ओझल नहीं होने देता। मैं कोशिश करता हूँ कि सही भोजन करूँ और व्यायाम करूँ; हाँ, एक बात क़बूल करूँगा कि कभी-कभी बटर चिकन वग़ैरह खाकर मैं अपने लक्ष्य से चूक जाता हूँ।

अब अध्यात्मिक लक्ष्यों की बारी है, मैं इस बात पर ज़ोर देना चाहूँगा कि इन लक्ष्यों को आप यह कहकर दरकिनार नहीं कर सकते कि 'समय मिलने पर करूँगा।' ईश्वर के लिए समय निकालें, आपको इसके लाभ अवश्य मिलेंगे। मेरा विश्वास मुझे शास्त्रों को पढ़ने की प्रेरणा देता है। मैंने योगानंदजी, श्री श्री रविशंकर और श्रीसद्‌गुरुजी द्वारा प्रसारित कोर्स भी किए हैं। इन लक्ष्यों का अनुसरण करने से मुझे मुश्क़िल समय मे साहस और सहनशक्ति मिली है।

समाजसेवा के लक्ष्यों पर भी मैं बिना चूके काम करता हूँ। मैं (अपने जन्मस्थान) फ़तेहपुर में कई प्रोग्रामों के माध्यम से, हज़ारों लोगों का भला कर पाया हूँ। अब इस किताब के माध्यम से मैं लाखों युवाओं को मेंटॉर करना चाहता हूँ।

जब मैं अपने जीवन में मुड़कर देखता हूँ तो आभार प्रकट करता हूँ कि अवसरों की उफनती नदी में मैंने ऐसे ही छलाँग नहीं लगा दी कि बाढ़ मुझे

बहा ले जाए। बल्कि मैंने सावधानीपूर्वक लगाए गए पत्थरों यानी कि लक्ष्यों पर पैर रखकर कदम आगे बढ़ाए और अपना रास्ता ख़ुद बनाया। यह नदी हर तरह के टेढ़े-मेढ़े रास्तों से होती, कभी शांत और कभी तेज़ी से घूमती है। पर मेरे लक्ष्यों ने मुझे सदा सही रास्ते पर रखा है।

हर साल, मैं क्रिसमस की छुट्टियों में, अपने अगले साल के लक्ष्यों को लिखता हूँ और पिछले साल के तय किए लक्ष्यों को लेकर स्वयं का मूल्यांकन करता हूँ। मेरा विश्वास करें, यह बहुत ही बढ़िया प्रथा (एक्सरसाईज़) है जो आपको सफलता के रास्ते में बहुत आगे तक ले जाएगी।

'आप वही हैं जो आपकी गहरी इच्छा है।
जैसी आपकी इच्छा है, वैसा ही आप करना चाहते हैं।
जैसा आप करना चाहते हैं, वैसा आपका कर्म है।
जो आपका कर्म है, वैसा ही आपका भाग्य है' —बृहदारण्या उपनिषद

मुख्य शिक्षाएँ

- अद्भुत और अर्थपूर्ण सफलता तभी मिलती है, जब आप यह फ़ैसला कर लेते हैं कि आपको क्या हासिल करना है और उसे हासिल करने के लिए जुनून के साथ बेजोड़ मेहनत करते हैं और अपने आपको अपनी मंज़िल और लक्ष्यों के क़ाबिल बनाते हैं।
- अद्भुत और अर्थपूर्ण सफलता आपके लिए क्या है, इसे स्पष्टता से समझ लें और जीवन के सभी पहलुओं को ध्यान में रखते हुए अपने लक्ष्य चक्र को बना लें।
- अपनी जीवन यात्रा को ध्यान में लाएँ और कल्पना करें कि अपने सभी लक्ष्य हासिल कर लेने पर आपको कैसा लगेगा। इसी से आपको जुनून मिलेगा।
- ये लक्ष्य आपके जीवन में किसी भी आयु और पड़ाव पर निर्धारित किए जा सकते हैं।
- यदि आप विद्यार्थी हैं तो भी अपने लंबे समय के लक्ष्य बना लें।

इससे आपको अपनी पढ़ाई, कोर्स और करियर का चयन करने में सहायता मिलेगी।

- अपने लक्ष्यों को लिख लें और जहाँ तक संभव हो सके, बार-बार इनका व अपनी उन्नति (प्रोग्रेस) का पुनर्वालोकन (रिव्यु) करें।
- अपनी लंबी अवधि के लक्ष्यों को छोटी अवधि के लक्ष्यों में बाँट लें।
- आपको अपने प्रत्येक लक्ष्य को प्रतिदिन एक बराबर समय और फ़ोकस नहीं देना है, परंतु लंबे समय में अपने उद्देश्यपूर्ण लक्ष्यों में से हर लक्ष्य के लिए समय निकालना ज़रूरी है।
- अपनी प्रोफ़ेशनल व निजी योग्यताओं को पुस्तक में वर्णित तरीक़े से सुधारते हुए स्वयं को श्रेष्ठ बनाएँ और अपने लक्ष्यों को पूरा करें।

लक्ष्यों की शक्ति पर गुरुमंत्र :
किरण मजूमदार–शॉ, संस्थापक, बायोकॉन

लक्ष्यों से मुझे प्रेरणा मिलती है। मेरा लक्ष्य भारत को बायोटैक्नोलॉजी रिसर्च और डेवलपमेंट के दुनिया के नक़्शे पर स्थान दिलाना था। जब भारत को इस क्षेत्र में पहचान मिलने लगी तो मुझे गर्व महसूस हुआ। मेरा एक उद्देश्य बायोकॉन को दुनिया के नक़्शे पर लाना भी था क्योंकि इसका संबंध डायबिटीज़, कैंसर और ऑटोइम्यून जैसी बीमारियों संबंधी दवाओं से है। धीरे-धीरे हम इस लक्ष्य को भी पूरा कर रहे हैं।

लक्ष्यों की शक्ति पर गैंटी के शब्द :
सुजय दत्ता, वाईस प्रेसीडेंट, इवेल्युसर्व

डॉ विवेक के मार्गदर्शन से सीखी गई अनेक शिक्षाओं में से मुख्य दो के बारे में मैं यहाँ बात करूँगा :

व्यक्तिगत व प्रोफ़ेशनल जीवन में उद्देश्य को बड़ा रखना और उसके लिए कोशिश करना। अब सफलता के लिए मेरे मापदंड बदल गए हैं और पहले के कुछ सालों की तुलना में आज मेरे लक्ष्य बहुत बड़े हो गए हैं। आज

मुझमें आगे बढ़कर कुछ करने का आत्मविश्वास आ चुका है; जो कि पहले मुझे संभव नहीं लगता था।

मैंने लक्ष्यों को प्राप्त करना भी सीखा। अब मैं अपने करियर संबंधी लंबी अवधि के लक्ष्यों को छोटी अवधि में बाँट लेता हूँ और मेहनत करके इसे प्राप्त करता हूँ। इस सरल अभ्यास ने जीवन और प्रोफ़ेशन के असंभव लगने वाले लक्ष्यों को भी वास्तविक बना दिया है।

पूरा ब्रम्हांड आपके जुनून का समर्थन करता है।

<u>3</u>

जुनून का अद्‌भुत जादू

'जुनून के बिना दुनिया में कोई भी महान काम कभी नहीं हुआ है' —जॉर्ज हेगल

'मैं अमिताभ बच्चन बोल रहा हूँ, आकाशवाणी से . . .' युवा अमिताभ बच्चन का *ऑल इंडिया रेडियो* पर रेडियो एनांउसर की नौकरी के लिए ऑडिशन देना और रिजेक्ट होना–एक ऐसी कहानी का प्रारंभ है, जहाँ असफलताओं में भी जुनून का महत्त्व दिखाई देता है। फ़िल्मों के अनेक ऑडिशनों में असफलता मिलने पर भी उन्होंने कभी हार नहीं मानी। वह एक्टिंग के सपने के पीछे जुनून से लगे रहे और मृत्युतुल्य दुर्घटना का सामना करने के बावजूद भी वे एक मैगास्टार बन गए। वह आज जिस चोटी पर हैं, उसके आसपास भी कोई नहीं पहुँच सकता है। यह है जुनून की शक्ति।

मुझे दुनिया के अनेक सफल और महान लोगों के साथ काम करने का सौभाग्य मिला है और **एक गुण जो मैंने उन सबमें पाया वह है : जुनून।**

ये सफल लोग हर समय सोचते रहते हैं कि अपने लक्ष्यों को हासिल करने के लिए वो और क्या प्रयत्न कर सकते हैं; वे पूर्ण रूप से अपने लक्ष्य को हासिल करने के जुनून में लगे रहते हैं।

इन भावनाओं को मैं बख़ूबी समझ सकता हूँ। अपनी जीवन यात्रा के दौरान, मैंने यह पाया है कि जुनून वह महत्त्वपूर्ण ताक़त है, जो रास्ते में

आने वाली रुकावटों के बावजूद, लक्ष्यों को पाने के लिए ज़रूरी मेहनत, दृढ़निश्चय, रचनात्मकता और अटलता को ताक़त देती है। मैं जब भी कोई लक्ष्य हासिल करने की शुरुआत करता हूँ तो मेरे अंदर जुनून की धधकती-सी लहर उठती है।

जुनून का जादुई प्रभाव

इंजीनियरिंग की डिग्री और गोल्ड-मैडल लेने के बाद, मैंने अपने माता-पिता से कहा कि मैं पोस्ट ग्रेजुएट की पढ़ाई के लिए विदेश जाऊँगा। मुझे बिल्कुल भी आभास न था कि मैं यह कैसे करूँगा या इसके लिए पैसा कहाँ से आएगा।

मैं अपने लक्ष्य को जुनून के साथ हासिल करने की सोच में लग गया। यह जुनून का अद्‌भुत जादू है कि आपको असंभव दिखने वाले अपने लक्ष्यों को हासिल करने के लिए आश्चर्यजनक और रचनात्मक विचार आने लगते हैं।

यूएस/कनाडा यूनिवर्सिटीज़ के एडमिशन के ऑफ़िसों में आवेदनपत्र देने के बजाय, मैंने उन अनेक प्रोफ़ेसर्स को पत्र लिखे जिनके रिसर्च क्षेत्र में मेरी रूचि थी। इनमें से एक कनाडा की क्वींस यूनिवर्सिटी के प्रोफ़ेसर ओस्थोजैन थे, जिन्होंने कंप्युटेशनल फ़्लुइड मैकेनिक्स के क्षेत्र में उत्तम कार्य किया था। मेरा जुनून और तैयारी देखकर, उन्होंने मेरी एमएस और पीएचडी की पढ़ाई के लिए मुझे पूरा स्कॉलरशिप दिलवाया। यही जुनून का जादू है।

लेकिन लक्ष्यों और आकांक्षाओं के बिना किसी भी व्यक्ति को जुनून हो ही नहीं सकता। अत: पहला कदम है—लक्ष्यों को स्पष्टता से निर्धारित करना। यदि आपमें अपने लक्ष्य के लिए वास्तव में आकांक्षा है तो जुनून अवश्य आता है और अपना जादू दिखाता है।

मैं आपको सरल शब्दों में बताता हूँ कि जुनून किस तरह से काम करता है। मानव दिमाग़ को दो हिस्सों में बाँटा जा सकता है : एक जो तर्क पर काम करता है और दूसरा, अधिक शक्तिशाली हिस्सा, भावनाओं के माध्यम से काम करता है। अधिकतर हम केवल तर्क वाले हिस्से को ही इस्तेमाल करते हैं। पर अगर हम भावनाओं से जाग्रत होने वाले दूसरे हिस्से को भी शामिल कर लें और दोनों हिस्से मिलकर काम करें तो हम अद्‌भुत शक्तियाँ प्राप्त कर सकते हैं। ये असंभव लगने वाले लक्ष्यों को हासिल करने में हमारी मदद करती हैं और हमें एक सुपरह्युमन बना सकती हैं। पर, जैसा कि पहले बताया है, दिमाग़ के भावनाओं से जाग्रत होने वाले हिस्से को शामिल करने के लिए, हमें तर्क की नहीं, बल्कि भावनाओं की ज़रूरत होती है। **वो भावना ही जुनून होती है।**

मैं आपको यह बात सिद्ध करके दिखाता हूँ कि दिमाग़ का भावनाओं से जाग्रत होने वाला भाग अधिक ताक़तवर होता है। कभी-न-कभी फ़िल्म देखते हुए आप रोये अवश्य होंगे, जबकि आपको अच्छे से पता होता है कि यह कहानी है, वास्तविकता नहीं। भावनाओं ने दिमाग़ के अधिक पावरफ़ुल हिस्से को जाग्रत कर दिया है और तार्किक हिस्सा आपको कंट्रोल नहीं कर पाता है और आप रोने लगते हैं। तो कौन-सा हिस्सा अधिक पावरफ़ुल हुआ?

मुझे याद है, जब मैं हिंदी फ़िल्म *तारे ज़मीन पर* देख रहा था, यह आठ साल के डिस्लैक्सिया ग्रस्त बच्चे की कहानी है। एक भोले-भाले बच्चे का पिता द्वारा स्वीकार न किया जाना और जिस होस्टल में उसे भेज दिया गया था वहाँ की समस्याओं से जूझना, यह सब देखकर मेरी आँखें भर आई थीं। मुझे पता था कि यह कहानी है, मैं जानता था कि यह एक फ़िल्म है पर फिर भी, मेरी भावनाओं ने मेरे दिमाग़ के अधिक पावरफ़ुल हिस्से को चार्ज कर दिया और मेरे दिमाग़ का तार्किक हिस्सा उसको संभाल नहीं सका। मेरा विश्वास है कि आपके साथ भी ऐसा कभी-न-कभी ज़रूर हुआ होगा।

जिन लक्ष्यों के बारे में आपके अंदर जुनून है, उन पर **दिमाग़ के तार्किक व भावनात्मक दोनों हिस्से साथ में काम करना शुरू कर देंगे तो पूरी क़ायनात (ब्रह्मांड)** उन लक्ष्यों **की प्राप्ति में आपकी मदद के लिए एकजुट हो जाएगी।**

आप अनुभव करेंगे कि सारा ब्रह्मांड आश्चर्यजनक और अद्‌भुत तरीक़े से आपके लक्ष्य को पूरा करने में आपकी मदद करने लगा है।

मान लीजिए कि आप किसी व्यक्ति से मिलने के लिए अत्यंत उत्सुक हैं और जुनून की हद तक मिलना चाहते हैं तो हो सकता है कि किसी फ़्लाइट में वे आपके पास आकर बैठ जाएँ या किसी प्रोग्राम में आपको मिल जाए। ब्रह्मांड इसी तरह से आपकी मदद कर सकता है।

आत्मविश्वास से भरा हुआ जुनून बहुत बड़ी तादाद में ऐसी शक्ति पैदा करता है, जो आपके रास्ते में आने वाली रुकावटों को पार करने में आपकी मदद करता है। आत्मविश्वास से आपका अपनी क्षमता पर भरोसा बढ़ता है और आपको विश्वास हो जाता है कि एक बार किसी काम को करने की ठान ली तो आप उसे पूरा कर ही लेंगे। सही आत्मविश्वास आपको हताशा का अनुभव न करवा कर, असफलताओं का सामना करने की ताक़त देता है। हेनरी फ़ोर्ड के अनुसार, स्वयं पर विश्वास (आत्मविश्वास) आपकी सफलता का एक निश्चित कारण है।

> *'यदि आप सोचते हैं कि आप कोई काम कर सकते हैं या नहीं कर सकते तो आप एकदम सही हैं' —हेनरी फ़ोर्ड*

मेरे इनोवेशंस, मेरे जुनून और आत्मविश्वास के नतीजे थे। जैसे कि मैंने पहले बताया है, एक बार आर्थिक स्वतंत्रता के लक्ष्य को निर्धारित कर लेने के बाद, मुझे कुछ पता नहीं था कि इन लक्ष्यों को हासिल कैसे करूँ। पर मेरे जुनून ने मुझे रास्ता दिखाया कि मैं इंवेंशन करूँ। पर, इंवेंट क्या करूँ? ऐसी कौन-सी चीज़ हो, जो उपयोगी भी हो और अलग-सी (नई) भी? मेरी रातों की नींद उड़ गई। मैंने स्टैनफ़ोर्ड यूनिवर्सिटी की लायब्रेरी में रिसर्च करने में और फिर घर के गैराज में एक्स्पेरिमेंट करने में महीनों बिता दिए। जिसका परिणाम था–एक सफल उपकरण (इंस्ट्रुमेंट) का इंवेंशन–यह केवल जुनून से ही संभव हो सका।

करियर से संबंधित लक्ष्यों पर भी यही बात लागू होती है। यदि आपने अपनी पसंद के अनुसार करियर निर्धारित किया है और आपको इसका जुनून है तो आप इस पर अटल रहें। चाहे शुरुआती स्तर पर यह आकर्षक

नहीं दिखाई देता या इसका भविष्य अनिश्चित प्रतीत होता है। मेरे बेटे आयुष ने यूएस में गूगल की अधिक वेतन की नौकरी त्याग कर सैनफ्रांसिस्को में, एक इम्पैक्ट इंवेस्टिंग फ़र्म 'सोशल फ़ाइनांस' में बेहद कम वेतन पर नौकरी जॉइन की, क्योंकि उसको इम्पैक्ट इंवेस्टिंग का जुनून है।

यदि आप उन लोगों में से हैं, जो अभी यह पूरी तरह निश्चित नहीं कर पा रहे कि कौन-सा करियर या नौकरी चुनें या किस करियर के लिए आपको जुनून है? तो ऐसा करियर चुनें, जो आपकी प्रमुख योग्यताओं (कोर कॉम्पिटेंसीज़) के अनुकूल हो। फिर मेहनत और जुनून से काम करें और अपनी योग्यताओं को और आगे बढ़ाएँ।

अनेक अध्ययनों से पता चला है कि 90% कर्मचारी अपनी नौकरी से ख़ुश नहीं होते। इसलिए वे अपनी नौकरी को लेकर शिक़ायत करते रहते हैं। उन्हें यह नहीं समझ आता कि इससे उन्हें ही सबसे अधिक नुक़सान होता है। क्या ऐसा नहीं हो सकता कि शिक़ायत के बजाय, जो भी उनको करना है वह पूरी ईमानदारी और लगन से करें? सीखते रहें और जो भी करें, उसमें अपनी योग्यताएँ और क्षमता बढ़ाते रहें। यह छोटा-सा सकारात्मक बदलाव उनके लिए बहुत बढ़िया सिद्ध होगा।

ऐसा करते रहने से, कुछ समय बाद, आप स्वयं में श्रेष्ठतम और सक्षम बन जाएँगे और जान जाएँगे कि नौकरी का कौन-सा हिस्सा (काम) आपको पसंद है और किसके बारे में आपमें जुनून है। फिर ऐसा क्षेत्र या नौकरी तलाशें, जिसमें आप अपनी पसंद के काम के प्रतिशत को बढ़ा सकते हैं।

स्टीव जॉब ने कहा है, 'वास्तव में संतुष्ट होने का केवल एक ही तरीक़ा है, जो काम आपको बढ़िया लगे, वही काम करें। और बढ़िया काम करने का एक ही तरीक़ा है, जो भी काम आप करें उसे जुनून से करें। यदि आपको अभी तक ऐसा काम नहीं मिला तो उसकी तलाश करते रहें और समझौता न करें। दिल की अन्य बातों की तरह ही, जब आपको ऐसा काम मिल जाएगा तो आपको पता चल जाएगा।'

जुनून से भरे लोगों का एक अच्छा उदाहरण है–स्टार्ट-अप कंपनियों के संस्थापक। वे एक प्रॉब्लम अपनी पसंद के क्षेत्र में तलाशते हैं और फिर सामने आने वाली चुनौतियों को पूरी तरह समझते हुए, उस पर काम शुरू करते हैं। अधिकतर संस्थापक अपने स्टार्ट-अप्स को शुरू करने के लिए अपनी सुरक्षित व अच्छी-ख़ासी तनख़्वाह वाली नौकरी छोड़ देते हैं। बेशक आगे अनिश्चितता के दबाव होते हैं, पर यह उनका जुनून ही है जिससे उन्हें प्रेरणा मिलती है।

मेरी जीवन यात्रा में, मेरे जुनून से मुझे रुकावटों को पार करने में मदद मिली है। इसने मेरे नज़रिए को बदल दिया है। इस नए नज़रिए से, मैंने रुकावटों को एक रोमांचक चुनौती के तौर पर देखा है। चाहे यह पीएचडी में बिना फ़ीस के पैसे के एडमिशन था या मेरे द्वारा रजिस्टर करवाए गए पेटेंट, मेरे द्वारा शुरू किए स्टार्ट-अप्स या सिस्को और डैल में उच्च स्थान पाना, यह मेरा जुनून ही था, जिसने मुझे हर बार प्रेरणा और सफलता दिलवाई है।

आजकल मुझे जुनून सवार है कि मैं अपने देश के स्टार्ट-अप इकोसिस्टम को वैंचर कैपिटल फ़ंडिंग और मेंटॉरिंग के माध्यम से और मज़बूत करूँ। हर सुबह मैं दिनभर की दिनचर्या को पूरा करने का उत्साह लेकर उठता हूँ। अपनी वार्ताओं और मेंटॉरिंग के माध्यम से मैं लोगों को उनके जीवन में अर्थपूर्ण सफलता हासिल करने के लिए प्रेरित करता हूँ। इस पुस्तक और संबंधित वेबसाइट के माध्यम से, मेरा इरादा एक मिलियन (दस लाख) से अधिक लोगों का मार्गदर्शन (मेंटॉरिंग) करना है। है न रोमांचक बात!

मेरे एक सहकर्मी ने कहा, 'विवेक का जुनून प्रेरणादायक है।' यह बिल्कुल सही है, मैं लाखों लोगों को *जुनून* नाम के इस अद्भुत वायरस से संक्रमित करना चाहता हूँ।

मुख्य शिक्षाएँ

1. जुनून से लक्ष्य हासिल करने का उत्साह और रोमांच पैदा होता है।
2. जितने भी सफल लोगों के साथ मैंने क़रीब रहकर काम किया है, चाहे यह विभिन्न क्षेत्रों में हों या विभिन्न देशों में, सबमें एक बात एकसमान पाई गई है, वह है अपने काम और लक्ष्यों के लिए जुनून।

3. अगर आप विद्यार्थी हैं तो अपनी पढ़ाई पूरे जुनून से करें और अपना ध्यान ज्ञान प्राप्त करने में लगाएँ। अपना करियर चुनकर आप उससे संबंधित विषयों को पूरे जुनून से पढ़ें।
4. जिसके लिए जुनून हो, अपनी पसंद के उसी करियर में जाएँ, बेशक इसकी शुरुआत आकर्षक न हो या इसका भविष्य अनिश्चित लगता हो।
5. आप जो भी हासिल करने की कोशिश कर रहे हैं, सच्चे जुनून से करें, उसमें आपको सफलता अवश्य मिलेगी क्योंकि सारा ब्रह्मांड अद्भुत तरीक़े से आपके लक्ष्य को पूरा करने में आपकी मदद करेगा।

गुरु मंत्र : जॉन चैम्बर्स, चेयरमैन और सीईओ सिस्को, द्वारा जुनून की शक्ति पर गुरुमंत्र

मैं जो भी करता हूँ, पूरे जुनून से करता हूँ। चाहे मैं शुरू में असफल क्यों न रहूँ। यह मेरा जुनून था, जिसकी मदद से मैं अपनी सीईओ की अवधि के दौरान सिस्को को 1 बिलियन डॉलर से 47 बिलियन डॉलर आय वाली कंपनी तक ले जाने में सफल रहा।

जुनून की पावर पर मैंटी के शब्द : नयन वाघेला, डायरेक्टर, सिस्को

डॉ विवेक मानसिंह के साथ, **सिस्को** में काम करना मेरे लिए वास्तव में सौभाग्य की बात थी। मुझे आज भी अपने करियर के बारे में उनके साथ पहली मीटिंग याद है। उन्होंने कहा, 'मेरे पास एक मैजिक ट्रिक है, जिससे आप जो भी चाहें उसे पा सकते हैं, पर आपको स्पष्ट रूप से अपने लक्ष्य लिखने होंगे और अपने आपको उसके क़ाबिल बनाना होगा।' यह दिखने में एक सरल बात थी, पर जब मैं इसे लिखने बैठा–तो मुझे कुछ समझ नहीं आया, मेरे विचार कई बातों को लेकर शून्य थे।

बहुत सोचने के बाद, मैंने पहचाना कि मेरी रुचि प्रॉडक्ट मैनेजमेंट में बहुत थी। मैंने अपने लक्ष्यों और सपनों को जुनून से और एक नीतियुक्त

योजना बनाकर अमल किया। डॉ विवेक ने मुझे प्रॉडक्ट मैनेजमेंट में कुशलता और श्रेष्ठता हासिल करने के लिए प्रोत्साहित किया। 'अपने क्षेत्र में सर्वश्रेष्ठ प्रॉडक्ट मैनेजर बनो,' वो यह कहकर मेरा मार्गदर्शन करते थे। इससे मुझे बहुत मदद मिली। मुझे सिस्को में प्रॉडक्ट मैनेजमेंट का डायरेक्टर बना दिया गया। अब मुझे अपनी नौकरी में आनंद आ रहा है और मैं सिस्को के कई ग्लोबल प्रॉडक्ट्स को मैनेज कर रहा हूँ। उनकी मेंटॉरिंग से अपने प्रोफ़ेशनल और निजी जीवन में मैंने बहुत कुछ हासिल किया है। आज मैं अपने लक्ष्यों को लेकर पूरे जुनून से काम करता हूँ, इससे मुझे जीवन में नया जोश और उत्साह मिलता है। मैं यह किताब सदा अपने पास रखता हूँ और बार-बार पढ़ता हूँ, जिससे मेरा मार्गदर्शन होता रहता है।

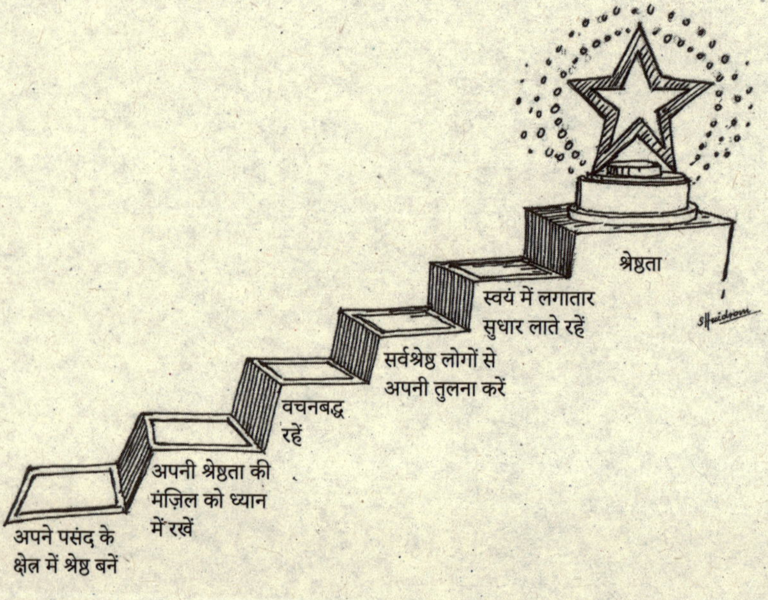
अपने पसंद के
क्षेत्र में श्रेष्ठ बनें
अपनी श्रेष्ठता की
मंज़िल को ध्यान
में रखें
वचनबद्ध
रहें
सर्वश्रेष्ठ लोगों से
अपनी तुलना करें
स्वयं में लगातार
सुधार लाते रहें
श्रेष्ठता

4

उत्कृष्टता (श्रेष्ठता) –एक्सलेंस

'जीतने की इच्छा, सफल होने की चाह, अपनी संपूर्ण क्षमता तक पहुँचने की उत्तेजना . . . ये सब निजी श्रेष्ठता का द्वार खोलने की चाभियाँ हैं।' —कंफ़्यूशियस

श्रेष्ठता क्या है? सरल शब्दों में, यह वह पदक है जो आपको तब मिलता है, जब आप अपने क्षेत्र में अति उत्तम और विशिष्ट हों, जैसे कि राहुल द्रविड़, नारायण मूर्ति, अमिताभ बच्चन। आपके आसपास के श्रेष्ठ लोगों के उदाहरण हैं, जिन्होंने आपके कॉलेज की पढ़ाई या खेल में श्रेष्ठ स्थान पाया हो, आपकी टीम का वह सदस्य जिसे प्रॉडक्ट या अपने काम की गहरी समझ के लिए पहचान मिली हो, प्रमुख सर्जन या कोई विशिष्ट वकील वग़ैरह।

श्रेष्ठता के पाँच मंत्र

1. श्रेष्ठता विशिष्ट लोगों और सामान्य लोगों में अंतर दर्शाती है।
2. हममें से अधिकतर लोग श्रेष्ठता चाहते हैं, पर इस श्रेष्ठता को हासिल करने के लिए प्रयत्न और मेहनत करने को तैयार नहीं होते।

3. श्रेष्ठता का रास्ता तब शुरू होता है, जब आप अपनी श्रेष्ठता के लक्ष्य की अंतिम स्थिति की कल्पना करते हैं और पूरे जुनून व निरंतर प्रयास से इसकी ओर बढ़ने लगते हैं।
4. श्रेष्ठता का अर्थ है कि आपका प्रदर्शन हमेशा एकसमान ऊँचे स्तर का रहे और आप उसे लगातार सुधारते रहें।
5. जब आप अपना मापदंड अन्य श्रेष्ठ लोगों को बना लेते हैं, तब आप स्वयं को श्रेष्ठ बनाने व विकसित करने के रास्ते पर चल देते हैं।

शायद हम सभी में इतने गुण न हों, जो सचिन तेंदुलकर या रतन टाटा में हैं, **पर हम सभी को अपनी संपूर्ण क्षमता के अनुसार अपने क्षेत्र में श्रेष्ठ बनना चाहिए।** इसके लिए हमें ज़रूरी ज्ञान, हुनर और अनुभव प्राप्त करना चाहिए। श्रेष्ठता क्यों? यह आपको प्रतिष्ठा और एक पहचान देती है, आपको बाक़ी की भीड़ से अलग खड़ा कर देती है।

यदि आपको कोडिंग पसंद है तो अपनी क्षमता के अनुसार श्रेष्ठ कोडर बनिए। पहले जान लीजिए कि एक श्रेष्ठ कोडर कैसे बना जाए और फिर वैसा बनने के लिए जो भी चाहिए, वह करिए। हो सकता है, इसके लिए आपको कोई क्लास जॉइन करनी पड़े, किसी ख़ास तरह के प्रोजेक्ट्स पर काम करना पड़े, पर स्वयं को निरंतर उसी ओर ले जाने के लिए मेहनत करने के अलावा इसमें और कोई रॉकेट साइंस नहीं है। यदि आप एक अध्यापक, डॉक्टर या मशीन ऑपरेटर बनना चाहते हैं या अपना बिज़नेस करना चाहते हैं तो इसमें ही श्रेष्ठता हासिल करें। श्रेष्ठता से सफलता के नए रास्ते खुलते हैं।

'जिसे आपने पहले कभी हासिल नहीं किया, उसे हासिल करने के लिए आपको वह बनना होगा, जो आप पहले कभी नहीं थे।' —ले ब्राउन

क्या आप ऐसे किसी व्यक्ति के विचारों के बारे में जानना चाहेंगे, जिसने सारी दुनिया में श्रेष्ठता हासिल की है? क्रिकेट के खेल में सर्वश्रेष्ठ लोगों में गिने जाने वाले हमारे मित्र राहुल द्रविड़ के विचारों को समझने का मुझे सौभाग्य

मिला है। उनके मन में क्रिकेट में श्रेष्ठ बनने की गहरी इच्छा थी। उनका लक्ष्य केवल श्रेष्ठ खिलाड़ी बनना था, न कि पैसा या नाम कमाना। उनका श्रेष्ठ खिलाड़ी बनने का लक्ष्य केवल एक सोच ही नहीं थी। उन्होंने इसे पाने लिए एक ठोस योजना बनाई और उस पर अमल किया। इस योजना में वे सभी महत्त्वपूर्ण चीज़ें थीं, जो उन्हें श्रेष्ठता का लक्ष्य हासिल करने के लिए चाहिए थीं–तकनीकियों में हुनर हासिल करना, निरंतर मेहनत करके अपने आपको और बेहतर बनाना, फ़िटनेस में ट्रेनिंग हासिल करना, मानसिक रूप से सशक्त होना वग़ैरह-वग़ैरह।

दुनिया में सर्वश्रेष्ठ लोगों में से एक बनने का नतीजा होता है–नाम, पहचान और धन। पर ये चीज़ें उनकी प्रेरणा नहीं थीं, बल्कि उनका प्रतिफल (बाईप्रोडक्ट) थीं। राहुल की तरह, मैंने अन्य लोगों को भी ***प्रबल इच्छा, सही नीति, निरंतर सुधार और बिना रुके मेहनत किए जाने पर, श्रेष्ठ बनते देखा*** है।

मेरे लिए श्रेष्ठता का अर्थ था—इंजीनियरिंग के अपने क्षेत्र में श्रेष्ठता प्राप्त करना, दुनिया में श्रेष्ठ बनना और इनोवेशन करना (नया प्रॉडक्ट निकालना)। इसके लिए मुझे जुनून, निरंतर सुधार और अटूट इरादों की ज़रूरत पड़ी। उसका परिणाम था कि मैं आईमैक जैसे इनोवेटिव प्रॉडक्ट डिज़ाइन, अपने छह पेटेंट, 2 किताबों और सैकड़ों टैक्निकल पेपर्स के साथ अपने क्षेत्र में नंबर एक स्थान पर पहुँच गया। बाद में, मैंने पब्लिक स्पीकिंग जैसे क्षेत्रों में श्रेष्ठता हासिल करने और चेयरमैन, सीईओ, मैनेजिंग डायरेक्टर बनने के करियर के लक्ष्यों को पूरा करने का फ़ैसला किया; ये सभी मैंने अथक मेहनत, निरंतर सुधार व आत्म-मूल्यांकन और अपनी सामर्थ्य अनुसार श्रेष्ठ बनकर हासिल किए।

श्रेष्ठता की ओर 7 कदम

1. जिज्ञासु बनिए, जानिए कि श्रेष्ठता आपको सफलता के रास्ते पर कहाँ तक ले जा सकती है।

2. श्रेष्ठता हासिल करने का जुनून रखें।
3. अपने मुख्य कौशल और पसंद के क्षेत्र में ही श्रेष्ठ बनें।
4. अनुशासन का पालन करें। वचनबद्ध रहें। अपने मेंटॉर से मार्गदर्शन लें।
5. उस क्षेत्र के सर्वश्रेष्ठ लोगों से अपनी तुलना करें।
6. ठोस नीति और योजना से अपने प्रयत्नों को आगे बढ़ाएँ।
7. लगातार आत्म-मूल्यांकन करते रहें और स्वयं में सुधार लाते रहें।

क्या आपने मैल्कॉम ग्लैडवैल की पुस्तक *आउट्लायर्स* के 10,000-घंटे वाले नियम के बारे में सुना है? इसमें बताया है कि किसी भी क्षेत्र में श्रेष्ठता हासिल करने के लिए उसमें कम-से-कम 10,000 घंटे काम करना चाहिए। इसका अर्थ हुआ किसी ख़ास क्षेत्र में सात साल (8 घंटे प्रतिदिन, 200 दिन प्रति साल के हिसाब से) काम करना है। यदि आप ऊब जाते हैं और दूसरा काम करने लगते हैं तो आपको अपनी सात साल वाली घड़ी फिर से सैट करनी होगी। श्रेष्ठता का अर्थ है, एक ही क्षेत्र में गहरा ज्ञान और अनुभव, न कि कई क्षेत्रों में थोड़ा-थोड़ा ज्ञान। पर मैं कई लोगों को जानता हूँ, जिनमें इतना जुनून होता है कि वे दिन के 24 घंटे अपने काम के बारे में सोचते रहते हैं और दिमाग़ में काम करते रहते हैं। जी हाँ, जब वे सो रहे होते हैं तो भी उनका दिमाग़ काम कर रहा होता है। राहुल द्रविड़ यदि आधी रात को भी नींद से जागते थे तो भी वो काल्पनिक क्रिकेट बैट से प्रैक्टिस करते थे। ये लोग अपने काम को कैसे और अच्छा किया जाए, इस बारे में हमेशा सोचते रहते हैं। ऐसे लोग इन 10,000 घंटों को सात साल के बजाय 450 दिनों में ही पूरा कर लेते हैं। अत: दो साल में ही वे पंद्रह साल का अनुभव और ज्ञान हासिल कर लेते हैं। यह है, जुनून और मेहनत की ताक़त। हमें खेलों में ऐसे उदाहरण मिलते हैं, युवा सचिन तेंदुलकर का अख़बारों की सुर्ख़ियों में आना, या किसी चौदह साल के किशोर का शतरंज के खेल का ग्रैंड मास्टर बन जाना, या अठारह साल में किसी का पीएचडी कर लेना, या मेरे इंजीनियर

का माईकल डैल से इनोवेशन के लिए अवॉर्ड प्राप्त करना। ऐसा तभी होता है, जब आपमें श्रेष्ठता हासिल करने का जुनून हो। मुझे भी अपने इंस्ट्रूमैंट के इंवेंशन करने के समय में ऐसा ही जुनून था और मैं भी 24 घंटे दिमाग़ी स्तर पर उस पर काम करता रहता था।

श्रेष्ठता हासिल करने का कोई आसान रास्ता नहीं है। पर अंत में मिलने वाली सफलता का इनाम आपको बहुत संतुष्टि देता है, इससे कोई फ़र्क़ नहीं पड़ता कि आप कहाँ और किस तरह का काम कर रहे हैं।

मुख्य शिक्षा

1. अपनी क्षमता को पहचानने और चुनौती देने के लिए हममें से हर एक को अपनी पसंद और निपुणता के क्षेत्र में श्रेष्ठ से श्रेष्ठतर बनने की कोशिश करनी चाहिए।
2. लोग गहरी इच्छा, सही नीति, निरंतर सुधार और अथक परिश्रम से श्रेष्ठ बनने में सफल होते हैं।
3. इस अध्याय में बताए सात नियमों पर चलकर, जिस क्षेत्र में आपकी गहरी रुचि है और जिसमें आपकी निपुणता हो, उसमें श्रेष्ठ-से-श्रेष्ठ बनें।
4. यदि आप विद्यार्थी हैं तो जिस विषय में आपकी गहरी रुचि है, उसमें श्रेष्ठ बनें, एडवांस कोर्स करें, प्रतिस्पर्धा में भाग लें और उसी क्षेत्र में अपना करियर चुनें।
5. हममें से हर एक दुनिया में सर्वश्रेष्ठ नहीं बन सकता, पर श्रेष्ठ बनने के लिए मेहनत करने से, हम स्वयं में काफ़ी सुधार ला सकेंगे और अपने लक्ष्यों को पाने के क़रीब पहुँच सकेंगे।

श्रेष्ठता पाने का गुरु मंत्र : राहुल द्रविड़, 'क्रिकेट की वॉल'

मेरे लिए स्वयं को निरंतर अच्छे से अच्छा बनाना ही श्रेष्ठता हासिल करना है। श्रेष्ठता एक निरंतर चलने वाली यात्रा है। इसमें आराम के पड़ाव नहीं हैं। आपको अपने विकास का मूल्यांकन स्वयं करना है और फिर स्वयं को और

बेहतर बनाना है। हममें से हर एक को अपनी क्षमता को पहचानना चाहिए और अपने करियर व जीवन में और बेहतर करने के लिए स्वयं में श्रेष्ठता लानी चाहिए। श्रेष्ठता हासिल करने के लिए कड़ी मेहनत करना और एक मार्गदर्शक की सहायता लेना बेहद ज़रूरी है।

श्रेष्ठता पर मैंटी के दो शब्द : नारायण सुब्रमण्यम, सीनियर डायरेक्टर, न्युटौनिक्स

2009 की गर्मियों की बात है, ऑस्टिन में डैल द्वारा टीम डिनर दिया गया था। डिनर के बाद मैं डॉ विवेक को अपनी कार में उनके होटल छोड़ने जा रहा था। एक ट्रैफ़िक लाईट पर इंतज़ार करते समय, मैंने कहा, 'विवेक, एक दिन मैं भी टैक्नोलॉजी में प्रमुख लीडर बनकर अपनी एक पहचान बनाना चाहूँगा।'

विवेक अपने ख़ास अंदाज़ में थोड़ी देर चुप रहे और फिर कुछ ऐसा कहा जिसका मुझ पर और मेरे करियर पर गहरा असर हुआ।

'नारायण, इस बात से कोई फ़र्क़ नहीं पड़ता कि आप डैल में टैक्नोलॉजी का लीडर बनना चाहते हैं या कहीं और, पर आपको टैक्नोलॉजी के अपने क्षेत्र में श्रेष्ठ बनने की कोशिश करनी चाहिए और अपनी पहचान (पर्सनल ब्रांड) बनाना बहुत महत्त्वपूर्ण है।'

उस शाम विवेक ने जो कहा, उसकी नीति बनाने और पूरा करने में मुझे लगभग दस साल लग गए। शायद यह एक लाइन में कही सीख मेरे अपने पूरे करियर में सर्वश्रेष्ठ मेंटॉरशिप रही होगी। फिर जैसा इस अध्याय और इस किताब में कहा गया है, कड़ी मेहनत, दृढ़ निश्चय और अन्य वर्ल्ड-क्लास टैक्नोलॉजी लीडर्स की तुलना में स्वयं का मूल्यांकन करके और निरंतर अपने को बेहतर करके, टैक्नोलॉजी के अपने क्षेत्रों में मैंने गहरी दक्षता और श्रेष्ठता हासिल कर ली।

मैंने आज इंडस्ट्री में अपने ब्रांड का निर्माण कर लिया है। इससे मैंने अपनी प्रोफ़ेशनल और निजी ज़िंदगी में बहुत कुछ हासिल कर लिया है जो पहले सपना-सा लगता था। मैं विवेक की यह किताब बार-बार पढ़ता हूँ जिससे मेरा मार्गदर्शन होता है।

कुछ अलग और
हटकर सोचने की
क्षमता पैदा करें

5

कुछ रचनात्मक और नया सोचने की क्षमता बढ़ाएँ

'जो लोग नया और अलग नहीं सोचते, उनकी सोच सीमित ही रह जाती है' —डॉ विवेक मानसिंह

खादू, डिज़ाइन की चर्चा करते समय, गर्व से चलता है और अपना जाना-पहचाना नोटपैड और पेंसिल निकालता है। वह अनुभवी और तेज़ दिमाग़ का है। खादू मेरा बढ़ई है और उसने हमारे घर के लिए लकड़ी का काफ़ी ख़ूबसूरत सामान बनाया है। उसके अनुभव ने उसे बिना सोचे-समझे एकदम से 'नहीं' बोलना सिखा दिया है। जब भी उसे ज़रा-सा मुश्क़िल काम दिखाया जाता है, वह बोल उठता है, 'सर, ये नहीं हो सकेगा।' ऐसी बात नहीं कि वह पूरी तरह ग़लत है–उसके अनुभव ने उसे उसका दायरा सिखा दिया है। शायद उसने कठिन काम को एक नए और अलग तरीक़े से देखने की क्षमता को खो दिया है या तब तक खो दिया था, जब तक उसने मेरे पास काम शुरू नहीं किया था। मैं उसको यह कहने का मौक़ा ही नहीं देता था कि कोई काम हो ही नहीं सकता। मैं दबाव डालते हुए कहता था, 'अच्छा मुझे यह बताओ कि जैसे मैं अंत में इस प्रोजेक्ट को देखना चाहता हूँ, वैसे यह काम नई तरह की सोच के साथ कैसे हो सकता है।'

वह केवल आठवीं कक्षा तक पढ़ा था, पर मेरे सिखाए काम करने के नए तरीक़े को शीघ्रता से सीख रहा था। सीखने में वह तेज़ था–नहीं, नहीं कहने

वाला खादू, सरलता से अनोखी और नई सोच वाला व्यक्ति बन गया। जब वह ऐसे सोचने लगा तो मैंने उसमें और भी सुधार किए : मैंने उससे कहा कि जब भी कोई नया सुझाव मेरे पास लाओ तो एक के बजाय दो सुझाव लाओ। इससे नया सोचने की क्षमता भी बढ़ती है और काम भी बेहतर होता है।

नतीजतन, मेरे घर के अंदर की शानदार घुमावदार सीढ़ी, जो एकबार उसके अनुसार बनानी असंभव थी, न केवल बनकर तैयार हो गई है, बल्कि एक ख़ूबसूरत डिज़ाइन में भी हुई, जो एक अनोखे और अलग तरीक़े की सोच और रचना से संभव हो पाई। यह है नई और अलग सोच की शक्ति।

इस अलग सोच से, रचनात्मकता (क्रिएटिविटी) पैदा होती है और इसी से ही नई खोज (इनोवेशन) की शुरुआत होती है। रचनात्मकता दिमाग़ की शानदार काल्पनिक शक्ति है, जो किसी डिज़ाइन या प्रॉब्लम को हल करने के लिए एक नई और अलग सोच पैदा करती है। एमएफ़ हुसैन की पेंटिंग्स, स्टीवजॉब के प्रॉडक्ट्स या अलबर्ट आईंस्टाईन की थ्योरीज़ अनोखी रचनात्मकता से ही जन्मी हैं।

किसी भी संस्था में नई खोज और रचनात्मकता केवल कुछेक लोगों के लिए ही नहीं होती; यह सभी स्तर के कर्मचारियों के लिए होती है। टीम के हर सदस्य को चाहिए कि वह लीक से हटकर सोचना सीखे और कोई भी काम करने के बेहतर-से-बेहतर तरीक़े सोचे।

मेरे अनुभव में, यदि आपने स्वयं को रचनात्मक बना लिया है और हर संभव काम में इस रचनात्मक एनर्जी को इस्तेमाल करने लगे हैं तो आप स्वयं को एक श्रेष्ठ व्यक्ति बनाने की ओर बढ़ रहे हैं। ऐसा करने से आप केवल अपने करियर में ही तरक्की नहीं करेंगे, बल्कि अपार बौद्धिक संतुष्टि भी पाएँगे।

'नवीन रचना (इनोवेशन) एक योग्यता (स्किल) है, यह कला, विज्ञान और रचनात्मकता का मेल है, जो कोई भी व्यक्ति व कंपनी सीख सकते हैं' —डॉ विवेक मानसिंह

अपनी संस्था में जब हम रचनात्मक विचारों को नए उत्पाद (प्रॉडक्ट) में बदलना चाहते हैं तो संस्था की सहायता अति आवश्यक है। गूगल अपने

कर्मचारियों को काम के समय का *'20% टाइम'* नए विचार और नई रचना करने की छूट के तौर पर देता है, इसके कारण *एड्सैंस*, *जीमेल* और *गूगलटॉक* (*गूगलचैट*) जैसे प्रॉडक्ट की खोज हुई है। थ्रीएम के ऐसे ही नियम *'काम के समय का 15% समय नए प्रॉडक्ट* की खोज के लिए समर्पित करना' ने उसे नई रचनात्मक संस्था की पहचान दी है। ये सभी उन संस्थाओं के बड़े अच्छे उदाहरण हैं, जो नई खोज में सहायक हैं। भारत में भी बहुत-सी कंपनियों में सुव्यवस्थित तरीक़े से नवीन खोजों के लिए प्रोग्राम स्थापित किए गए हैं। सिस्को और डैल दोनों जगह में, मैंने सुव्यवस्थित तरीक़े से नवीन खोजों के लिए प्रोग्राम स्थापित किए जो कर्मचारियों को प्रेरित व उनकी मेंटॉरिंग करते थे, ताकि वे अपनी रचनात्मकता को उभार सकें और नए प्रॉडक्ट की खोज कर सकें।

नई खोज के सात मंत्र

1. नई खोज को अपना लक्ष्य बनाएँ।
2. प्रॉडक्ट या प्रोसेस डिज़ाइन के वर्तमान हल को जाँचें और इस अवस्था के हर पहलू को विस्तार से चैलेंज करें।
3. लीक से हटकर सोचें और समस्या या डिज़ाइन के कई रचनात्मक हल निकालें।
4. आप डिज़ाइन के आदर्श हल के बारे में भी सोच सकते हैं और फिर उस हल पर पहुँच सकते हैं, जो आपको हर तरह से आदर्श हल के नज़दीक ले आए।
5. जब तक आप नई खोज को अमल में न ले आएँ, तब तक जुनून से उस पर काम करते रहें।
6. यदि यह हल पेटेंट बन सकता है तो पेटेंट फ़ाइल करने के लिए

अपनी कंपनी की मदद लें। भारत सरकार भी पेटेंट फ़ाइल करने में मदद करती है।

7. जहाँ भी सहकर्मियों के साथ मिलकर काम करने (सहयोग) की ज़रूरत हो तो इससे पीछे न हटें, उनके साथ मिलकर नई खोज का काम करें।

'नवीन खोज (इनोवेशन) 1% प्रेरणा और 99% मेहनत का काम है' —थॉमस एडीसन

आप सोचते होंगे कि दुनिया के केवल बुद्धिजीवी लोग ही रचनात्मक हो सकते हैं और नई खोज कर सकते हैं। यह भ्रम है। एक औसत *आई क्यू* वाला व्यक्ति भी रचनात्मक हो सकता है। यह विश्वास भी सत्य नहीं है कि युवा व्यक्ति अधिक रचनात्मक होते हैं। वास्तव में, यह एक योग्यता है जिस पर आपको काम करना है और इसे विकसित करना है। यह उसी तरह है, जैसे साइकिल चलाने में या कोई वाद्य सीखने में महारत हासिल करने के लिए मेहनत व अभ्यास करना पड़ता है। रचनात्मकता को विकसित करने के लिए कुछ समय अलग रखें और नियमित रूप से अभ्यास करें। अभ्यास आपको आत्मविश्वास देगा और आपके डर को दूर करेगा। यदि आप असफल होने को तैयार हैं तो आपके रचनात्मक बनने के अवसर और बढ़ जाते हैं।

डैल में, जब मैंने अपनी टीम को प्रति व्यक्ति, प्रति वर्ष कम-से-कम एक नई खोज के विचार को विकसित करने का चैलेंज दिया तो शुरू में मुझे कुछ विरोध का सामना करना पड़ा। 'यह सब करने का समय कहाँ है? हमने यह सब पहले कभी नहीं किया।' कुछ लोगों ने दुखी होकर इस तरह के बहाने बनाए। पर, मैंने उनको प्रोत्साहित किया। अंतत: मुझे अनोखे और नए विचारों की भरमार मिली, जिसने मुझे हैरान कर दिया। हमने डैल इंडिया को एशिया की सबसे इनोवेटिव डैल आर एंड डी साइट बना दिया और इसके लिए माइकल डैल ने भी हमारी प्रशंसा की। नए और अनोखे आइडियाज़

लेकर केवल इंजीनियर्स ही सामने नहीं आए, बल्कि डॉक्युमेंटेशन और दूसरे ग्रुप के सदस्य भी नए आइडियाज़ लाए। इसमें से बहुत-से आइडियाज़ के पेटेंट भी फ़ाइल किए गए। जब आप किसी प्रॉडक्ट या प्रोसेस को पहले से बेहतर बनाने की खोज करते हैं तो आप इसका पेटेंट फ़ाइल कर सकते हैं। अगर आपके पास किसी नए आइडिया का पेटेंट है तो उसको बिना आपकी इजाज़त के कोई और इस्तेमाल नहीं कर सकता है।

भारत में पेटेंट्स

यूएसए और चीन जैसे देश एक साल में 5 लाख से अधिक पेटेंट फ़ाइल करते हैं जबकि भारत एक साल में 60,000 पेटेंट्स फ़ाइल करता है। इसलिए, आज, हम नवीन खोज (इनोवेशन) के क्षेत्र में इन अग्रणी देशों से कहीं पीछे हैं। हमें एक देश के रूप में और व्यक्तिगत रूप से भी नवीन खोज की चुनौती को अपनाने की ज़रूरत है।

मेरी नवीन खोज की यात्रा मेरे पेटेंट्स से शुरू हुई थी, पर मेरे लिए यह नवीन खोज (इनोवेशन) का एक रोमांचक क्षण तब भी आया, जब मैं ऐप्पल के साथ काम करता था। स्टीव जॉब के दूसरी बार सीईओ के पद पर आने के बाद, ऐप्पल का पहला प्रॉडक्ट, आईमैक था। उस समय ऐप्पल मुश्क़िल दौर से गुज़र रहा था। स्टीव ने टीम से कहा कि वे उस समय डिज़ाइन किए जाने वाले 30 प्रॉडक्ट्स पर फ़ोकस करने के बजाय कुछ विशेष प्रॉडक्ट्स पर फ़ोकस करें। आईमैक प्राथमिकता के हिसाब से मुख्य प्रॉडक्ट्स में से एक था। स्टीव द्वारा दी गई चुनौती थी कि आईमैक को बिना किसी फ़ैन के डिज़ाइन किया जाए। यह एक बड़ी चुनौती थी क्योंकि कंप्यूटर और मॉनीटर को मिलाकर एक कर दिया गया था और इसमें पावर काफ़ी अधिक थी। इसकी तुलना करने योग्य, अन्य कोई भी ऐसे प्रॉडक्ट्स नहीं थे जो फ़ैन (पंखे) का इस्तेमाल न करते हों।

हमने इस समस्या का बड़ी गहराई से निरीक्षण किया, अनेक नए सुझावों पर विचार किया, कंप्यूटर पर विश्लेषण (एनालिसिस) और सिमुलेशंज किया और अंत में एक बढ़िया हल निकाल लिया। इस इनोवेटिव डिज़ाइन के प्रॉडक्ट को स्टीव जॉब ने बड़ी धूमधाम से लाँच किया और उसकी बहुत सराहना की। इसके बाद, उन्होंने मुझे और मेरी टीम को स्वयं लिखा हुआ धन्यवाद का नोट भेजा, जो मेरे लिए अनमोल है। आईमैक के एक बड़े पोस्टर पर हाथ से लिखा गया था, *'विवेक और उनकी टीम के लिए, आपकी मदद के लिए बहुत-बहुत धन्यवाद, आपके बिना यह संभव नहीं था।'*

क्या एक बड़ी कंपनी के मुक़ाबले एक स्टार्ट-अप में नवीन खोज (इनोवेशन) करने में कोई भिन्नता है? मैं तो कहूँगा–नहीं। बड़ी या छोटी, हर कंपनी को नवीन खोज की शक्ति की ज़रूरत है। जब स्टार्ट-अप की बात हो तो इसके मूल (आधार) में ही कुछ-न-कुछ इनोवेशन होता है, वर्तमान समस्याओं के रचनात्मक हल की ज़रूरत के लिए ही स्टार्ट-अप को शुरू किया जाता है। यह इनोवेशन टैक्नोलॉजी, बिज़नेस मॉडल, प्रोसेस पर आधारित या किसी अन्य प्रकार का हो सकता है। इसलिए निस्संदेह, स्टार्ट-अप में, नवीन खोज का होना बहुत आवश्यक है, इनसे स्टार्ट-अप को चिरस्थाई और बड़ा तुलनात्मक लाभ होता है। स्टार्ट-अप को शुरू से ही नवीन खोज को गंभीरता से लेना चाहिए, विशेषकर अपने मुख्य क्षेत्र (कोर एरिया) में और फिर समयानुसार पेटेंट फ़ाइल करते रहना चाहिए।

मैं यह समझता हूँ कि नवीन खोज (इनोवेशन) करने का डीएनए हर किसी संस्था में शामिल किया जाना चाहिए। वर्तमान में, मैं जिन स्टार्ट-अप कंपनियों के साथ काम कर रहा हूँ, वहाँ नवीन खोज (इनोवेशन) को जीवन पद्धति बनाने की कोशिश कर रहा हूँ। याद रहे, ये नवीन खोज ही हैं जो हमारी कंपनियों और देश को और अधिक आर्थिक विकास की ओर ले जाएँगी।

हर एक व्यक्ति को भी, चाहे वह विद्यार्थी हो या प्रेसीडेंट, इस अध्याय में दी गई योजनाबद्ध प्रक्रिया को अपनाकर, इसका अभ्यास करके और स्वयं को चुनौतियाँ देकर, रचनात्मकता, नवीन खोज (इनोवेशन) और नई सोच

के कौशल को सीखना चाहिए। ये आपको सफलता की राह में बहुत आगे तक ले जाएँगे।

मुख्य शिक्षाएँ

1. नवीन खोज (इनोवेशन) और रचनात्मकता किसी भी संस्था के कुछेक लोगों के लिए नहीं होती, बल्कि सभी कर्मचारियों के लिए है।
2. सभी को लीक से हटकर कुछ नया और अलग तरह से सोचने के कौशल को अपनाना चाहिए और अपने काम करने के बेहतर-से-बेहतर तरीक़े सोचने चाहिए, चाहे वह कुछ भी काम हो।
3. कोई भी व्यक्ति इस अध्याय में दी गई योजनाबद्ध प्रक्रिया को अपनाकर, इसका अभ्यास करके, स्वयं को चुनौतियाँ देकर, रचनात्मकता और नवीन खोज (इनोवेशन) सीख सकता है।
4. यदि आप विद्यार्थी हैं तो अभी से यह कौशल सीखना चाहिए। आपको साइंस प्रोजेक्ट या हैकाथॉन या बिज़नेस प्लान प्रतिस्पर्धा में हिस्सा लेना चाहिए। आप इनोवेशन के ऑनलाइन कोर्स से भी सीख सकते हैं।
5. रचनात्मकता और नवीन खोज आपके व्यक्तिगत और प्रोफ़ेशनल जीवन को बहुत आगे ले जा सकती है। यह आपको श्रेष्ठ बनाने में अच्छी भूमिका निभा सकती है और बहुमुखी सफलता के नज़दीक ला सकती है।

नई, अलग सोच और नवीन खोज (इनोवेशन) का गुरुमंत्र : नारायणमूर्ति, संस्थापक, इंफ़ोसिस

मेरा मानना है कि नई, अलग सोच और नवीन खोज (इनोवेशन), किसी भी संस्था में कुछेक सीनियर लोगों का प्राधिकार नहीं होना चाहिए, बल्कि यह सामान्य कार्यकर्ता से सीईओ तक, हरेक का मंत्र होना चाहिए। जब किसी कंपनी में हर कर्मचारी द्वारा नई सोच और नवीन खोज को अपनाया जाता

है तो हर कर्मचारी यह सवाल पूछता है, 'मैं अपना काम पहले से जल्दी और बेहतर कैसे करूँ?' तभी कोई संस्था मज़बूत बनती है।

नवीन खोज (इनोवेशन) पर मैंटी के दो शब्द : नारायण सुब्रमण्यम, सीनियर डायरेक्टर, न्युटौनिक्स

डैल में डॉ विवेक के साथ परस्पर वार्तालाप में, हमने नवीन खोज़ (इनोवेशन) के बारे में बात की और पेटेंट्स का विषय बीच में आ ही गया। 'नारायण, आप स्वयं को इंडस्ट्री में टैक्नोलॉजी के अन्य लीडर्स से अलग कैसे करेंगे?' उन्होंने पूछा। मुझे चुप देखकर, उन्होंने आगे कहा, 'आपको नवीन खोज (इनोवेशन) पर फ़ोकस करना है और फिर पेटेंट्स पर। पेटेंट्स आपकी रचनात्मक योग्यता, इनोवेट करने का गुण दर्शाती है और आपके अनुभव व श्रेष्ठता को स्थापित करती है।'

मैंने उनकी सलाह और मार्गदर्शन को दिल से समझा। इस अध्याय के सुझाव पर अमल किया और अगले एक साल में मैंने यूएस में 5 पेटेंट फ़ाइल किए। मैं एशिया में डैल का पहला कर्मचारी था, जिसने नवीन खोज (इनोवेशन) में माईकल डैल अवॉर्ड जीता और 2008 में डैल इंवेंटर्स अवॉर्ड के वार्षिक समारोह में माईकल डैल द्वारा मुझे सम्मानित किया गया। विवेक की इस किताब से रचनात्मकता और नई खोज की कुशलता को सीखकर मैंने अपने जीवन और करियर दोनों को बहुत आगे बढ़ाया है। यह किताब बराबर मेरा मार्गदर्शन करती रहती है।

नेतृत्व (लीडरशिप)

6

नेतृत्व (लीडरशिप)

'लीडरशिप वहाँ से शुरू होती है जहाँ तर्क समाप्त हो जाता है' — डॉ विवेक मानसिंह

'एक लीडर वह होता है जो अन्य लोगों से अधिक देखता है, अधिक दूर तक देखता है और दूसरों से पहले देखता है,' ये लेरॉय एम्स ने कहा था। मेरी उत्सुकता जाग उठी : *किसी एक व्यक्ति के लिए दूसरों की तुलना में दूर तक और पहले देख पाना कैसे संभव है?*

जब महात्मा गांधी ने अन्य स्वतंत्रता संग्राम के सेनानियों के साथ भारत को आज़ादी दिलाने के मिशन की शुरुआत की, तब उन सबके पास केवल जुनून, दूरदर्शिता और बड़े पैमाने पर असंगठित जनसमूह था। फिर भी, उन्हें आश्चर्यजनक परिणाम मिला : स्वतंत्र भारत! इन लीडर्स के चरित्र की अडिग मज़बूती और उनकी अन्य लोगों से अधिक दूरदर्शिता ने इन लोगों को ऐसे लीडर्स बनाए जिन्हें दुनिया आज भी मानती है। दूरदर्शी बनने और इस योग्यता को काम में लाने के लिए एक लीडर को वास्तव में ऊँचा होने की ज़रूरत है। ऊँचाई के पैमाने की आम भाषा में कहें तो 12 फ़ुट ऊँचा। खैर इतना ऊँचा तो कोई होता ही नहीं। पर अगर कोई किसी दूसरे के कंधे पर खड़ा हो जाए, तब तो हो सकता है न। पर एक मुश्क़िल अब भी है : *लोग आपको अपने कंधे पर क्यों खड़ा होने देंगे।* **जवाब सरल-सा है : अगर वे आपको पसंद करते हों, आपका आदर करते हों, आप पर विश्वास करते**

हों, आपकी योग्यताओं और आपके मिशन पर उनका भरोसा हो तो ज़रूर खड़ा होने देंगे। लीडरशिप के बारे में मेरा दृष्टिकोण यही है।

दही-हांडी, मुम्बई के मशहूर त्योहार में गली-मुहल्ले के सभी लोग मिलकर भाग लेते हैं। इसमें दही या दूध से बनी खाने की अन्य चीज़ों से भरी हांडी को चौराहे पर बहुत ऊँचाई पर टाँग दिया जाता है। युवा अपनी-अपनी टीम बनाते हैं और फिर एक मानव पिरामिड बनाकर ऊपर पहुँचने व उस हांडी को तोड़ने की कोशिश करते हैं। उन सबका इनाम हांडी में रखा होता है और इसे पाने का एक ही तरीक़ा है–दूसरों के कंधों पर चढ़कर पहुँचना। मेरे सवाल का जवाब इस खेल में ही है कि कैसे एक लीडर 12 फुट ऊँचा हो सकता है, दूरदर्शी हो सकता है, दूसरों से दूर तक देख सकता है, दूसरों से पहले देख सकता है और ऊँचाइयों को छू सकता है।

लीडरशिप कौशल, योग्यताओं और क्षमताओं की मिली-जुली प्रतिभा है जो आपको अपार शक्तिशाली (सुपरह्युमन) बना देती है। ऐसा अपार शक्तिशाली, जो अपनी टीम को और स्वयं को सफलता की ओर ले जाने में सफल होता है, चाहे *लक्ष्य* कितना ही मुश्क़िल क्यों न हो।

> *'लक्ष्य प्राप्त करने के लिए स्वयं को और अपनी टीम को प्रेरित करने की योग्यता रखना, साथ ही, कठिन समय में भी अपनी और अपनी टीम की पूर्ण क्षमता से मेहनत और कोशिश करके लक्ष्य प्राप्त करना, यही लीडरशिप है' —डॉ विवेक मानसिंह*

जब मैं अपने लीडरशिप के अनुभव को याद करता हूँ तो इससे मिलने वाले सबक़ को स्पष्ट देख सकता हूँ। लीडर्स लोगों का विश्वास जीतने में सक्षम होते हैं, लक्ष्यों को पाने के लिए स्वयं और अपनी टीम का नेतृत्व करते हैं और अपनी मंज़िल तक पहुँच जाते हैं।

अभी आप लोगों का नेतृत्व नहीं कर रहे हैं? कोई बात नहीं। यह बात समझना बहुत महत्त्वपूर्ण है कि **लीडरशिप केवल किसी संस्था के प्रमुख लोगों के लिए नहीं होती**, बल्कि यह हर किसी के लिए होती है। मैं विश्वास के साथ कह सकता हूँ कि यदि आपमें लीडरशिप की योग्यताएँ हैं और आप

स्वयं को निरंतर अच्छा लीडर बना रहे हैं तो आप उस व्यक्ति से पहले करियर में सफलता की सीढ़ी चढ़ जाएँगे जिसमें ये गुण नहीं हैं। वह इसलिए क्योंकि आप लीडरशिप की योग्यता सीख गए हैं। पर *सच्ची लीडरशिप बिज़नेस कार्ड पर नहीं, बल्कि आपके अनुयायियों के दिलों में होती है।*

एक बार, मेरे द्वारा मेंटॉर किए जा रहे एक युवक ने मुझसे पूछा, 'मैं लीडरशिप योग्यताओं पर किताबें पढ़ता रहता हूँ। मैं आपसे पूछना चाहता हूँ कि आपके अनुभव के अनुसार, लीडरशिप **कौशल** पाने के लिए कौन-सी योग्यताएँ महत्त्वपूर्ण हैं?

मैंने जवाब में कहा, '**लीडर्स में दूरदर्शिता की योग्यता होनी चाहिए।**' बिना एक्शन की दूरदर्शिता एक स्वप्न की तरह है, बिना दूरदर्शिता के एक्शन का मतलब है व्यर्थ समय गंवाना, एक्शन के साथ दूरदर्शिता आपकी दुनिया बदल सकती है। दूरदर्शिता के बाद एक नीति बनानी चाहिए और साथ में होनी चाहिए ढेर-सी सकारात्मक एनर्जी।

लीडर्स में जुनून अवश्य ही होना चाहिए। दूरदर्शिता के पीछे लगे रहने के लिए उनमें एनर्जी, उत्साह और जुनून होना चाहिए। टीम को हम जुनून किसी कागज़ पर लिखी दवा के रूप में नहीं दे सकते, न ही निर्देश के तौर पर ई-मेल में भेज सकते हैं। वे तभी जोश में आएँगे, जब वे अपने लीडर में जुनून देखेंगे।

लीडर्स में वो योग्यताएँ होनी चाहिए जिससे लोग उनको पसंद करें। जब लोग आपको पसंद करेंगे, तभी आपका अनुसरण करेंगे। आपको वो तभी पसंद करेंगे, जब आप उनके हित को स्वयं से पहले रखेंगे, उनके अच्छे काम की सराहना करेंगे और बाहरी स्रोतों से मिलने वाले बुरे फ़ीडबैक को स्वयं पर लेंगे। जब कभी आपको कुछ कठोर शब्द लिखने या कहने हों तो पहले यह सोचिए कि अगर आपको ऐसे शब्द कहे गए होते तो आपको कैसा महसूस होता और फिर अपने शब्दों में सुधार करके बोलिए।

लीडर्स संबंध (एक नाता) स्थापित करते हैं। लीडर्स साथ माँगने से पहले दिलों को छूना जानते हैं। उन्हें अपनी टीम के सभी सदस्यों के साथ व्यक्तिगत रूप से और सार्थक संबंध स्थापित करने चाहिए। अपने आसपास

और टीम के लोगों को सुधारने और मदद करने में वास्तव में रुचि रखनी चाहिए। अपना अहंकार छोड़कर उनके साथ विनम्र बनें, ताकि वे आपसे बेझिझक बात कर सकें।

अपने चरित्र, मूल्यों और सिद्धांतों को सदा अडिग रखकर लीडर्स आदर और विश्वास अर्जित करते हैं। उनमें साहस और ईमानदारी दिखाई देनी चाहिए। विश्वास पैदा करने का एक बहुत ही बढ़िया तरीक़ा है कि अपने निजी हितों से पहले टीम और अनुयायियों की ज़रूरतों को आगे रखा जाए।

लीडर्स ज्ञान और योग्यता का विकास करते हैं। जिस विषय में आप काम कर रहे हैं, यदि उसमें आपका ज्ञान कम है तो आप टीम की नज़रों में आदर के पात्र नहीं रह पाएँगे।

लीडर्स संचार, (कम्यूनिकेशन) में बहुत अच्छे होते हैं। अच्छा संचार व्यक्ति को विश्वास दिलाता है, प्रोत्साहित करता है, मार्गदर्शन करता है, सहानुभूति दिखाता है और प्रेरित करता है।

लीडर्स अपने लक्ष्य के लिए काम करके परिणाम दिखाते हैं। अगर आप कोई रिज़ल्ट नहीं प्राप्त करते और टीम की रिज़ल्ट प्राप्ति में मदद नहीं करते तो आपके पैर लीडर के रूप में नहीं जम सकते।

आपको मीटिंग में दाख़िल होते देख, लोगों को लगना चाहिए कि आप एक निर्णायक लीडर हैं, आपकी योजनाएँ सोची-समझी हैं और आप हर हालत में इन पर डटे रहेंगे। अपनी तरक्की को मापते रहें और लक्ष्य पर पहुँचने से पहले चैन से न बैठें। यही सब आपको एक उत्तम लीडर के रूप में दर्शाएगा।

लीडर्स की सफलता के कारण

1. लीडर्स दूरदृष्टि वाले होते हैं।
2. लीडर्स युक्तिपूर्ण सोच रखते हैं और उनका दृष्टिकोण सकारात्मक होता है।

3. लीडर्स में जुनून होता है।
4. लीडर्स को उनके अनुयायी पसंद करते हैं।
5. लीडर्स संबंध बनाना जानते हैं।
6. लीडर्स दूसरे लोगों सहित अपनी टीम का आदर-सम्मान और विश्वास अर्जित करते हैं।
7. लीडर्स अपना लक्ष्य प्राप्त करने के लिए आवश्यक ज्ञान और योग्यताओं का विकास करते रहते हैं।
8. लीडर्स संचार में माहिर होते हैं और अपनी टीम को प्रेरित करते हैं।
9. लीडर्स काम को बढ़िया तरीक़े से करके रिज़ल्ट दिखाते हैं और एक उदाहरण सामने रखते हैं।
10. लीडर्स और लीडर्स बनाते हैं।

मुझसे हमेशा एक सवाल किया जाता है : लीडर्स पैदा होते हैं या ख़ुद बनते हैं? मेरा जवाब है कि कुछ लोगों में जन्म से ही दूसरे लोगों से बेहतर लीडरशिप योग्यताएँ हो सकती हैं, *परंतु अधिकतर लीडर्स दृढ़निश्चय, मेहनत और इस अध्याय में दिए गए विचारों पर चलकर बनते हैं।* शायद हर एक व्यक्ति विश्वस्तर का लीडर न बन सके। लेकिन लीडरशिप की योग्यता सीखकर वो एक बेहतर लीडर और श्रेष्ठ व्यक्ति अवश्य बन सकता है, फिर वो उन कामों को भी कर सकता हैं, जिन्हें कर पाने की उसने कल्पना भी न की थी।

एक बात याद रखनी चाहिए कि लीडरशिप की योग्यताएँ फ़ोकस और प्रयास करके विकसित की जाती हैं, न कि केवल किताब पढ़कर या कोई कोर्स जॉइन करके। छोटे-से शुरुआत करें : अगर आप एक विद्यार्थी हैं तो अपनी क्लास के प्रोजेक्ट को लीड करें, अगर नई नौकरी में हैं तो किसी छोटे प्रोजेक्ट को लीड करें। यदि आप पहले से एक टीम मैनेज कर रहे हैं तो किसी मुश्क़िल प्रोजेक्ट को करने के लिए आवश्यक लीडरशिप योग्यताएँ विकसित करके एक मज़बूत लीडर बनें।

एक बार फिर मुझे महात्मा गांधी का सूरत के समीप का डांडी मार्च याद आ रहा है। यह कोई 385 किलोमीटर की दूरी थी। *उन्होंने यह पैदल चलकर क्यों पूरी की?* क्या वो नमक पर टैक्स के लिए एक पत्र लिखकर शिक़ायत नहीं कर सकते थे? इसका जवाब है : *जहाँ तर्क समाप्त होता है, लीडरशिप की शुरुआत वहीं से होती है।* पैदल चलने से गांधी जी ने लाखों लोगों को प्रेरित किया। इतिहासकार इसे भारत के स्वतंत्रता संग्राम का सबसे बड़ा उत्प्रेरक कहते हैं।

जब श्रीराम ने लीडरशिप की व्याख्या की

- जब वनवास प्राप्त राजकुमार राम ने, लंका नरेश दशानन रावण की सेना से युद्ध की तैयारी की तो रावण के छोटे भाई विभीषण ने पूछा, 'श्रीराम, आप रावण को कैसे हराएँगे; आपके पास तो रथ भी नहीं है।'
- श्रीराम ने शांत होकर जवाब दिया, 'मेरे पास बहुत अच्छा रथ है। यह मुझे जीतने में मदद करेगा।' उन्होंने इसे विस्तार से बताया।
- रथ के सारथी के रूप में, वे एक सही बात के लिए लड़ रहे हैं; वे दूरदर्शी हैं और उनकी आत्मा साफ़ है।
- उनके रथ के चार पहिए हैं–चरित्र, साहस, आचारनीति और वीरता।
- उनके घोड़े हैं–विवेक, मेहनत, अभियान (एक्शन) और अडिगता।
- उनके रथ की लगाम हैं–क्षमा, दया, निरंतरता और समानता का व्यवहार।
- उनके रथ के झंडे पर ईमानदारी और न्यायपरायणता के चिन्ह हैं।
- उनका ज्ञान और साख ही उनका कवच है।

- नीतियुक्ति, बुद्धि, योग्यताएँ, ज़िम्मेदारी और अहंकार व गुस्से जैसी भावनाओं पर काबू रखना उनके तीर और कमान हैं।

श्रीराम फिर धीरे-से मुस्कुराए और कहा, 'एही सम विजय उपाया ना दूजा।' (जीत का कोई दूसरा रास्ता नहीं है। मैं इसी लीडरशिप के रथ से विजय प्राप्त करूँगा।)

लीडरशिप की यात्रा आसान नहीं है। आपको कुछ कठिन निर्णय लेने पड़ेंगे तो कुछ लोग आपसे नाराज़ होंगे, ख़ासकर वे जो अपने सुविधाजनक माहौल (कंफ़र्ट ज़ोन) से बाहर नहीं आना चाहेंगे। पर जैसा स्टीव जॉब ने कहा है, 'अगर आप हरेक को ख़ुश करना चाहते हैं तो लीडर मत बनें, इसकी जगह आईसक्रीम बेचें।'

मैंने हमेशा अपने लिए काम करने वाले सभी लीडर्स को, परिपक्वता के उस स्तर पर लाने के लिए चुनौती दी है, जहाँ वे मेरे बिना भी अच्छे फ़ैसले ले सकें और अपने **लक्ष्य हासिल कर सकें**। इस प्रक्रिया में मैंने कुछ लोगों को नाराज़ भी किया होगा। फिर भी मैं अपनी प्रक्रिया में वचनबद्ध रहा। **मेरा लक्ष्य जो पहले था वही आज भी है–अपने जैसे अनेक 'विवेक' बनाना।** एक अच्छा लीडर हमेशा अपनी लीडरशिप यात्रा से अनेक लीडर्स पैदा करता है। मैं अब भी यही करने की कोशिश में हूँ। मेरी कामना है कि आप भी मेरे सुझावों पर मेहनत से चलकर अच्छे लीडर बनें।

'मैं भेड़ द्वारा संचालित शेरों की फ़ौज से नहीं डरता; मैं डरता हूँ शेर द्वारा संचालित भेड़ों की फ़ौज से' —सिकंदर

मुख्य शिक्षा

- लीडरशिप कौशल किसी संस्था के प्रमुख लोगों के लिए ही नहीं है; बल्कि यह हरेक के लिए है।

- लीडरशिप योग्यताएँ ऐसी क्षमताएँ हैं, जो आपको अपार शक्तिशाली व्यक्ति (सुपरह्युमन) बनाती हैं।
- इस अध्याय में दिए गए विचारों पर सूझबूझ से और लगातार अमल करके आप लीडरशिप योग्यताएँ विकसित कर सकते हैं।
- लीडरशिप योग्यताएँ विकसित करके, आप स्वयं को श्रेष्ठतर बना लेते हैं, करियर में तेज़ी से आगे बढ़ते हैं और जीवन में बड़े-से-बड़े लक्ष्य प्राप्त कर लेते हैं।
- यदि आप विद्यार्थी हैं तो अभी से आपको लीडरशिप योग्यताएँ विकसित करनी चाहिए। आप अपनी क्लास के किसी प्रोजेक्ट का नेतृत्व करें, खेल या ड्रामे में अपनी टीम का नेतृत्व करें, लीडरशिप की किताबें पढ़ें और वीडियो पर जिन लीडर्स को आप पसंद करते हैं, उनके लेक्चर देखें।

लीडरशिप पर गुरुमंत्र : किरण मजूमदार-शॉ, संस्थापक बायोकॉन

लीडरशिप का अर्थ है–फ़ैसला लेने की योग्यता, तार्किक सोच, संकटकाल में आगे रहना और स्वयं व दूसरों को समर्थ बनाना। ये योग्यताएँ हरेक को अपने में विकसित करनी चाहिए।

लीडरशिप में 'मैं या मेरा' नहीं होता। लीडरशिप का अर्थ होता है कि आप टीम को साथ लेकर समस्या को कैसे हल कर सकते हैं या प्रोजेक्ट को कैसे पूरा कर सकते हैं।

मैं पुरानी कहावत में विश्वास रखती हूँ, 'अपने आचरण से लीड करें।' कहना कुछ और करना कुछ और हो–ऐसा मत करें। अगर मैं कहती हूँ कि ईमानदारी और दायित्व (जवाबदेही) मेरे लिए मूल्यवान हैं तो मुझे इन्हें अपने व्यवहार में दर्शाना भी होगा। एक लीडर के लिए अपनी टीम के सभी लोग समान होने चाहिए। मेरा विश्वास इस बात में भी है कि लीडर तक सभी की पहुँच आसानी से होनी चाहिए। मेरे दरवाज़े हमेशा खुले रहते हैं, ताकि जिसे कोई समस्या हो तो वह मुझ तक बेझिझक पहुँच सके।

लीडरशिप पर मैंटी के दो शब्द : श्रीधर गड्डीपति, उपाध्यक्ष, सिस्को

साल 2010 की बात है, जब सिस्को भारत में अपने आर एंड डी विभाग का विस्तार कर रही थी और डॉ विवेक मानसिंह को एक सीनियर लीडर के रूप में सिस्को में लाया गया था। यह केवल सिस्को इंडिया के लिए ही महत्त्वपूर्ण समय नहीं था, बल्कि मेरे करियर में भी निर्णायक समय था। विवेक और मेरे मध्य मेंटॉर-मैंटी का बहुत घनिष्ठ संबंध स्थापित हो गया। उनकी मेंटॉरिंग मुहावरों, हंसी, चुटकलों और व्यावहारिक ज्ञान से भरपूर होती थी।

जैसे कि–जानिए कि आप कहाँ जा रहे हैं, तभी आप सही रास्ता चुन सकते हैं; यदि आपको पता ही नहीं कि आप जा कहाँ रहे हैं तो कोई भी रास्ता चुन लीजिए।

मैंने लीडरशिप उनके उदाहरण और इस किताब में लिखे गए सुझावों से सीखी। मैंने दूरदर्शिता, नीति, योजना बनाना, उसे अमल में लाना और टीम को मैनेज करने व उसे लीड करने में अंतर जानना सीखा। अपनी लीडरशिप योग्यताओं में सुधार लाकर, पहले मैं डायरेक्टर बना और फिर सिस्को में उपाध्यक्ष (वाइस प्रेसिडेंट) बना। वर्तमान में ग्लोबल टीम मैनेज कर रहा हूँ। लीडरशिप और इस किताब में लिखे गए अन्य सबक़ सीखकर, मैं प्रोफ़ेशनल व व्यक्तिगत सफलता के बहुत उच्च स्तर पर पहुँच गया हूँ। जब भी मेरे दिमाग़ में कोई दुविधा आती है, तब यह किताब हमेशा मेरा मार्गदर्शन करती है।

उद्यमशीलता : ऑन्त्रप्रोन्योरशिप

7

उद्यमशीलता : ऑन्त्रप्रोन्योरशिप

जब कोई भारत में 'उद्योग 'की बात करता है तो शायद सबसे पहले, टाटा ग्रुप का नाम दिमाग़ में आता है। इनकी सौ से अधिक सक्रिय कंपनियाँ भारत की जीडीपी में क़रीब 3% योगदान देती हैं, साथ ही जमशेटजी टाटा का नाम, जिन्हें, 'द *मैन हू सॉ टुमॉरो*' (वह व्यक्ति जिसने कल देख लिया था, दूरदृष्टा) के नाम से जाना जाता है। उस समय ब्रिटिश राज के उद्योगों के साथ मुक़ाबला करते हुए, अपने आशावाद, प्रोत्साहन, अडिगता, कुशलता और अपना भाग्य स्वयं के कंट्रोल में लेने की दृढ़ता के साथ, टाटा ग्रुप भारत के पहले रॉक स्टार (अत्यंत सफल) ऑन्त्रप्रोन्योर थे। कभी बॉम्बे इंडस्ट्रियल सर्कल्स में मामूली समझी जाने वाली यह कंपनी, भारत में एक सबसे बड़े इंडस्ट्रियल ग्रुप के रूप में उभरकर सामने आई है।

तब से लेकर आज तक, भारत ने दुनिया में सौ से अधिक युनिकॉर्न (युनिकॉर्न–एक बिलियन डॉलर से अधिक वैल्यू की कंपनी) और हज़ारों अच्छी स्टार्ट-अप व अन्य कंपनियों के साथ, तीसरा सबसे बड़ा ऑन्त्रप्रोन्योरियल इकोसिस्टम तैयार किया है।

आज भारत को अपनी चुनौतियों से निपटने के लिए, नवीन व अनोखे हल खोजने के लिए, इससे भी अधिक मज़बूत ऑन्त्रप्रोन्योरियल इकोसिस्टम की ज़रूरत है। ऐसा करके हम नौकरियाँ पैदा कर सकते हैं और देश के आर्थिक विकास में योगदान दे सकते हैं।

जब मैं अपनी ऑन्त्रप्रोन्योरियल यात्रा के बारे में सोचता हूँ तो पाता हूँ कि मैं केवल अपने जुनून से ही ऑन्त्रप्रोन्योर बना था। यूएसए में एटीटीआई

कंपनी को मैंने स्टार्ट किया था और भारत में इशोनी नेटवर्क्स व पोर्टल सॉफ़्टवेयर स्टार्ट-अप्स का नेतृत्व किया था। मेरे प्रोफ़ेशनल अनुभवों में यह एक बहुत महत्त्वपूर्ण और पुरस्कृत अनुभव था। तब से, मैंने बहुत-सी स्टार्ट-अप्स को जन्म दिया है। उन्हें फ़ंड दिया है, मार्गदर्शन से विकसित किया है और उनके संस्थापकों को मेंटॉर किया है।

ऑन्त्रप्रोन्योरशिप इतनी रोमांचक क्यों होती है!

1. ऑन्त्रप्रोन्योर्स अपने जुनून व विश्वास को अपने बिज़नेस में तब्दील कर लेते हैं।
2. ऑन्त्रप्रोन्योर्स हमारे जीने व काम करने के तरीक़े में सुधार ला सकते हैं क्योंकि उनके उत्पाद और सेवाएँ हमारी उत्पादकता और जीवन स्तर को बढ़ा देती हैं।
3. ऑन्त्रप्रोन्योर्स के पास लोगों के जीवन को बदलने, नई नौकरियाँ पैदा करने और आर्थिक विकास में योगदान देने के बहुत अवसर होते हैं।
4. ऑन्त्रप्रोन्योर्स के विकास की कोई सीमा नहीं होती और आय की क्षमता भी असीमित होती है।
5. ऑन्त्रप्रोन्योर्स अपने भाग्य (प्रोफ़ेशन) के बहुत हद तक विधाता स्वयं ही होते हैं।
6. ऑन्त्रप्रोन्योर्स कुछ ही सालों में बहुत अधिक अनुभव हासिल कर लेते हैं और मैं कहूँगा कि इससे एक एमबीए करने से भी कहीं अधिक सीखते हैं।

ऊपर के बॉक्स में बताए कारणों से ऑन्त्रप्रोन्योरशिप अत्यधिक रोमांचक करियर बन सकती है। फिर भी ऑन्त्रप्रोन्योरशिप हरेक के बस की बात नहीं है। यह सुरक्षित 9 से 5 बजे की नौकरी से कहीं अधिक मुश्क़िल काम

है। इसके लिए व्यक्ति में आवश्यक योग्यताओं व कड़ी मेहनत के अलावा, मानसिक व भावनात्मक दृढ़ता होना भी अति आवश्यक है। साधारण शब्दों में, यदि आप ऑन्त्रप्रोन्योर हैं तो कंपनी की हर चीज़ और निर्णय की ज़िम्मेदारी आपकी ही है। नीचे लिखे बिंदु इसे और अधिक चुनौतीपूर्ण बनाते हैं :

- यह छोटी दौड़ नहीं, बल्कि लंबी रेस है यानी कि मैराथन है।
- बहुत प्रकार की चुनौतियाँ आपको हर समय अलग-अलग दिशाओं में हमेशा खींचती रहती हैं।
- आप चौबीसों घंटे और सप्ताह के सातों दिन काम करते हैं! इस पर भी अनिश्चितता बनी रहती है और कठिन समय में कंपनी का बचा रहना भी दांव पर लगा होता है।
- हो सकता है, आपकी स्पर्धा श्रेष्ठ और बड़ी कंपनियों से हो जिनके पास आपसे अधिक साधन संपन्नता हो।

इस पर भी, सफलता की कोई भरोसे योग्य रैसिपी नहीं है। हर परिस्थिति अनोखी होती है, अत: आप किसी और की सफलता का तरीक़ा आँख पर पट्टी बाँधकर नहीं अपना सकते। मैंने ऑन्त्रप्रोन्योरशिप के रास्ते में हमेशा सर्वश्रेष्ठ लोगों से सीखने की कोशिश की है, पर इस बात की सावधानी भी बरती है कि उनके दृष्टिकोण को हूबहू अपने संदर्भ में सोचे बिना प्रयोग में लाने की ग़लती न करूँ। मैंने उनके द्वारा बताए गए टिप्स (सलाह) और उदाहरण को अपनी ऑन्त्रप्रोन्योरशिप यात्रा में बहुत सोच-समझकर (चतुराई से) प्रयोग किया है।

स्टीव जॉब्स (*ऐप्पल*) का कहना है : 'ये ज़रूरी नहीं है कि ग्राहक को पता हो कि उसे क्या प्रॉडक्ट चाहिए।' इसके विपरीत जैफ़ बीज़ोस (*एमेज़ॉन*) ने कहा है, 'ग्राहक की ज़रूरतों से पता करके उनकी ज़रूरत के अनुसार प्रॉडक्ट बनाएँ।' क्या ये विपरीत बातें आपको उलझन में डाल रही हैं? नहीं, ऐसी बात नहीं है। यह समझने की बात है कि दोनों ही विचार सही हैं। आप यह समझिए

कि दोनों के बिज़नेस अलग-अलग तरह के हैं और दोनों ने जब यह शब्द कहे थे तो दोनों के बिज़नेस अपने अलग-अलग स्तर पर थे। माईकल डैल का कहना है, 'विचार (आइडियाज़) आने आसान हैं। पर उनको अमल में लाना नहीं।' और सिस्को के जॉन चैम्बर्स कहते हैं, 'मार्केट में परिवर्तन अनोखे तरह के आइडिया पैदा करता है जिन पर बड़े-बड़े बिज़नेस का निर्माण किया जा सकता है।' फिर बात वही है, दोनों दृष्टिकोण एकदम भिन्न दिखाई देते हैं, पर यदि देखा जाए कि इन्हें किस परिस्थिति में कहा गया और किस तरह के बिज़नेस के लिए कहा गया तो भिन्न लगने के पीछे का दृष्टिकोण समझ में आ जाएगा। अत: सारांश में, दुनिया के सब सफल ऑन्त्रप्रोन्योर्स और अन्य लोगों से सीखें, पर अपने स्टार्ट-अप में उनके सुझावों को हूबहू कॉपी न करें; आपके लिए जो विचार सही बैठता हो उसे ही अपनाएँ।

हालाँकि ऑन्त्रप्रोन्योरशिप की अपनी चुनौतियाँ हैं, पर यदि आपमें नीचे दिए गए बॉक्स के अनुसार सही योग्यताएँ हैं तो **यह आपके जीवन का एक बड़ा अवसर भी है।**

सफल ऑन्त्रप्रोन्योर्स की योग्यताएँ

सैकड़ों ऑन्त्रप्रोन्योर्स के साथ काम करके और अपने अनुभवों से एकत्रित की गई जानकारी के अनुसार, इस पुस्तक में दी गई सभी योग्यताएँ–जुनून, श्रेष्ठता, रचनात्मकता, इनोवेशन, लीडरशिप, विषय संबंधी ज्ञान, मेंटॉरशिप (मार्गदर्शन)– ऑन्त्रप्रेन्योशिप के लिए आवश्यक हैं। पर ऑन्त्रप्रोन्योर्स को इसके अलावा और भी योग्यताओं की ज़रूरत है :

1. जोखिम उठाने की योग्यता
2. अनिश्चितता से निपटने की योग्यता
3. अपनी टीम में विश्वास पैदा करने की योग्यता
4. डटे रहना (अडिगता)

5. साधन संपन्नता (रिसोर्सफ़ुलनेस)
6. आशावादी होना
7. फ़ैसला लेने की ज़िम्मेदारी का अहसास और क्षमता
8. अपने निरंतर उत्साह से अन्य लोगों को प्रेरित करना
9. उच्च कोटि की स्फूर्ति, दृढ़ता और कल्पना का होना
10. अपने उद्देश्य से दूसरों को प्रेरित करना

कुछ बड़ा करने के लिए बड़ी समस्याओं का सामना करना होगा

मुझे आज भी वह दिन याद है, जब मैं डॉ विवेक मानसिंह से उनके नए घर की लैंडस्केपिंग (बग़ीचे) के कांट्रैक्ट पर बातचीत करने के लिए मिला। मैं दो लोगों की टीम के साथ एक स्ट्रगलिंग लैंडस्केपर था। उन्होंने मेरा जुनून और काम से जुड़े मेरे ज्ञान के स्तर को देखा और कॉन्ट्रैक्ट दे दिया। जब हमने उनके साथ काम शुरू किया तो मैंने जाना कि वो काम की बारीकियों, समरूपता और संतुलन के बारे में विशिष्टवादी थे। यह उनका अपना एक छोटा-सा बग़ीचा ही था, पर वह मेरे लिए सीखने का सबसे बड़ा कैनवास बन गया। स्वत: ही मैं मैंटी और वे मेरे गुरु बन गए। शुरुआत में, मैं उनके पास 'अपने बढ़ते बिज़नेस की समस्याओं की एक लिस्ट' बनाकर ले जाता था। वो मुझसे यह कह देते कि ये कोई समस्याएँ नहीं हैं। बड़ी समस्या तलाशिए। मैंने इस बात से एक सबक़ सीखा : यदि कुछ बड़ा करना है तो आपको बड़ी-बड़ी समस्याओं का सामना करना सीखना होगा।

उन्होंने मुझसे कहा कि मेरा अपने विषय का ज्ञान बहुत गहरा और श्रेष्ठ है। उनकी इस बात ने मेरा आत्मविश्वास बढ़ाया और उनकी मदद से मैंने अपनी सोच को बड़ा बनाया। मैंने अपनी रचनात्मकता को फिर

> से तलाशा और स्वयं को सर्वश्रेष्ठ बनाने की ओर कार्यरत हुआ। आज, मेरे पास 500 लोगों की टीम है और पूरे भारत में मेरा नाम है।
>
> —प्रदीप, गार्डन वर्ल्ड

क्या आप अपना स्टार्ट-अप बनाने को तैयार हैं? यदि आप कॉलेज के विद्यार्थी हैं और अपना स्टार्ट-अप बनाना चाहते हैं तो अपना लक्ष्य चक्र परिशिष्ट में दिए गए उदाहरण जैसा बना लें और उस पर काम करें। क्या स्टार्ट-अप बनाने का कोई संरचित मार्ग है? हाँ, अवश्य है। आप अपने ड्रीम वेंचर की शुरुआत नीचे दिए दस चरणों के अनुसार कर सकते हैं।

दस चरणों में अपने स्टार्ट-अप का निर्माण करना

चरण 1: सबसे पहले तो एक आइडिया तलाशें।

आवश्यकता ही आइडिया को जन्म देती है, एक अनसुलझी समस्या आपको इसका अनोखा हल निकालने की ओर प्रोत्साहित करती है, ये हल विशेषतया वर्तमान प्रॉडक्ट /हल से बहुत बेहतर होते हैं। आईफ़ोन, टैस्ला, फ़्लिपकार्ट, फ्रैशवर्क, बिगबास्केट ये सभी इसके आदर्श उदाहरण हैं। यह ध्यान से देख लें कि आपके प्रॉडक्ट या सर्विस में विभिन्नता प्रदान करने वाले गुण (वैल्यू प्रोपोज़िशन) मज़बूत होने चाहिए जो लंबे समय तक स्थिर बने रहेंगे। (40% स्टार्ट-अप्स असफल हो जाते हैं क्योंकि उनका वैल्यू प्रोपोज़िशन कमज़ोर होता है।)

आपमें अपने स्टार्ट-अप के लिए जुनून होना चाहिए। आप अपने जीवन के सबसे उत्पादक साल प्रेशर-कुकर की तरह के (बंद व गर्म) वातावरण में बिताएँगे। काम के अलावा आपके पास अन्य चीज़ों के लिए बहुत ही कम समय होगा। ज़रा सोचिए, पत्नी और बच्चों के साथ छुट्टियों की बनाई गई योजना को कैंसल करने में आपको कैसा लगेगा। इस तरह की चुनौतियों में सिर्फ आपका जुनून ही आपको आगे बढ़ने की प्रेरणा देगा। अत: आपको अपने स्टार्ट-अप के लिए बेहद जुनून होना चाहिए।

चरण 2: अपने स्टार्ट-अप के प्रतियोगियों का विश्लेषण पूरी तरह से करें।

आपको अपने स्टार्ट-अप के क्षेत्र के बारे में संपूर्ण जानकारी होनी चाहिए। अपने प्रतिस्पर्धियों को अच्छे से जान लें और उनको हल्के में न लें। वे आप जैसे ही स्मार्ट हैं और शायद उनके पास आपसे अधिक साधन हैं। कई संस्थापक इसे सरसरी नज़र से देखते हैं और उन्हें इसका विपरीत नतीजा भुगतना पड़ता है। आपको स्वयं से यह पूछना चाहिए कि आप जिस समस्या को हल करना चाहते हैं, आपके प्रतियोगी उस समस्या को कैसे हल करते हैं। उनसे सीखना बहुत ज़रूरी है। मुझे कई युवा ऑन्त्रप्रोन्योर बताते हैं कि उनका आइडिया एकदम अनोखा है और कोई भी सीधा प्रतियोगी नहीं है। मैं एक बात बताना चाहूँगा कि मैंने ऐसा कोई स्टार्ट-अप नहीं देखा जिसका कोई प्रतियोगी न हो। *जब आप प्रतियोगियों को अच्छे से जान जाते हैं, केवल तभी आप अपने प्रॉडक्ट या सोल्युशन के* विभिन्नता प्रदान करने वाले गुण *(डिफरेंशिएटिड वैल्यू प्रोपोज़िशन) समझ सकते हैं और यही आपकी सफलता की कुंजी होगी।* प्रतियोगियों का विश्लेषण केवल एक बार करने वाला अभ्यास नहीं है; अपने प्रतियोगियों पर निरन्तर नज़र रखने के लिए आपको अच्छा-ख़ासा समय निवेश करना होगा। ***अपनी रोल मॉडल कंपनी को पहचानकर उनकी यात्रा से सीखें।*** याद रखें, 'सफलता सुराग छोड़ जाती है,' आपको मार्केट का फ़ीडबैक अवश्य लेना चाहिए। स्वयं और अपने प्रॉडक्ट पर भरोसा होना अच्छी बात है, पर कस्टमर, मार्केट और प्रतिस्पर्धियों का फ़ीडबैक अतिआवश्यक है, इसे अनदेखा नहीं किया जा सकता। इसलिए नए विचारों का सम्मान करना चाहिए और अगर ज़रूरी है तो अपने प्रॉडक्ट या सॉल्युशन को संशोधित करना चाहिए।

चरण 3: अपने संपूर्ण उपलब्ध मार्केट को जानें। (टोटल अवेलेबल मार्केट (टीएएम))

आपके प्रॉडक्ट या सॉल्युशन की उपलब्ध मार्केट (टोटल अवेलेबल मार्केट) क्या है? यदि आपने अपनी उपलब्ध मार्केट को और सैग्मेंट को ग़लत समझ

लिया है तो आप प्रॉडक्ट संरचना, प्रॉडक्ट पोज़िशनिंग और बिज़नेस मॉडल से संबंधित समस्याओं से जूझते रहेंगे। अत: अपने प्रॉडक्ट या किसी समाधान पर काम करने से पहले अपने टीएएम और सैग्मेंट को बड़ी स्पष्टता से जानिए।

चरण 4: अपने बिज़नेस की योजना (बिज़नेस प्लान) बनाएँ और सीड मनी (प्रारम्भिक धन) का प्रबंध करें।

एक अच्छी बिज़नेस योजना बना लें जो आपके अगले 3 से 5 साल तक के बिज़नेस के सभी पहलुओं को दर्शाए। बिज़नेस योजना कैसे बनाएँ, यह आप इंटरनेट और यू ट्यूब से भी सीख सकते हैं। आपके स्टार्ट-अप की वैल्यू प्रोपोज़िशन कितनी मज़बूत व भिन्न है और आप अपना बिज़नेस निर्माण कैसे करना चाहते हैं, यह आपके बिज़नेस प्लान में बिल्कुल स्पष्ट होना चाहिए।

इस पड़ाव पर दोस्त, परिवार और ऐंजेल इंवेस्टर्स फ़ंड प्राप्ति का सबसे उत्तम स्रोत होते हैं, निवेशकों को ऐसे मज़बूत संस्थापकों की तलाश रहती है जिनमें निष्ठा, जुनून, वचनबद्धता, आशा, इंडस्ट्री व सैग्मेंट का ज्ञान, स्पष्ट अवलोकन और क्षमता का विशाल भंडार होता है।

चरण 5: अपना प्रॉडक्ट या सॉल्युशन बनाएँ और अपने प्रारंभिक कस्टमर्स को आकर्षित करें।

पहले कुछ पायलट कस्टमर्स लेकर और उनका कस्टमर फ़ीडबैक लेकर अपने प्रॉडक्ट या सॉल्युशन को और अच्छा बनाएँ। अब आपका प्रॉडक्ट मार्केट में जाने के लिए तैयार है। इनोवेशन आपकी स्टार्ट-अप को चिरस्थाई स्पर्धा का लाभ देगी। आपको चाहिए कि आप 'इनोवेटिव आइडिया पैदा करने' के विचार को अपनी योजना और मीटिंग्स की समीक्षा का हिस्सा बना लें। और इनोवेशन को पुरस्कृत करना कभी न भूलें। बौद्धिक संपदा (इंटेलैक्चुअल प्रापर्टी) की रचना करें और अपने वैंचर की यात्रा के दौरान जितनी जल्दी हो सके अपने प्रॉडक्ट के मूल से संबंधित पेटेंट फ़ाइल करें।

चरण 6 : एक अच्छा बिज़नेस मॉडल बनाएँ।

एक बिज़नेस मॉडल बनाएँ जो आपके प्रॉडक्ट या सॉल्युशन को कुशलता से कस्टमर्स तक ले जाए। इस बात को ध्यान में रखें कि आपका बिज़नेस मॉडल कैश-फ़्लो में कुशल हो। अपने बिज़नेस मॉडल में इनोवेशन के लिए अवसर तलाशें। एक अच्छा और अनोखा बिज़नेस मॉडल आपके बिज़नेस को आगे ही नहीं बढ़ाएगा, बल्कि आपके कंपटीशन के लिए एंट्री बैरियर भी प्रदान करेगा।

चरण 7: मार्केटिंग और सेल्स चैनल्स पर फ़ोकस करें।

अब आप अपना मार्केटिंग और सेल्स प्लान अमल में लाएँ जो आपने अपने बिज़नेस प्लान के लिए बनाया था। अपने प्रॉडक्ट और सेवाओं को कस्टमर तक ले जाने के लिए चैनल की स्थापना करना सफलता के लिए निहायत ज़रूरी है। मैंने अनेक ऑन्त्रप्रोन्योर्स को देखा है जो अपनी बहुमूल्य एनर्जी लापरवाही से चुने गए सप्लायर्स, डिस्ट्रिब्यूटर्स और रिसेलर्स को मैनेज करने में ख़र्च कर देते हैं। इनको चुनने से पहले यह ज़रूरी है कि आप इनके बारे में अच्छे से जाँच-पड़ताल करें और सही चुनाव करें।

चरण 8: जैसे आपका बिज़नेस आगे बढ़ता है, आप मज़बूत आंतरिक टीमें तैयार करें।

निश्चित करें कि आपकी टीम के कुछ महत्त्वपूर्ण लोग सर्वश्रेष्ठ कुशलता प्राप्त, A- स्तर के हों, क्योंकि आपके वैंचर की संभावित सफलता का निरूपण यही लोग करेंगे। इसके अलावा आप कस्टमर केयर, मार्केटिंग, सेल्स और फ़ाइनांस, लीगल (कानून) विभाग के लिए सही लोगों का चुनाव स्वयं ही करें। केवल उनके गुणों को ही न देखें–बल्कि ऐसे लोगों का चुनाव करें जिनके अंदर आप जैसे मूल्य और काम का जुनून हो।

चरण 9: अपने लिए कुछ अच्छे मेंटॉर तलाश करें।

आप अपने लिए एक अच्छा भरोसेमंद मेंटॉर तलाश करें, या अपने काम के

अलग-अलग पक्षों के लिए अलग-अलग मेंटॉर भी चुन सकते हैं। कम-से-कम एक मेंटॉर तो ऐसा होना ही चाहिए जो उस रास्ते पर चल चुका है जो आप अपनाना चाहते हैं। मेंटॉर की बातें आपको कड़वी लग सकती हैं, पर एक अच्छा मेंटॉर आपको आपके लक्ष्य तक पहुँचाने में बहुत मदद करेगा।

चरण 10: आप दृढ़ता से डटे रहें।

एक बिज़नेस (स्टार्ट-अप) शुरू करना कठिन काम होता है। अनेक स्टार्ट-अप्स शुरू होते हैं और विलुप्त हो जाते हैं। **मेरा संदेश है : दृढ़ता से डटे रहें–पैराशूट खोलने की जल्दी न करें। जब तक आप अपनी पूरी सामर्थ्य न लगा दें, हार न मानें।**

ये सभी स्टैप्स सरल व परखे हुए हैं। इनसे लैस होकर और अपनी नज़रें लक्ष्यों पर फ़ोकस करके चलें तो आपको कोई नहीं रोक सकता। शुरू से ही बड़ा सोचें और आगे बढ़ते हुए इससे भी बड़ा सोचें। जैसे कि किरण मजूमदार-शॉ का कहना है, 'मैं चाहती हूँ, लोग मुझे ऐसे व्यक्ति के रूप में याद रखें जिसने भारत को इनोवेशन के संबंध में दुनिया के साइंटिफ़िक नक़्शे पर खड़ा कर दिया। लोग मुझे ग्लोबल हैल्थकेयर में योगदान के लिए याद रखें और ऐसे व्यक्ति के रूप में याद रखें जिसने भारत के सामाजिक आर्थिक विकास में योगदान दिया।'

जैसे आपके स्टार्ट-अप बढ़ने लगेंगे, शीघ्र ही आपको निवेशकों से फ़ंड एकत्रित करने का समय आ जाएगा और यदि आप नीचे दिखाए गए सभी सातों पायदानों पर अमल करेंगे तो आपके पास निवेशकों की कमी नहीं होगी।

वैंचर कैपिटलिस्ट्स (निवेशक) किसी स्टार्ट-अप को फ़ंड करते समय क्या तलाशते हैं?

1. सबसे पहले आपको देखते हैं कि आपमें एक कुशल ऑन्त्रप्रोन्योर की योग्यताएँ और गुण हैं कि नहीं।

2. मार्गदर्शन व कोचिंग के लिए आप तैयार हैं कि नहीं।
3. आपमें ईमानदारी, जुनून, वचनबद्धता है कि नहीं।
4. अनुभव और अपने क्षेत्र में श्रेष्ठता है कि नहीं।
5. टैक्नोलॉजी, मार्केटिंग, सेल्स, वित्त जैसे क्षेत्र में योग्यताएँ (हुनर) हैं कि नहीं।
6. आपके पास भिन्न योग्यताओं वाली संतुलित (बैलेंस्ड) टीम है कि नहीं।
7. स्पष्ट अवलोकन और क्षमता है कि नहीं।
8. आपके स्टार्ट-अप्स में बढ़िया व भिन्न वैल्यू प्रोपोज़िशन (विभिन्नता प्रदान करने वाले गुण) और बड़ी मार्केट को सर्व करने की क्षमता है कि नहीं।
9. कस्टमर्स का पुष्टिकरण (वैलीडेशन) है कि नहीं।
10. इनोवेशन और इंटेलैक्चुअल प्रॉपर्टी है कि नहीं।

मैंने पहले भी इसका ज़िक्र किया है, पर एक बार फिर से कहना चाहूँगा : अधिकतर स्टार्ट-अप्स अपने जीवन काल में कभी-न-कभी बंद होने के कगार पर आ जाती हैं। मेरा सुझाव : जब तक आप अपने सारे प्रयत्न नहीं कर लेते तब तक इस के दबाव में अपना पैराशूट मत खोलें, सीखते और प्रयत्न करते रहें। आप कभी नहीं हारेंगे; या आप सफलता प्राप्त करेंगे, या सीखेंगे।

मुख्य शिक्षा

ऑन्त्रप्रोन्योरशिप हर एक के लिए नहीं है, पर अगर आपमें वो योग्यताएँ (स्किल+एट्टीट्यूड) हैं जो इसके लिए चाहिए तो यह एक शानदार करियर है, जो आपको अच्छे करियर के साथ अपनी छाप छोड़ने का अवसर भी देती है।

- पहला महत्त्वपूर्ण कदम है—अपनी स्टार्ट-अप के लिए आइडिया तलाशना और इस आइडिया के लिए जुनून होना।

- एक मज़बूत बिज़नेस प्लान तैयार करें जो आपके स्टार्ट-अप के सभी पहलुओं को विस्तार से दिखाता है।
- अच्छा बिज़नेस प्लान आपको आस्था देगा। फिर इस अध्याय में दिए गए विचारों के मार्गदर्शन से और अपनी पूरी ताक़त, जुनून व सामर्थ्य से आगे बढ़िए।

यदि आप विद्यार्थी हैं और अगर आपको ऑन्त्रप्रोन्योरशिप सीखना है तो अपने कॉलेज के ऑन्त्रप्रोन्योरशिप प्रोग्राम में ज़रूर हिस्सा लें। स्टूडेंट्स के लिए यह सबसे बड़ी चुनौती होती है–आइडिया तलाशना क्योंकि उनको अनुभव नहीं होता है। अपने मेंटॉर्स और प्रोफ़ेसर्स से ज़रूर सहायता लें। दुनिया में बहुत-सी सफल स्टार्ट-अप कॉलेज के ऑन्त्रप्रोन्योरशिप प्रोग्राम से शुरू हुई है। इनके बारे में ज़रूर पढ़ें और इनसे प्रेरणा लें।

ऑन्त्रप्रोन्योरशिप पर रतन टाटा, चेयरमैन, टाटा ग्रुप का गुरु मंत्र

स्टार्ट-अप्स को फ़ंड करते समय योग्यता से ज़्यादा मैंने संस्थापकों के रवैये, परिपक्वता और संजीदगी को मूल्य दिया है। दिल में जुनून ज़रूरी है, कुछ करने के लिए बेहतर तरीक़े को खोजना (इनोवेशन) भी महत्त्वपूर्ण है। स्टार्ट-अप को बढ़ाने के लिए साहस और दृढ़ता भी चाहिए। पर यदि संस्थापकों में नैतिकता संबंधी कुछ समस्याएँ हैं तो बिल्कुल भी आगे नहीं बढ़ना चाहिए। मेरे लिए ये चीज़ें किसी भी अन्य चीज़ों से अधिक महत्त्व रखती हैं।

ऑन्त्रप्रोन्योरशिप पर वाणी कोला, संस्थापक, कलारी कैपिटल का गुरु मंत्र

ऑन्त्रप्रोन्योर्स के पास होने वाली पाँच योग्यताएँ हैं–दृढ़ निश्चय, सुनने और समझने की योग्यता, आचरण, उद्देश्य से प्रेरित होना और लगातार सीखने को तैयार रहना।

ऑन्त्रप्रोन्योरशिप पर मैंटी के दो शब्द : स्नेह वासवानी, संस्थापक व सीईओ, मीको

मीको में हमने डॉ मानसिंह की सलाह को एक नाम दिया है : 'जेम्स ऑफ़ विज़्डम' (ज्ञान के रत्न)। इन्होंने मीको बनाने में हमारी असाधारण रूप से मदद की है और मेरी स्वयं की सफलता में प्रेरणादायक रहे हैं। मुझे याद है, 2017 में, मेरी डॉ मानसिंह के साथ पहली मीटिंग हुई थी। मैं अपनी फ़ंडिंग के लिए अपने प्रेज़ेंटेशन की तैयारी करके आया था। उन्होंने विनम्रता से इसे एक तरफ कर दिया और इसके बजाय प्रॉडक्ट व टैक्नोलॉजी की पूरी जानकारी में 2 घंटे बिताए। मैं, हमारे वार्तालाप की गुणवत्ता, डॉ मानसिंह की ग्लोबल कंज़्यूमर प्रॉडक्ट की जानकारी और उनकी टैक्नोलॉजी के 30,000 –फ़ुट के दृश्य से लेकर छोटी-से-छोटी चीज़ों तक जाने की योग्यता, देखकर उनका क़ायल हो गया। शीघ्र ही, मेरा बंगलौर का कोई भी ट्रिप बिना डॉ मानसिंह को मिले और मार्केट, प्रॉडक्ट, मार्केटिंग और सेल्स जैसे विभिन्न क्षेत्रों में उनकी राय लिए बग़ैर पूरा नहीं होता था। डॉ मानसिंह की मेंटॉरिंग से मीको को 140 से अधिक देशों में सफलता मिली है। मैंने इनोवेशन से प्रेरित होकर 20 पेटेंट फ़ाइल किए और अपने प्रॉडक्ट डिज़ाइन में भी श्रेष्ठता हासिल की है। अगर आप ऑन्त्रप्रोन्योर या प्रोफ़ेशनल हैं तो डॉ मानसिंह की इस किताब को अपने सफ़र में बार-बार पढ़िए और अमल में लाइए।

सफलता की नई ऊँचाइयों तक ले जाने वाले चार और गुरु

8

चार गुरु जो आपको सफलता की नई ऊँचाइयों तक ले जाएँगे

'एक अच्छा मेंटॉर आपको यह देखने में मदद करेगा कि आपका फ़ोकस, आप जहाँ अभी हैं वहाँ न होकर, जहाँ आप पहुँच सकते हैं वहाँ हो।' —डॉ विवेक मानसिंह

मुझे हर सुबह अपने लॉन की घास पर पड़ी ओस पर चलना, पक्षियों की चहचहाहट सुनना, गुलाबों की ख़ुशबू मिली ताज़ी हवा का आनन्द लेना अच्छा लगता है। इन सबके बीच रहते हुए, मैं ईश्वर का आभार प्रकट करता हूँ। स्वयं के साथ समय बिताना और अंतर्मुखी सोच, आपके दिमाग़ को हर तरह से तरोताज़ा करती है। ईश्वर सदा ही मेरे जीवन में शक्तिशाली रूप में रहे हैं, पर ***मैंने सीखा है कि हमें चार और ईश्वर रूपी गुरुओं की ज़रूरत होती है***। ये गुरु आपको सर्वश्रेष्ठ और सफल बनने में मदद करेंगे। जिस प्रकार आप ईश्वर के सामने जाते हैं, उसी तरह हमें इन ईश्वर रूपी गुरुओं के सामने विनम्रता, उदारता, समर्पण और अनुशासन के साथ जाना चाहिए। फिर देखिए, आपको अद्‌भुत, आश्चर्यजनक आशीर्वाद मिलेगा और आप सफलता की नई ऊँचाइयों तक पहुँचेंगे। ये चार ईश्वर रूपी गुरु हैं–प्रेरक, रोल मॉडल्स, मेंटॉर (मार्ग दर्शक) और किताबें।

प्रेरक

सबसे पहले गुरु प्रेरक हैं, **यानी कि आपको प्रेरणा देने वाले व्यक्ति**। ये (आपके कार्य क्षेत्र में ही हों, यह ज़रूरी नहीं) किसी भी क्षेत्र में योग्यताओं, उपलब्धियों और दृढ़ चरित्र के अवतार होते हैं। अत: बेशक आप एआर रहमान की तरह संगीतकार या माईकल डैल की तरह आईटी लीडर बनने की कोशिश नहीं कर रहे, पर इनके कई शानदार पहलू और गुण हैं जिन्हें आप सीख सकते हैं। जैसे कि मैं, डॉ एपीजे अब्दुल कलाम से बहुत प्रभावित था और उनकी लीडरशिप योग्यता, सर्वश्रेष्ठता के लिए उनका जुनून, भारत के लिए शानदार अवलोकन और सबसे बढ़कर उनकी विनम्रता का कायल था। जेफ बेज़ोस ने जिस तरह उद्योग की स्थापना की है, मैं उन्हें सलाम करता हूँ। राहुल द्रविड़ भी अभूतपूर्व क्रिकेटर थे और हमारे फ़ैमिली फ्रेंड भी हैं। मैं कभी क्रिकेटर नहीं बनना चाहता था, पर उनकी परिपूर्णता और उत्कृष्टता को पाने की यात्रा (*परस्यूट ऑफ़ परफ़ेक्शन*) और बेदाग़ सत्यनिष्ठा मुझे सदा अचंभित कर देती थी। मैं इन महान लोगों के गुणों से सीखने की कोशिश करता रहता हूँ। मैं उनकी वार्ताओं और किताबों से वे सब आइडिया चुनता रहता हूँ जो मुझे प्रेरित करते हैं। मैं जो सीखता हूँ उसे माप-तौलकर अपने जीवन में शामिल करने की कोशिश करता हूँ। इसलिए आप अपने प्रेरक को पहचानिए और उनसे कुछ गुण सीखिए, ये आपको सफलता के रास्ते पर बहुत आगे तक ले जाएँगे।

रोल मॉडल्स

दूसरे गुरु हैं–रोल मॉडल्स। जिन व्यक्तियों जैसा आप बनना चाहते हैं। जब आप किशोर या युवा होते हैं तो परिवार के बड़े सदस्य आपके रोल मॉडल होते हैं। ये आपके माता, पिता, शिक्षक, भाई-बहन, या और कोई रिश्तेदार, कोई भी ऐसा व्यक्ति हो सकता है जिसने कोई उपलब्धि हासिल की हो और आपको प्रभावित किया हो।

ज़रा रुकिए और फिर सोचिए–आपका रोल मॉडल कौन है? रोल मॉडल का होना उतना ही आवश्यक है, जितना किसी बिल्डिंग का निर्माण करने से

पहले उसका नक्शा (ब्लू प्रिंट) हाथ में होना। एक ऐसा व्यक्ति जिसका आप बहुत आदर करते हैं, आप उसे रोल मॉडल के रूप में देखते हैं और वह आपके विचारों और कार्यों को बहुत प्रभावित करता है। ज़रा सोचिए : सभी महान लीडर्स, खिलाड़ी और उच्च उपलब्धि प्राप्त करने वाले लोगों के भी रोल मॉडल होते हैं, जिनके जैसा वे बनना चाहते हैं। ज़रूरी नहीं कि एक ही रोल मॉडल पूरी ज़िंदगी रहे। जैसे-जैसे हम बड़े होते हैं और ज़िंदगी के अलग-अलग पड़ावों पर पहुँचते हैं, भिन्न-भिन्न लोग समयानुसार हमारे रोल मॉडल बन सकते हैं। एक समय में आपके एक से अधिक रोल मॉडल भी हो सकते हैं। अपने रोल मॉडल से सीखिए और उनका अनुसरण कीजिए।

किसी के अनुसरण की ऐसी बहुत-सी कहानियाँ मैंने सुन रखी हैं, उनमें से एक है ब्रिटिश एक्टर बेन किंगस्ले की, जिन्होंने गांधीजी का रोल बहुत ही पुरस्कृत एक मूवी *गांधी* में अदा किया था। लोगों को यह संदेह था कि वो इस रोल के साथ न्याय कर पाएँगे या नहीं। पर वे स्वयं को और दुनिया के सामने यह सिद्ध करने को लेकर दृढ़ निश्चयी थे कि वे इस महान व्यक्ति (गांधीजी) का चरित्र निभाने के लिए एकदम सही चुनाव थे। फ़िल्म शुरू होने से पहले उन्होंने महात्मा गांधीजी को अपना रोल मॉडल बना लिया, गांधी के बारे में कोई अट्ठाइस किताबें पढ़ीं। उन्होंने अपना भोजन बदलकर वही खाना शुरू कर दिया जो गांधीजी खाते थे। उनकी सुबह योग और मेडिटेशन से होती थी, जबकि शामें चरखा कातना सीखने में गुज़रती थीं। रोल मॉडल के चरित्र में घुसने से उन्हें गांधीजी जैसा ही महसूस होने लगा जिनकी भूमिका वे अदा करने जा रहे थे और उन्होंने गांधीजी की तरह सोचना और व्यवहार करना भी शुरू कर दिया था। कोई हैरानी की बात नहीं कि इस फ़िल्म ने आठ ऑस्कर अवॉर्ड जीते थे। रोल मॉडल का अनुसरण करने में ऐसी ही अद्भुत ताक़त होती है।

आप अपना रोल मॉडल कैसे चुनें? उनको जानकर, उनके बारे में पढ़कर, उनके भाषण सुनकर या उनकी किताबें पढ़कर। वे अकसर आपके प्रोफ़ेशनल क्षेत्र में ही होते हैं और आपकी कंपनी के सीनियर अधिकारी या कॉलेज के सीनियर भी हो सकते हैं। पर अपने रोल मॉडल्स अवश्य चुनिए।

मार्गदर्शक (मेंटॉर्स)

तीसरे गुरु जो आपको चाहिए वह है मेंटॉर। ***'मेंटॉर्स सफल, अनुभवी और ज्ञानी लोग होते हैं, जो उस रास्ते पर पहले चल चुके हैं जिस रास्ते पर आप चलना चाहते हैं।*** यद्यपि आपको किसी प्रेरक या रोल मॉडल के साथ प्रत्यक्ष संपर्क स्थापित करने की ज़रूरत नहीं है, पर आपको अपने मेंटॉर के साथ प्रत्यक्ष संपर्क और संबंध स्थापित करने की ज़रूरत है। यह संबंध, परस्पर आदर, विश्वास, मूल्यों, स्पष्ट और ईमानदार बातचीत के माध्यम से स्थापित किए जाने चाहिए। मेंटॉर्स को आप अपनी गाड़ी के नैविगेटर या नाविक के रूप में समझ सकते हैं। यदि आप उनकी बात सुनेंगे तो वे आपको आपके लक्ष्य तक पहुँचा सकते हैं।

मेंटॉर्स के पास भरपूर अनुभव होता है **और आप इस अनुभव का लाभ उठा सकते हैं।** वे आपके प्रोफ़ेशनल व निजी विकास में सहायता कर सकते हैं। वे आपको उनके सामर्थ्य के अनुसार अपना समय, अपने संपर्क और अन्य स्रोत भरपूर मात्रा में दे सकते हैं। जब आप अपने लिए एक मेंटॉर की तलाश करते हैं तो अपने पुराने मैनेजर व सहकर्मियों, सहपाठियों, प्रोफ़ेसर, परिवार, मित्रों और ऑनलाइन उपलब्ध मेंटॉरिंग की ओर भी ध्यान दे सकते है। हो सकता है, आपको अपना मेंटॉर इनमें से ही मिल जाए। यह किताब भी आपको मेंटॉर करने के लिए ही लिखी गई है और एक कुशल मेंटॉर की तरह आपको सफलता का रास्ता दिखाती है।

अपनी तलाश से पहले, आप उन मुख्य योग्यताओं, मूल्यों और गुणों के बारे में विचार करें जो आप अपने मेंटॉर में देखना चाहते हैं। मेंटॉर को आपके क्षेत्र में अनुभवी होना चाहिए और मैंटी की चुनौतियों को समझने की योग्यता होनी चाहिए। *यदि आपको टेनिस की कोचिंग लेनी है तो आप क्रिकेट के कोच के पास कोचिंग लेने तो नहीं जाएँगे, है न?*

मैंटी के रूप में, आपमें सीखने की भूख होनी चाहिए। आपको जिज्ञासु, सुनियोजित, निपुण, ज़िम्मेदार और काम का जुनूनी होना चाहिए। कई बार मेंटॉर आपको ऐसी बात भी कह सकते हैं जो आपको पसंद नहीं आएगी।

क्या आपमें यह सुनने या सहने का सामर्थ है? सफल मेंटॉरिंग की शुरुआत लक्ष्य निर्धारण से होती है, जो यह स्पष्ट करती है कि आप इस मेंटॉरिंग अनुभव से क्या प्राप्त करना चाहते हैं।

आप अपने मेंटॉर से करियर पर प्रोफ़ेशनल मार्गदर्शन ले सकते हैं, साथ ही रास्ते में आने वाली कठिनाइयों व रुकावटों के बारे में भी सलाह ले सकते हैं। अपनी मीटिंग्स का पूरा फ़ायदा उठाने के लिए, उससे पहले योजना बना लें कि आपको क्या पूछना है और अपनी प्रोग्रेस भी मेंटॉर से शेयर करें।

मेरे मेंटॉर्स

मेरे पहले मेंटॉर थे, मेरे अंकल प्रोफ़ेसर अभय मानसिंह। मेरे दूसरे मेंटॉर थे, मेरे पीएचडी के सुपरवाईज़र प्रोफ़ेसर पी ओस्थुजिएन। फिर एचपी में मेरे मैनेजर डेविड होराईन मेरे मेंटॉर बने। उसके बाद प्रोफ़ेसर अवराम बार-कोहेन मेरे मेंटॉर थे। फिर फ़्लुएंट के संस्थापक और सीईओ बार्ट पटेल मेरे मेंटॉर थे। इसके बाद के मेरे मेंटॉर रहे प्रकाश भालेराव, अरबपति ऑन्त्रप्रोन्योर। बाद में, सिस्को के जॉन चैम्बर्स मेरे मेंटॉर और प्रेरक थे। आजकल मेरे मेंटॉर हैं–दो सफल वीसी, और रमेश व स्वाति रामानाथन, संस्थापक जनाग्रह, एन जी ओ।

मेरे करियर की उन्नति के साथ-साथ मेरे मेंटॉर्स भी बदलते रहे। कई लोग जिनसे मैंने प्रेरणा ली, वे मेरे रोल मॉडल बन गए और फिर जब मैं करियर में उन्नति की सीढ़ियाँ चढ़ने लगा तो वे मेरे मेंटॉर्स बन गए। डॉ अवराम बार-कोहेन और प्रकाश भालेराव ऐसे ही वो नाम हैं जो मेरे रोल मॉडल भी रहे और मेंटॉर भी।

मैं सतीश एमएम और अपने बेटों अनंत व आयुष से रिवर्स मेंटॉरिंग भी करता हूँ। रिवर्स मेंटॉरिंग को गंभीरता से लेना चाहिए, इसमें आपके मेंटॉर्स आपसे उम्र में छोटे होते हैं। पर हम इनसे बहुत कुछ सीख सकते हैं।

अक्सर 'मेंटॉर' और 'कोच' शब्द परस्पर बदलकर बोले जाते हैं। पर इन दोनों में बहुत बड़ा अंतर है। कोचिंग में परफ़ॉर्मेंस का एक ख़ास पहलू विकसित और सही किया जाता है और यह प्राय: छोटी अवधि के लिए होता है। जबकि मेंटॉरिंग लंबी अवधि के लिए होती है, संपूर्ण रूप से विकास संबंधी, जिसमें प्रोफ़ेशनल और जीवन के अन्य क्षेत्र भी शामिल होते हैं।

यदि आपको लगे कि आप परफ़ॉर्मेंस के किसी क्षेत्र में अच्छा नहीं कर रहे हैं तो किसी कोच से संपर्क करें। दुनिया के हर श्रेष्ठ खिलाड़ी के पास कोच है, चाहे वह रॉजर फ़ैडरर हैं, मेरी कॉम या पीवी सिंधु हैं। ज़रा सोचिए, यदि ये लोग, जो अपने क्षेत्र में दुनिया में अव्वल हैं, कोच या मेंटॉर की सुविधा प्राप्त करके लाभ उठा रहे हैं तो हमारे जैसे साधारण लोग कितना अधिक लाभ उठा सकते हैं।

ट्रिलियन डॉलर कोच किताब मुझे बहुत पसंद है। बिल कैम्पबैल फ़ुटबॉल के कोच थे, जो सिलिकॉन वैली के नामी-गिरामी लीडर्स के एग्ज़ीक्यूटिव कोच बन गए थे, उनमें से कुछ नाम हैं—स्टीव जॉब (ऐप्पल), लारी पेज और सेरजी ब्रिन (गूगल) वग़ैरह। इस विनम्र व्यक्ति ने, दुनिया के कुछ बड़े-बड़े लीडरों का जीवन बदल दिया है। **यदि दुनिया के इतने श्रेष्ठ लीडर्स मेंटॉर्स और कोचेस से लाभ उठा सकते हैं तो हमारे जैसे साधारण लोग क्यों लाभ नहीं उठा सकते?**

आपको कुछ लोगों को मेंटॉर भी करना चाहिए। क्या आप जानना चाहेंगे कि इसमें मेंटॉर्स को क्या लाभ है? एक पुरानी बौद्धिक कहावत है, '*यदि आप किसी के लिए एक दीपक जलाते हैं तो यह आपका रास्ता भी रोशन करेगा।*' अनेक लोगों को मेंटॉर करने के बाद, मैं आपको यह बता सकता हूँ कि हर मेंटॉरिंग के वार्तालाप में मैंने भी कुछ-न-कुछ ज़रूर सीखा है।

मेंटॉरिंग की दिल पर छाप

भारत में आने के लगभग 5 साल बाद, मुझे एरिक ने फ़ोन किया जो कैलिफ़ोर्निया के मेरे भूतपूर्व सहकर्मी और मैंटी थे। उन्होंने कहा कि वे

दो दिन के लिए भारत आ रहे हैं और मुझसे मिलना चाहते हैं। सुनकर मुझे बहुत अच्छा लगा। मैंने कहा, 'बेशक, आप भारत में अपना काम ख़त्म करके मुझसे मिलने आ जाइए।' उन्होंने जवाब दिया, 'मुझे और कोई काम नहीं है, मैं केवल आपसे मिलने और मेंटॉरिंग के लिए आ रहा हूँ।' मैं स्तब्ध रह गया। जब एरिक पहुँचे, हमारे पास केवल दो दिन थे और हमें जिन विषयों पर मेंटॉरिंग करनी थी, वे थे–जीवन के लिए गोल सैटिंग, संभावित करियर पाथ, लीडरशिप योग्यताओं को विकसित करना और उनके क्षेत्र में उत्कृष्टता। हम दोनों को ही इसमें ख़ूब मज़ा आया। एरिक से यह सुनकर मैं फूला न समाया कि उसने मेरी फ़ोटो अपने घर में रखी हुई है और जब वह किसी पेचीदा समस्या का सामना करते हैं तो मेरी फ़ोटो की ओर देखकर एक सवाल पूछते हैं, 'विवेक इसे कैसे हल करते?' अत: एक मेंटॉर आपका मार्गदर्शक, प्रेरक तब भी बन सकता है, जब वह आपके साथ शारीरिक रूप से मौजूद न हो। एरिक ने भी मुझे यह किताब लिखने के लिए बहुत प्रेरित किया।

किताबें (गुरु के स्वरूप में)

अब हम चौथे गुरु के बारे में बात करेंगे। किताबें (ऑडियो बुक्स, पोडकास्ट, टैड टॉक वग़ैरह)

'जो व्यक्ति किताबें नहीं पढ़ता, वह उस व्यक्ति से बेहतर नहीं है जिसे किताब पढ़नी ही नहीं आती' —मार्क ट्वेन

किताबें पढ़ने से आपका मानसिक, भावनात्मक और मनोवैज्ञानिक विकास होता है और यह आपको विशाल शब्दज्ञान सिखाकर आपकी लेखन योग्यता को भी सुधारता है। पर यह बहुत दुख की बात है कि आज युवाओं में पढ़ने की आदत कम होती जा रही है। वास्तव में, लोग कॉफ़ी ख़रीदने में 200 रू ख़र्च कर देते हैं, पर यदि उन्हें किताब ख़रीदने को कहा जाए तो माथे पर

शिकन आ जाती है। जबकि कॉफ़ी आपको थोड़े समय के लिए आनंद देगी, पर पढ़ना तो आपके दिमाग़ को तेज़ी से चलायमान कर देता है। यह इसलिए होता है क्योंकि पढ़ने के लिए हमारे दिमाग़ के हिस्से, जो कि दृष्टि और भाषा से संबंधित है ,एक ख़ास न्युरल सर्किट से आपस में कनेक्ट होते हैं। ससैक्स युनिवर्सिटी द्वारा की गई एक स्टडी में पाया गया कि केवल 6 मिनट तक पढ़ने से तनाव 68% कम हो जाता है। अन्य अध्ययन से यह पाया गया कि पढ़ने से कुछ वैसे ही फ़ायदे होते हैं जैसे मैडिटेशन से होते हैं। एक किताब का ज़्यादा-से-ज़्यादा फ़ायदा उठाने के लिए, आप इसका रिव्यु लिख सकते हैं या सारांश लिखकर अपने परिवार, दोस्तों या सहकर्मियों को पढ़ने के लिए दे सकते हैं। मैं अपने स्टाफ़ मीटिंग्स में बिज़नेस संबंधी किताबों पर चर्चा किया करता था और अपने स्टाफ़ को प्रेरित करता था कि वे उन्हें पढ़कर उनका सारांश प्रस्तुत करें।

अधिकतर सफल लोग किताबें ख़ूब पढ़ते हैं और इस बात को स्वीकार करते हैं कि किताबों ने उनकी सफलता में योगदान दिया है। **मैं आपको सलाह दूँगा कि आप अपनी पसंद के करियर के बारे में एक महीने में एक किताब अवश्य पढ़िए।** मैंने अपने करियर में बहुत जल्द यह बात समझ ली थी कि टैक्नोलॉजी में जल्दी-जल्दी होने वाले बदलावों के कारण हमें अपनी योग्यताओं को बार-बार फिर से सीखना होना। इसलिए मेरे सब्जैक्ट-मैटर में मुझे और कुशल व अनुभवी बनाने के लिए किताबें मेरी टीचर बन गईं। मैं उन लोगों के बारे में भी पढ़ता हूँ और सीखता हूँ जिनसे मैं प्रेरित होता हूँ। सत्या नाडेला या नारायण मूर्ति से मिलना शायद मुश्क़िल हो सकता है, पर आपको उनकी बायोग्राफी और किताबें उनके जीवन के बारे में बहुत कुछ बता सकती हैं और इनसे आप बहुत कुछ सीख सकते हैं। मैंने ख़ुद से वादा किया था कि मैं साल में 20-30 किताबें अवश्य पढ़ूँगा। चलिए, मैं आपको अपनी किताबें पढ़ने की यात्रा की एक झलक दिखलाता हूँ : मेरी जीवन यात्रा के दौरान किताबों की श्रेणी बदलती गई। शुरू में पढ़ी गई किताबें टैक्नोलॉजी के बारे में होती थीं, इसके बाद मैं इनोवेशन विषय पर किताबें पढ़ने लगा। मुझे द *इनोवेटर्स डिलैमा* नामक किताब ख़ासतौर पर बहुत

अच्छी लगी। जब मैंने लीडरशिप पर किताबें पढ़नी शुरू कीं तो मुझे जैक वैल्श और स्टीफ़न कवी द्वारा लिखी किताबें बहुत पसंद आईं। एक किताब है, *हू सेज़ ऐलिफ़ैंट्स कांट डांस*, इसे पढ़कर मेरी नेतृत्व (लीडरशिप) की जानकारी और जागरूकता कई गुना बढ़ी। *बिल्ट टू लास्ट* और *ब्लिंक* भी ऐसी ही दो किताबें हैं। जब मैंने स्टार्ट-अप के साथ काम शुरू किया तो मैंने उससे संबंधित अनेक किताबें पढ़ीं, उनमें से कुछ मेरी पसंदीदा हैं–*स्टार्ट-अप नेशन*, *ज़ीरो टु वन* और *हार्ड थिंग्स अबाउट हार्ड थिंग्स*। मैंने फ़ाइनांस के बारे में अपनी जानकारी अप-टू-डेट रखने के लिए फ़ाइनांस पर किताबें पढ़ीं (जॉन सी बोग्ले, पीटर लिंच और वॉरन बूफे)। मेरे पसंदीदा लीडर्स द्वारा लिखी या उन पर लिखी गई किताबें–ज़ॉन चैम्बर्स, सत्या नाडेला, नारायण मूर्ति, नंदन निलेकणी, माईकल डैल, स्टीव जॉब्स, एंड्रयु ग्रोव, कुछेक नाम हैं–जो आज मेरे दिल और घर की लाइब्रेरी की शोभा बढ़ा रही हैं।

अपने जीवन के इस मोड़ पर, मैं वैंचर कैपिटलिस्ट्स की दुनिया के बारे में एक नए जोश और रूचि से पढ़ रहा हूँ। *मास्टरिंग द वीसी गेम* किताब मेरे लिए बहुत उपयोगी रही। मैं दिल और आत्मा को छू लेने वाली किताबें भी पढ़ता हूँ। *ऑटोग्राफ़ी ऑफ़ ए योगी* एक ऐसी ही किताब है और सद्गुरु जी की *इनर इंजीनियरिंग* पर लिखी सभी किताबें भी इसी श्रेणी में आती हैं। इनमें से बहुत-सी किताबें मैंने कई बार पढ़ी हैं। मेरी सफलता की यात्रा में किताबों का बहुत बड़ा हाथ रहा है।

चारों गुरु एक ही व्यक्ति में

सैन डिएगो के होटेल में मैं समय से पहले ही पहुँच गया था। मैं नर्वस था और रोमांचित भी। उस दिन मैं अपने एक गुरु (प्रेरक) से मिलने वाला था। असल में मिलने नहीं–उनकी स्पीच सुनने जा रहा था। डॉ अवराम बार-कोहेन, इलेक्ट्रॉनिक्स कूलिंग के क्षेत्र में दुनिया में सर्वप्रसिद्धि प्राप्त व्यक्तियों में एक, भाषण देने जा रहे थे। मैंने उनकी

किताब पढ़ी थी जो उस क्षेत्र में *बाइबिल* के समान थी और एक तरह से मेरी गुरु भी। मैं जिस कांफ्रेंस में शामिल होने के लिए जा रहा था, वे उसमें मुख्य भाषण (कीनोट एड्रैस) देने वाले थे। किसी उत्सुक बच्चे की तरह, मैं अपना नोटपैड और पेन लिए कांफ्रेंस रूम में समय से पहले ही आ गया था। कुछ ही मिनटों में, मेरे गुरु स्वरूप व्यक्ति अंदर दाख़िल हुए! शालीन व्यक्तित्व, साधारण शर्ट और पैंट पहने हुए। मैं तालियों से उनका स्वागत करने के लिए खड़ा हो गया। उनकी प्रेज़ेंटेशन शुरू हुई। मैं किसी स्कूल के बच्चे की तरह लीन हो गया। उनके भाषण के बाद, उनसे बात करने का अवसर पाने के लिए, उन तक पहुँचने की कोशिश में, मैं भीड़ में अपना रास्ता बनाने लगा। उस समय उनसे केवल यह ही कह पाया कि मैं उनका प्रशंसक हूँ और उनका भाषण मुझे बहुत अच्छा लगा है।

फिर समय बीतता गया और उनके अपने फ़ील्ड में उनके गहरे ज्ञान और उत्कृष्टता का मैं कायल हो गया। मैं उनकी सभी विशेषताएँ सीखने और कॉपी करने की कोशिश करने लगा और इस क्षेत्र में अपनी विशेषज्ञता का विकास करने लगा।

वे पहले मेरे प्रेरक बने, फिर मेरे रोल मॉडल और उसके बाद मेंटॉर। उनकी मेंटॉरशिप ने मेरी बेहद सहायता की और बाद में, कई कांफ्रेंस में, हमने एक ही सैशन में टैक्निकल पेपर्स प्रस्तुत किए। उनकी किताब तो मैंने कई बार पढ़ी। उन्होंने कई बार मेरे ऐप्पल में (आईमैक) काम के लिए और मेरे द्वारा लिखे गए लेखों और मेरे पेटेंट्स के लिए मुझे शाबाशी दी और मेरी सराहना की। मेरे लिए वो चारों गुरु के स्वरूप थे और मेरी सफलता का बहुत श्रेय उनको ही जाता है।

गुरुओं को हमें अपने दिलों में और जीवन में स्थान देना चाहिए। यही बात इन चार गुरुओं पर लागू होती है। यदि आप श्रेष्ठ से श्रेष्ठतर और फिर श्रेष्ठतम बनना चाहते हैं तो **ये चारों गुरु आपकी अद्‌भुत तरीक़े से मदद करेंगे**।

मुख्य शिक्षा

1. प्रेरक वे लोग होते हैं जिनमें वो ख़ूबियाँ होती हैं जिन्हें आप सराहते हैं, बेशक आप उनके चुने हुए रास्ते पर न चलें। मुख्य बात यह है कि जिन ख़ूबियों की आप इन प्रेरक लोगों में सराहना करते हैं, उन्हें सीखिए और अपने जीवन में उतारिए।
2. जीवन में अच्छे रोल मॉडल का होना बहुत ज़रूरी है; वे आपके कामों (एक्शन) और विचारों पर प्रभाव डालते हैं और आपको उनके जैसा बनने के लिए प्रेरित करते हैं।
3. एक मेंटॉर वह अनुभवी व्यक्ति होता है जो मेंटी के साथ अपना ज्ञान, अनुभव और सलाह शेयर करता है। हर व्यक्ति के पास एक या अधिक मेंटॉर्स होने ही चाहिए।
4. साल में कम-से-कम 12 किताबें पढ़नी शुरू करें। ये किताबें आपके प्रोफ़ेशन या पसंद के अन्य विषय से संबंधित होनी चाहिए। आप ऐसा करने से स्वयं को और अपने करियर को सफलता की नई ऊँचाइयों तक ले जाएँगे।
5. यदि आप विद्यार्थी हैं तो अपने रोल मॉडल ज़रूर चुनें; वे आपको गूगल मैप की तरह रास्ता दिखाएँगे और प्रेरित करेंगे। आपके पास मेंटॉर्स भी ज़रूर होने चाहिए। यह किताब आपको मेंटॉर करने के लिए ही लिखी गई है।
6. ये चार गुरु स्वरूप आपको श्रेष्ठतम और सफल बनने में मदद करेंगे।

मेंटॉरिंग पर गुरु मंत्र : जॉन चैम्बर्स, चेयरमैन और सीईओ, सिस्को

हम सभी को मेंटॉर्स की ज़रूरत है। स्वयं ग़लतियाँ करने से बेहतर है कि आप किसी और की ग़लतियों और अनुभवों से सीखें, यह कम दुखदाई होगा! जीवनभर मेरे बहुत-से मेंटॉर्स रहे हैं, मेरे माता-पिता से लेकर मेरे टीचर्स, इंडस्ट्री लीडर्स और दुनिया के बड़े-बड़े लीडर्स। यह कहने की ज़रूरत नहीं कि मेरे जीवन पर उनमें से हर एक का सकारात्मक और बड़ा प्रभाव पड़ा है।

रोल मॉडल्स पर गुरु मंत्र : डॉ देवी शेट्टी, कार्डिएक सर्जन और चेयरमैन, नारायण हृदयालय

मैं रोल मॉडल्स के बारे में आपसे कुछ शेयर करना चाहूँगा। तेनज़िंग नोरगे और एडमंड हिलेरी के माउंट एवरेस्ट पर चढ़ने के एकदम बाद, लोगों की एक भीड़-सी उमड़ पड़ी जिन्होंने कम समय में ही उनके किए काम को दोहरा दिया। माउंट एवरेस्ट में तो कोई बदलाव नहीं आया। न ही लोग अचानक अधिक ताक़तवर हो गए थे। कुछ भी नहीं बदला था। बस किसी ने यह करके दिखा दिया था कि माउंट एवरेस्ट पर चढ़ना कोई इतना मुश्किल काम नहीं है और तेनज़िंग नोरगे और एडमंड हिलेरी रोल मॉडल बन गए। यह होती है, रोल मॉडल्स की ताक़त!

मैंटी के चार गुरुओं पर दो शब्द : सौरव अग्रवाल, सह-संस्थापक और सीटीओ, क्रॉन ए आई

डॉ विवेक मानसिंह का कहना है कि 'प्रेरक, रोल मॉडल्स, मेंटॉर्स और किताबें आपकी सफलता की यात्रा में बड़ा योगदान कर सकते हैं।' वे इन्हें चार गुरु कहते हैं और मेरे लिए भी ये चारों गुरु ईश्वर से कम नहीं हैं। मैं इन चारों गुरुओं की सहायता से और इस किताब के मार्गदर्शन से, दिन-प्रतिदिन अपने जीवन को श्रेष्ठ बना रहा हूँ और मेरी स्टार्ट-अप भी अद्‌भुत सफलता के रास्ते पर चल रही है।

रिश्ते ही आपके जीवन का आधार हैं

9

सफल रिश्ते ही आपके जीवन का आधार हैं

'रिश्ते हमारे जीवन की सबसे अनमोल धरोहर होते हैं' —डॉ विवेक मानसिंह

'मम्मी, क्या आप मेरे साथ लूडो खेल सकती हैं?' शालिनी की ग्रेड टू में पढ़ने वाली बेटी भागकर उसके पास आई।

'सॉरी बेटा, अभी नहीं।' शालिनी ने अपने होठों पर उँगली रखी और फ़ोन पर लॉग इन करते हुए नौकरानी को हाथ हिलाकर संकेत दिया कि वह बच्ची को ले जाए।

'आप हमेशा काम करती रहती हैं।' बच्ची ने मुँह बनाते हुए कहा।

शालिनी को बच्ची के लिए बुरा भी लगा पर ऑफ़िस का काम काफ़ी बढ़ गया था। उसके पास थोड़ा-सा भी वक़्त नहीं था। उसके बच्चे (दस साल और सात साल), लगभग हर रोज़ विरोध करते और दुखी होते थे। सैंतीस साल की उम्र में शालिनी अपने करियर में बहुत अच्छा कर रही थी, वह एक नामी कंपनी में प्रॉडक्ट मैनेजर थी। उसके पति, कुमार, ऐसी ही कंपनी में सीनियर मार्केटिंग एग्ज़ीक्यूटिव थे।

उसकी ज़िंदगी बहुत व्यस्त थी, जब तक वो जागती, कॉल्स और मीटिंग्स में व्यस्त रहती। वह अपने बच्चों और परिवार के लिए समय को कम प्राथमिकता दे पाती थी। वह सोचती थी कि इनको तो वह बाद में समय

देकर भरपाई कर देगी। वे अपनी वार्षिक छुट्टियाँ प्लान कर रहे थे और ग्रीस जाने वाले थे, तभी पता चला कि शालिनी कैंसर से पीड़ित है।

उनकी ज़िंदगी वहीं रुक गई। जैसे घर की छत ही उन पर आ गिरी थी। शालिनी का लंबा इलाज चला–सर्जरी, कीमोथैरेपी और रेडिएशन। अंत में, शालिनी कैंसर मुक्त हो गई और जीवन फिर से चल पड़ा। पर, इन महीनों में, उसने बहुत सोच-विचार किया, 'ज़िंदगी क्या है?' इस सवाल का जवाब उसने अपने ही अन्दर पाया–ख़ुशहाल ज़िंदगी आपके प्रिय लोगों, आपके परिवार और दोस्तों से ही होती है। आज शालिनी के पास अपने बच्चों और उनकी ज़रूरतों के लिए समय ही समय है। उसने ऐसा रोल चुना है जिसमें उसके पास अपने परिवार के लिए समय है। वह अपने बच्चों के साथ कभी फ़ैमिली पिकनिक पर जाती है और कभी वह पार्क में बच्चों के साथ झूले का आनंद लेती है।

ज़रा यही सवाल ख़ुद से कीजिए : यदि आपके जीवन में केवल एक साल या एक महीना ही बाक़ी बचा हो तो आप क्या करना चाहेंगे? यह अभ्यास आपको पलभर में ही एक स्पष्टता दे देगा कि आपकी ज़िंदगी में रिश्तों का क्या महत्त्व है और यह भी कि किन लोगों के साथ आपको घनिष्ट रिश्ते बनाने हैं।

मनुष्य सामाजिक प्राणी है। जन्म के समय, नाज़ुक-सा पहला रिश्ता बच्चे और माँ के बीच बनता है और इसका बच्चे पर गहरा असर पड़ता है। रिसर्च करने वालों ने यह पाया है कि सोशल ब्रेन (न्युरोल नेटवर्क जो रिश्तों पर हमारा ध्यान केंद्रित करता है), में होने वाली क्रियाएँ उन बच्चों की अधिक मज़बूत होती हैं जिन्होंने अपनी माँ का स्पर्श अधिक महसूस किया होता है। दूसरे लोगों से नज़दीकी संबंध स्थापित करना हमारी स्वाभाविक (जन्मजात) ज़रूरत है और परिवार व दोस्तों के साथ रिश्ते बनाना जीवन में ख़ुशियों का सबसे बड़ा स्रोत है। अन्य लोगों से संबंध बनाए रखना हमारी ख़ुशहाल ज़िंदगी, मानसिक और शारीरिक सेहत के लिए बहुत ज़रूरी है। **अच्छे संबंध एक ठोस प्लेटफ़ॉर्म प्रदान करते हैं, जहाँ पर खड़े होकर आप अपने जीवन के बाक़ी लक्ष्यों पर काम कर सकते हैं।**

जब प्रोफ़ेशनल सम्मान और मैटीरियल लक्ष्य प्राथमिकता लेने लगते हैं, तब लोग रिश्तों को अनदेखा करने लगते हैं। लोगों में यह धारणा (मांइडसैट)

देखी गई है कि, 'यह मैं बाद में देख लूँगा।' पर जैसे-जैसे समय बीतता जाता है, ये रिश्ते उन फूलों की तरह मुरझाने लगते हैं जिन्हें पानी से सींचा नहीं गया। कई बार तो उन रिश्तों को फिर से बनाने के लिए देरी हो चुकी होती है; और इस तरह रिश्तों का आनंद उठाने में जो मज़ा आता है वह फिर दोबारा से नहीं लिया जा सकता। बहुत से प्रोफ़ेशनली सफल लोग रिश्तों को लेकर सफल नहीं रहे हैं और इसका उनको जीवनभर खेद भी रहा है। प्रो क्लेटन हार्वर्ड अपने विद्यार्थियों का उदाहरण (जो पहले अध्याय में बताया गया है) देते हैं, जहाँ इस चुनौती के बारे में ख़ासकर बताया गया है। इसके अलावा, कई रिश्तों के लिए कोई ख़ास समय बहुत नाज़ुक होता है, जैसे आपके बच्चे को आपका मार्गदर्शन और आपकी ज़रूरत, बचपन और किशोरवस्था में कहीं अधिक होती है। आप इस ज़रूरत को 'बाद में देखेंगे' कहकर टाल नहीं सकते।

अमेरीकन प्रेसीडेंट, बराक ओबामा का कहना है, 'इस बात को लेकर मुझे यक़ीन है कि जब मैं अपने डैथ बैड पर पहुँचूँगा और अपने पूरे जीवन के बारे में सोचूँगा तो मैं अपना दिया हुआ कोई भाषण या साईन किया हुआ कोई कानूनी पत्र याद नहीं करूँगा–बल्कि मैं उन पलों को याद करूँगा, जब मैं अपनी बेटी का हाथ थामे किसी पार्क में उसे घुमा रहा था। यही चीज़ मेरे लिए सबसे अनमोल होगी।'

ऐसा नहीं होता कि लोग रिश्तों को लेकर बेपरवाह होते हैं। बस इन रिश्तों के लक्ष्यों के परिणाम उन्हें स्पष्ट नहीं होते और जल्दी दिखाई नहीं देते हैं जैसे कि करियर संबंधी परिणाम स्पष्ट दिखाई दे जाते हैं। अत: शायद अनजाने में, वे अपने सबसे उत्तम स्रोतों को उन लक्ष्यों की ओर लगा देते हैं जिनके परिणाम स्पष्ट दिखाई देते हैं, जैसे कि प्रोफ़ेशनल या भौतिक लक्ष्य।

आपका परिवार आपके जीवन का आधार है। ऑफ़िस में पलक झपकते ही आपको बदलकर दूसरा व्यक्ति रखा जा सकता है, आपके दोस्त भी आसानी से आपको छोड़कर जा सकते हैं, पर **आप अपने परिवार का केंद्र हैं** और वहाँ आपका स्थान कोई और नहीं ले सकता। अत: आपको पति, पत्नी, बेटा, बेटी, भाई, बहन, पिता या माता के तौर पर अपने परिवार के साथ बहुत घनिष्ठ रिश्ता बनाना चाहिए और ज़िम्मेदारी-से निभाना चाहिए। जिन रिश्तों

को सही से नहीं निभाया जाता, वे बाद के जीवन में पश्चाताप का बड़ा कारण बनते हैं। फिर वही तनाव, दुख और नाख़ुश रहने का कारण बन जाते हैं।

युवाओं के लिए, जिनकी अभी शादी नहीं हुई, मेरी बहुत ज़रूरी सलाह है कि वे अपना जीवन साथी चुनने में बहुत सावधानी बरतें। सही जीवन साथी आपको आपके जीवन के अगले पड़ाव पर और उससे भी बहुत आगे ले जा सकता है और एक ग़लत जीवन साथी आपको जीवन में पीछे खींच कर रखेगा।

मैं ख़ुश हूँ कि जीवन के इस मोड़ पर भी मुझे कोई पश्चाताप नहीं है। मेरे लिए वह गर्व का क्षण था, जब (मेरे एल्युमनस, कॉलेज के सीनियर), गुरुराज 'देश' देशपांडे ने, जिनके यूएस में कई एंटरप्राईज़िज़ हैं और जो अपनी मेहनत से बनने वाले बिलियनेयर (अरब पति) हैं, श्रोताओं से टीआईइ (द इंडस ऑन्त्रप्रोन्योर) की ग्लोबल कांफ्रेंस में पूछा, 'विवेक यूएस में अपने करियर के शिखर पर थे और अपने माता-पिता की देखभाल के लिए सब कुछ छोड़कर भारत वापिस चले गए थे–क्या आप विवेक के इस त्याग का मूल्य लगा सकते हैं?' इसका जवाब एक ही है कि रिश्तों की अहमियत को किसी भी तरह से पैसे से नहीं आंका जा सकता।

प्रोफ़ेशनल रिश्ते (संबंध) भी बहुत महत्त्व रखते हैं। नेटवर्किंग और इसके माध्यम से अपने प्रोफ़ेशनल क्षेत्र में संबंध स्थापित करना आपकी सफलता के लिए बहुत ज़रूरी है। अपने एल्युमनी (कॉलेज के सीनियर्स) और पुराने सहकर्मियो के साथ संबंध बनाने में और नए संबंध स्थापित करने में समय का निवेश सोच-समझकर करना बहुत ज़रूरी है। लोग मुझसे सवाल करते हैं कि मैंने किस तरह इतना विशाल नेटवर्क बनाया है। दूसरों के बारे में जानने की उत्सुकता रखें, उनसे सीखें और जब उन्हें आपकी मदद की ज़रूरत हो तो उनकी मदद करें। मैं हमेशा कहता हूँ, *अपने नेटवर्क के लोगों से मदद माँगने में कभी हिचकिचाएँ नहीं, पर कभी भी इस बात को न भूलें*। हो सकता है जिन लोगों ने आपकी मदद की है, उनकी मदद करने का अवसर आपको न मिल सके, पर *इसके बदले में उन लोगों की मदद करें जो आपके पास मदद माँगने आते हैं*। यदि आप बिना कृतज्ञता (आभार) प्रकट किए दूसरों से मदद माँगते रहेंगे तो लोग आपकी नीयत जल्दी ही समझ जाएँगे और आपसे रिश्ता नहीं रखेंगे।

अपने प्रोफ़ेशनल करियर में एक अच्छा नेटवर्क बनाने के लिए, अपना काम (एक्सपर्टीज़) वेबिनार और कांफ्रेंस में प्रस्तुत करें ताकि आप अपनी फ़ील्ड में पहचाने जाएँ (अपने लिए एक ब्रांड की रचना करें)। पर किसी भी अन्य अनमोल चीज़ की तरह, इन संबंधों को भी समय और प्रयत्न दोनों देकर पोषित किया जाना चाहिए।

आपने यह कहावत तो सुनी होगी 'भीड़ में अकेला'? यह तब होता है जब आपके सतही (ऊपरी) तौर पर अनेक दोस्त हों पर सच्चे दोस्त बहुत ही कम हों। सच्चे दोस्त होने से आपको ज़िंदगी का आनंद आने लगता है और ख़ुशियाँ बढ़ जाती हैं। रिसर्च से पता चला है कि अगर आपकी दोस्ती मज़बूत है तो आप ज़िंदगी की मुश्क़िलों को आसानी से पार कर सकते हैं। आपके दोस्त इन चुनौतियों में आपकी मदद करेंगे, आपको ग़लत-सही साफ़-साफ़ बता देंगे, आपको हँसाएँगे और आपकी बेहतर इंसान बनने में मदद करेंगे। ***आमतौर पर, प्रोफ़ेशनल और व्यक्तिगत रूप से आप जिन पाँच लोगों के साथ अधिक समय व्यतीत करते हैं, आप उन जैसे ही बनेंगे।*** इसलिए अपने आसपास सफल, सकारात्मक लोगों को रखें, जिनके जैसा आप बनना चाहते हैं। प्रीति और मैंने बहुत पहले यह नियम बना लिया था कि हम उन लोगों से दोस्ती करेंगे जिन्हें हम सराहते हैं, जिनकी हम प्रशंसा करते हैं और जिनसे हम कुछ सीख सकते हैं। नकारात्मक लोगों के साथ सामाजिक तौर पर मिलने या समय बिताने से हर हालत में बचना चाहिए।

दार्शनिक अरिस्टोटल (अरस्तु) ने कहा था, 'ग़रीबी और ज़िंदगी की अन्य दुखद घटनाओं में, सच्चे दोस्त ही सहारा बनते हैं। सच्चे दोस्त– बुरी आदतों से दूर रखते हैं, अच्छे काम करने के लिए प्रेरित करते हैं और सहानुभूति और अन्य प्रकार की मदद करते हैं।' अध्ययन से पता चला है कि जिन बूढ़े लोगों के कई करीबी दोस्त होते हैं, वे हार्ट डिज़ीज़, डायबिटीज़ और डिप्रेशन जैसी लंबी बीमारियों से कम पीड़ित होते हैं और उसी आयु के वे लोग जो अकेले होते हैं, उन्हें ये बिमारियाँ जल्दी घेर लेती हैं।

मेरी जीवन यात्रा में, ऐसा वक़्त भी था जब मैं अपने काम में पूरी तरह मशग़ूल हो गया था। जब मैं स्टार्ट-अप की दुनिया में दाख़िल हुआ, मुझे याद

है कि कई-कई दिनों तक मैं अपने परिवार के साथ रात का भोजन नहीं कर पाता था और कई महीनों तक मैं उन्हें उचित समय भी नहीं दे पाता था। मुझे यक़ीन है, कभी-न-कभी ऐसा आपके साथ भी हुआ होगा। ऐसा समय आया होगा, जब एक लक्ष्य अन्य लक्ष्यों पर हावी हो गया होगा। जब तक आपको इस बात का एहसास होगा और आप जल्दी ही दूसरे लक्ष्यों पर ध्यान देने के लिए समय निकालने लगेंगे, तब तक आपको कोई समस्या नहीं होगी।

इस फ़िलॉसफ़ी के साथ, मैं अपने माता-पिता, पत्नी, बेटों, परिवार, दोस्तों आदि के साथ मज़बूत रिश्ते या संबंध बना सका। मेरा लक्ष्य था कि मेरे माता-पिता और बच्चों को मुझ पर गर्व महसूस हो। आज जब मैं पीछे मुड़कर देखता हूँ, मैं गर्व से यह कह सकता हूँ कि मेरे सबसे अहम फ़ैसलों में एक था, अपनी बीमार मम्मी की देखभाल करने के लिए भारत वापिस आ जाना। बाद में, मैंने अपने पापा के बुढ़ापे में उनके साथ समय बिताने के लिए भी अलग से समय निकाला, बेशक ऐसा करने से मैंने यूएस में अपने करियर को लेकर कई अवसर गवां दिए। पर मैं इस मुश्क़िल बदलाव को अपने जीवन में इसलिए ला सका क्योंकि मेरे संबंध वाले लक्ष्य एकदम स्पष्ट थे।

'आप अपने बच्चों को जैसा बनाना चाहते हैं, पहले वैसा ख़ुद बनिए' *— डॉ विवेक मानसिंह*

माता-पिता से ज़्यादा बच्चों की देखभाल कोई नहीं करता। फिर भी, जब आप उनको मेंटॉर करते हैं तो एक बार में एक ही रोल अदा कीजिए : एक समय पर आप या माता-पिता हैं या फिर मेंटॉर हैं। क्या आपने *दंगल* फ़िल्म देखी है? महावीर, प्रौढ़ पहलवान, जो अपने समय में कुश्ती का चैम्पियन था पर गोल्ड मैडल नहीं जीत पाया था, अपनी बेटी को गोल्ड मैडल जीतने के लिए तैयार करता है। कोच के रूप में वह एकदम कठोर (स्ट्रिक्ट) है और बिल्कुल तरस नहीं खाता। पर जब कोचिंग के घंटे ख़त्म हो जाते हैं तो वह वही प्यार करने वाला पापा बन जाता है, बेटी के दुखते पैर को प्यार से दबाता है और उसके आराम और पौष्टिक भोजन का इंतज़ाम करता है। उसे पता है कि उसको कब कौन-सा रोल निभाना है।

मुझे याद है, जब मैं तेरह साल के अनंत के साथ उसे 'कॉलेज गोल सैटिंग' की एक्सरसाईज़ करवा रहा था, वह ग्रेड 8 में था और उसने कहा, 'पापा, मुझे तो यह भी नहीं मालूम कि मैं किस कॉलेज में और क्या पढ़ना चाहता हूँ।' उसे संदेह था कि इस एक्सरसाईज़ को करने का फ़ायदा है भी या नहीं। पर मैंने एक मेंटॉर की तरह ज़ोर डाला। मैंने उसे उन पाँच कॉलेजों के नाम लिखने के लिए कहा जिनमें वह पढ़ना चाहता है। फिर उनमें दाख़िला लेने के लिए कौन-सी पाँच (स्टेप्स) चीज़ें करनी हैं वो भी लिखने को कहा। इस तरह मैंने उसका मार्गदर्शन किया। वह पुष्टि (प्रमाण) का पल था, जब उसे युनिवर्सिटी ऑफ़ कैलिफ़ोर्निया, बार्कले में एडमिशन मिला जो उसकी लिस्ट के पाँच कॉलेजों में से एक था। मुझे अपने दोनों बेटों पर गर्व है कि उन्होंने अपने कॉलेज के एडमिशन का लक्ष्य, अंडरग्रेजुएट और एमबीए के लिए श्रेष्ठ कॉलेजों में एडमिशन लेकर, पूरा किया। मैंने उनके साथ समय बिताया और उन्हें मेंटॉर किया, जिसने बहुत बड़ा रोल अदा किया। **इसलिए अपने बच्चों के साथ रिश्ते बनाने का समय निकालें,** हाईकिंग पर जाएँ, लंबी सैर पर जाएँ या गेम्स खेलें और उनके भरोसेमंद मेंटॉर बनें। जब मेरे बेटे यूएस में पढ़ रहे थे, मैंने उनसे कहा था कि यदि उन्हें किसी भी बड़ी समस्या का सामना करना पड़ता है तो सबसे पहले वे मुझे कॉल करेंगे। उनकी कॉल्स भी आईं और समस्याएँ हल भी की गईं। मुझे गर्व है, अपने बेटों पर और हमारे रिश्तों पर।

आपके ब्रह्मांड का केंद्र आपका परिवार है

हमारा सबसे महत्त्वपूर्ण रिश्ता, हमारे जीवन साथी, बच्चों, माता-पिता और बहन-भाइयों से होता है।

इन रिश्तों को निभाने के लिए हमें उचित समय, प्रयत्न और संसाधन जुटाने होते हैं और भले ही ऐसा जीवन के अन्य किसी लक्ष्य को नज़रअंदाज़ करके करना पड़े, हमें पूरी तरह से करना चाहिए।

मैं यूएस में अपने करियर की ऊँचाई पर था, पर मैं सब छोड़कर, अपने माता-पिता की देखभाल करने भारत वापिस आ गया। आज, मैं इसे अपनी सबसे बड़ी उपलब्धियों में एक मानता हूँ और यह बात मुझे पूर्णता का अहसास देती है।

बच्चों के साथ रिश्तों का ख़ास ही स्थान होता है, बेपनाह ख़ुशी और गर्व देने वाला। हमें अपने बच्चों के लिए स्वयं रोल मॉडल और मेंटॉर बनना होगा।

'यदि आप दुनिया बदलना चाहते हैं तो घर जाइए और अपने परिवार को अपना प्यार दीजिए' —मदर टैरेसा

मेरे अपने करियर के दौरान बनाए गए प्रोफ़ेशनल संबंध आज भी जीवंत हैं। बहुत-से पुराने साथी, जो साथ में काम करते थे, मेंटॉरिंग के लिए आज भी आते हैं। मेरा दरवाज़ा सदा खुला रहता है। केवल परिवार, दोस्तों और सहकर्मियों के साथ ही अर्थपूर्ण संबंध स्थापित नहीं करने चाहिए, बल्कि अपनी कम्युनिटी–यानी कि वॉचमैन, डाईवर या समाज के पिछड़े लोगों और कम सुविधा प्राप्त लोगों के साथ भी अच्छे संबंध रखने चाहिए। उन्हें भी आपकी दोस्ती की ज़रूरत है। यह कोई मुश्क़िल काम नहीं है। आपकी बिल्डिंग में रहने वाली कोई अकेली वृद्धा भी हो सकती हैं। आप जाइए और उनसे बातें कीजिए। आपके ये छोटे-छोटे काम दूसरों की ज़िंदगी में भरपूर ख़ुशी तो लाएँगे ही, आपके दिल को भी अनंत ख़ुशियों से भर देंगे।

'आपकी ज़िंदगी की ख़ुशियाँ, आपके सफल रिश्तों पर आधारित हैं' —टोनी रॉबिंस

आपके जीवन में *रिश्तों* का स्वरूप क्या है, सोचिए और उस पर फ़ोकस कीजिए।

मुख्य शिक्षा

1. परिवार और दोस्तों के साथ अच्छे संबंध ज़िंदगी में ख़ुशी के सबसे बड़े स्रोतों में से एक हैं, ये हमारी ख़ुशहाली और मानसिक व शारीरिक तंदुरुस्ती के लिए बहुत आवश्यक हैं।
2. एक पति, पत्नी, बेटे, बेटी, भाई, बहन, पिता और माता के रूप में आपको अच्छा प्रदर्शन करना है। रिश्तों को सही से न रख पाना, बाद के जीवन में आपके लिए तनाव, दुख, पश्चाताप और उदासी का सबसे बड़ा कारण बन सकता है।
3. यदि आप विद्यार्थी हैं तो ध्यान रखिए कि आपके परिवार ने बहुत मेहनत, प्रार्थना और त्याग करके आपको यहाँ तक पहुँचाया है। इसको कभी भूलिएगा नहीं। समय निकालकर उनके साथ टाइम बिताइए, अपना आभार प्रकट करिए और जब ज़रूरत हो तब उन्हें मदद दीजिए।
4. प्रोफ़ेशनल सफलता पाने के लिए आपका अपने प्रोफ़ेशनल क्षेत्र में नेटवर्किंग करना बहुत ज़रूरी होता है। इसके लिए प्रोफ़ेशनल सोशल मीडिया टूल्स जैसे *लिंक्डइन* की सहायता ज़रूर लें।

रिश्तों और संबंधों के लक्ष्य पर गुरु मंत्र : प्रकाश पादुकोण, विश्व चैम्पियन, बैडमिंटन, 1980

हमारा परिवार एक-दूसरे के बहुत क़रीब है और हम मज़बूत रिश्तों में बंधे हैं। हम रिश्तों, माता-पिता व बुज़ुर्गों को आदर देने को बहुत ही महत्त्व देते हैं। जितना संभव हो सका, हमने अपनी बेटियों (दीपिका पादुकोण और अनीशा पादुकोण) के साथ उचित समय व्यतीत किया, ख़ासकर जब वे छोटी थीं। हमने जितना संभव हो सका, डिनर एक साथ करने का नियम बना लिया था। अब, हम जब भी मिलते हैं, अपने मूल्यों और सपनों के बारे में चर्चा करते हैं। जैसा कि मैं हमेशा कहता हूँ, एक समय आएगा जब आपका करियर पीछे रह जाएगा और आपके पास अपने लिए, परिवार और दोस्तों के साथ रिश्ते व संबंध ही रह जाएँगे।

मन-शरीर-आत्मा

10

मन-शरीर-आत्मा : स्वास्थ्य और सफलता के आधार

'अपने शरीर की देखभाल करें। आपके रहने के लिए केवल यही एक स्थान है' —जिम रॉन

प्राचीन ग्रीस में एक अनोखी प्रथा प्रचलित थी, जब भी कोई व्यक्ति बीमार होता था, तीन डॉक्टर उस बीमार की एक साथ जाँच करते। वे तीन थे 'चाकू डॉक्टर', 'जड़ी-बूटी डॉक्टर' और 'शब्द डॉक्टर'। उन्हें मालूम था कि तंदुरुस्ती के लिए मन, शरीर और आत्मा आपस में एक-दूसरे से संबंधित होते हैं।

आपका मन, शरीर और आत्मा एक-दूसरे से विशेष रूप से जुड़े हुए हैं। अगर एक भी रोगी हो तो इन तीनों पर उसका असर पड़ता है। यदि आपका भोजन पौष्टिक नहीं होगा और आप व्यायाम नहीं करेंगे तो अवश्य बीमार होंगे। शरीर मंदा तो मन कहाँ चंगा? मन भी रोगी होगा। यदि मन नकारात्मक विचारों से भरा होगा तो इसका असर शरीर पर अवश्य पड़ेगा। यदि आपकी आत्मा प्रसन्न नहीं है और उद्देश्य रहित है तो आप भी उदास व मायूस रहेंगे। ये तीनों ही आपस में जुड़े हुए हैं।

मनोरंजन

याद है, अपने बचपन में हमें खेलना कितना अधिक पसंद था, उछलना-कूदना, पेंसिल से ड्राईंग बनाना, समुद्र किनारे रेत का घर बनाना कितना अच्छा लगता था! इस तरह से मनोरंजन करना और आनंद लेना शायद बड़े

होने तक हम भूल गए हैं। अत: तन-मन की तंदुरुस्ती के लिए, पहले फिर से सीखें कि जीवन में मनोरंजन कैसे किया जाता है। तनाव मुक्त होने, अपनी समस्याओं को भूलने, अपने मूड को अच्छा करने और उत्कंठा कम करने के लिए मनोरंजन सबसे अच्छा तरीक़ा है।

चूँकि मैं लक्ष्य पर आधारित ज़िंदगी का समर्थक हूँ, मेरा सुझाव है कि आप मनोरंजन से जुड़ी जिन क्रियाओं में भाग लेना चाहते हैं, उन्हें अपने लक्ष्यों में तब्दील कर लें। आप क्रिकेट, फ़ुटबॉल या अन्य कोई खेल खेल सकते हैं, हाईकिंग पर, बाईकिंग पर जा सकते हैं, जॉगिंग या पैदल सैर के लिए जा सकते हैं। या फिर संगीत से जुड़ा कोई वाद्य बजाना सीख सकते हैं। खाना बनाना एक मज़ेदार काम ही नहीं है, बल्कि ज़िंदगी की भागदौड़ से राहत भी दिलाता है। नृत्य भी बहुत मनोरंजक होता है। यदि आपको ग्रुप एक्टिविटी अच्छी लगती है तो आप दोस्तों के साथ या फिर परिवार के साथ कहीं पिकनिक पर जा सकते हैं। संगीत तो जादुई असर डालता ही है और आपको तनावमुक्त क़रता है। अपने प्रियजनों के साथ महीने में एक बार फ़िल्म देखना भी बहुत अच्छा विचार है। अपने परिवार के साथ पर्यटन पर जाना भी एक और उचित विकल्प है। जब आप अपना मनोरंजन करते हैं तो आपका दिमाग़ कुछ ऐसे केमिकल्स पैदा करता है जो आपकी सेहत के लिए अच्छे होते हैं। इसलिए अपने मनोरंजन का ध्यान रखना आपके लिए बहुत ज़रूरी है।

मेरे मनोरंजन संबंधी लक्ष्य!

1. यात्रा करना–एक जिज्ञासु पर्यटक के तौर पर, मैंने 50 से अधिक देश देखे हैं।
2. खेल खेलना (स्पोर्ट्स)–खेल प्रेमी के रूप में, मैंने विश्व स्तर के बहुत-से मैच देखे हैं। ख़ुद भी बैडमिंटन, टेनिस, क्रिकेट वग़ैरह उच्च स्तर पर खेले हैं।

3. संगीत–संगीत प्रेमी के रूप में, मैं नामी-गिरामी कलाकारों के सैकड़ों कॉन्सर्ट्स में गया हूँ! पुराने गाने और ग़ज़लें गाना लंबे समय से मेरी हॉबी रही है।
4. फ़िल्में–मुझे अच्छी फ़िल्में देखना बहुत पसंद है।
5. खाना (भोजन)–भोजन प्रेमी के तौर पर मैंने कोई 100 देशों की क्यूज़ीन का स्वाद चखा हुआ है।
6. पढ़ना–मुझे किताबें पढ़ना बहुत पसंद है। मैंने बहुत-सी किताबें केवल पढ़ी ही नहीं हैं, बल्कि उनके लेखकों से मिलकर बातचीत भी की है। मेरे घर की लाइब्रेरी में, एक अलग जगह ही है जिसकी शोभा इन लेखकों की साईन की गई किताबें बढ़ा रही हैं।

होलिस्टिक वैलनेस और शारीरिक सेहत

जापान के मुख्य टापुओं के दक्षिण में एक ख़ूबसूरत स्वर्ग जैसा टापू है ओकीनावा। लोग यह मानते हैं कि यहाँ दुनिया के सबसे सेहतमंद लोग रहते हैं। ओकीनावा युनिवर्सिटी के नर्सिंग कॉलेज द्वारा किए गए अध्ययन से हमें पता चलता है कि वहाँ के 82% लोग 92 साल की औसत आयु में स्वतंत्र रूप से अपने सभी काम करते हैं (उन्हें किसी की मदद की ज़रूरत नहीं होती)। उनका रहस्य क्या है? इसका एक कारण है उनका आहार जिसमें सब्ज़ियाँ, सोया पदार्थ और सीफूड होते हैं और प्रोसैस्ड फूड बहुत ही कम शामिल होते हैं। इस तरह का आहार दिल की बीमारियों, डिमैंशिया और यहाँ तक कि कई प्रकार के कैंसर के खतरे को भी कम करता है और वहाँ के लोगों की आयु लंबी होने के प्रभावशाली कारणों में से एक है। आहार के अलावा, ओकीनावा के लोगों का जीवन शारीरिक रूप से बहुत सक्रिय रहता है और उनके समुदाय के लोगों के आपसी संबंध बहुत अच्छे और गहरे होते हैं।

सेहतमंद जीवन (हैल्दी लाइफ़ स्टाईल) जीना कोई आसान काम नहीं, जैसा कि हम सभी ने अनुभव किया है। दोस्तों के साथ किसी बार में बैठने के बजाय 30 मिनट जॉगिंग करने जाना आसान नहीं है। स्वास्थ्य संबंधी

लक्ष्यों को यदि आप ज़ोर से पकड़े न रहें तो ये धीरे-धीरे फिसलने लगते हैं। पर यदि आप एक बार अपनी सेहत नष्ट कर देंगे तो आप जीवन के दूसरे लक्ष्यों को कैसे पूरा करेंगे? शारीरिक रूप से सक्रिय रहने के साथ आप अपने शरीर द्वारा दी गई चेतावनी को नज़रअंदाज़ न करें। नियमित रूप से स्वास्थ्य की जाँच करवाएँ। सिगरेट या किसी अन्य तरह के नशे से दूर रहें, यदि आप शराब पीते हैं तो मात्रा सीमित रखें और एक ज़िम्मेदार इंसान की तरह पिएँ। अपने आपको मानसिक रूप से सकारात्मक रखना भी टॉक्सिन्स के लिए दवा का काम करता है। मैडीटेशन का अभ्यास आपके दिमाग़ (मस्तिष्क) और नर्वस सिस्टम पर सकारात्मक प्रभाव डालता है।

स्वास्थ्य (हैल्थ) संबंधी लक्ष्यों का उदाहरण

सप्ताह के 7 दिन नियमित रूप से 30 मिनट का व्यायाम।
सप्ताह में 3 दिन नियमित रूप से 30 मिनट की पैदल सैर / जॉगिंग
सप्ताह में 4 दिन नियमित रूप से 30 मिनट योगाभ्यास
सप्ताह में 3 दिन नियमित रूप से 30 मिनट का प्राणायाम
प्रतिदिन सुबह नाश्ते में सेहतमंद आहार लें।
प्रतिदिन रात का भोजन 7 बजे तक कर लें।
अपना बीएमआई और शारीरिक वजन उचित रखें। अगर ज़रूरत है तो अगले छह महीने में 5 किलो कम करके इसे सही करें।
सिगरेट पीना छोड़ दें।

आध्यात्म और ईश्वर की प्रार्थना

अर्थपूर्ण सफलता पाने के लिए बहुत-सी चीज़ें करनी होती हैं, इनमें से कुछ आपके वश में होंगी और इस किताब में उनकी चर्चा पहले अध्यायों में की जा चुकी है। पर कुछ केवल उस ईश्वर के हाथ में हैं और वो ईश्वर की कृपा से ही संभव हैं।

'ईश्वर की कृपा पाने के लिए, आपको प्रार्थना करनी चाहिए, समाजसेवा करनी चाहिए और अपने मज़बूत सिद्धांतों पर चलते हुए जीवन जीना चाहिए' —डॉ विवेक मानसिंह

यह 2008 की बात है, मुझे अपने गले में दर्द महसूस हुआ। मैंने इसे मौसमी फ़्लू (बुखार) मानकर नज़रअंदाज़ कर दिया। पर यह दर्द बढ़ता ही गया। यहाँ तक कि मेरे लिए कुछ निगलना या बात करना मुश्क़िल हो गया। बहुत तेज़ दवाएँ खाने के बाद भी मेरी स्थिति ख़राब होती जा रही थी। मैं एक डॉक्टर के पास चैक अप के लिए गया। उन्होंने कुछ टेस्ट किए और कहा कि यह चिंताजनक बात है और मेरे सिर (*स्कल*) की सर्जरी करनी पड़ेगी। मैंने एक दूसरे डॉक्टर से सलाह ली और उसका निर्णय भी पहले वाले के अनुसार ही था। मुझे याद है कि उस दिन शुक्रवार था, जब मैं सर्जरी के लिए हॉस्पिटल में एडमिट हुआ और सोमवार को मेरी सर्जरी थी।

मेरे परिवारवाले बहुत परेशान व दुखी थे–उन्होंने प्रार्थना शुरू कर दी। मेरे पापा, जो फ़तेहपुर में थे, उन्होंने अपने बनवाए हुए मंदिर में महामृत्यंजय का जाप शुरू करवा दिया। यह मंत्र जाप ईश्वर से मृत्यु पर विजय प्राप्ति के लिए किया जाता है। आश्चर्यजनक रूप से और बिना किसी मेडिकल जानकारी के, मेरे अंदर से आवाज़ आई कि मैं सर्जरी के लिए न जाऊँ। मैं अस्पताल से वापिस घर आ गया। अपने दोस्त की सलाह पर मैं दूसरे एक डॉक्टर से मिला, उन्होंने मुझे बताया कि यह तो थायरोडाइटिस का केस है। मैं साधारण दवाओं से ही ठीक हो गया। *यह है, परमपिता परमात्मा की कृपा और प्रार्थना की शक्ति।*

प्रतिदिन की प्रार्थना ईश्वर में हमारी आस्था बनाए रखती है और हमें सही रास्ते पर चलने के लिए प्रेरित करती है। योगानंद जी अपनी पुस्तक *एक योगी की आत्मकथा* में बताते हैं कि हमें ईश्वर से उसी तरह अपनी इच्छाओं की पूर्ति के लिए प्रार्थना करनी चाहिए जिस तरह हम अपने माता-पिता से कहते हैं। मैं इस बात का समर्थन करता हूँ कि आपको प्रतिदिन, बेशक कुछेक मिनटों के लिए ही सही, ईश्वर की प्रार्थना करनी चाहिए और उस परमपितामह के

सामने अपनी इच्छा पूर्ति के लिए हाथ जोड़ने चाहिए। इससे ईश्वर की कृपा तो मिलेगी ही, आपके दिमाग़ में आपकी इच्छाओं की तस्वीर भी बन जाएगी, इससे आपके फ़ोकस और प्रेरणा दोनों को ही बल मिलेगा और आप अपने लक्ष्यों की तरफ तेज़ी से बढ़ेंगे। मैंने अपने मेंटीज़ से कई बार पूछा है कि अगर ईश्वर उनके सामने आ जाएँ और उन्हें तीन वरदान माँगने को कहें तो वे क्या माँगेंगे? अधिकतर लोग जवाब तलाशते रहते हैं, इसका अर्थ हुआ कि उन्हें ख़ुद ही पता नहीं है कि उन्हें क्या चाहिए। *यदि आपको पता नहीं कि आपको क्या चाहिए तो आप अपने लक्ष्य कैसे बनाएँगे और प्राप्त करेंगे?*

इस बात का साइंटिफ़िक प्रमाण है कि प्रार्थनाएँ शारीरिक, मानसिक और मनोवैज्ञानिक ख़ुशहाली का अनुभव करने में हमारी मदद करती हैं।

अपने मूल्यों को भी तय करें

प्रार्थना के साथ-साथ, *अपने मूल्यों को भी पहचानें*। अपने परिवार के *मूल्यों को भी तय कर लें,* जैसे कुछ सहज-सरल-से गुण हैं–ईमानदारी, निष्ठा या उदारता–आप जो भी चाहते हैं। अपने परिवार को बताएँ कि इस मूल्य को आपने अपने जीवन में कैसे उतारा या जिया है। आपके मूल्य आपके फ़ैसलों का आधार होंगे। ***जब हम अपने मूल्यों के साथ जीते हैं तो वे हमारे लिए गूगल मैप की तरह काम करते हैं और हमारे हर काम में हमारा मार्गदर्शन करते हैं।*** वे हमारे जीवन को दिशा और अर्थ दोनों देते हैं। साथ ही, हमारा चरित्र मज़बूत बनाते हैं। यह हमारे लिए वह प्लेटफ़ॉर्म बन जाता है, जहाँ से हम जीवन के दूसरे लक्ष्यों को प्राप्त करने के लिए छलांग लगाते हैं। इसके लिए पहला कदम है, अपने मुख्य मूल्यों को पहचानना और उन्हें लिख लेना–ईमानदारी, उदारता, समानुभूति, आभार, क्षमादान, आदर, उदारता–आपमें जो भी है। आप अपने परिवार के लिए भी इनकी सूची बना सकते हैं। फिर, बिना कोई समझौता किए इन मूल्यों पर चलें। अपने मूल्यों के अनुसार जीवन जीने से आपके जीवन में स्थिरता आएगी क्योंकि और लोग भी जानेंगे कि आप किन मूल्यों के लिए खड़े होते हैं। इससे आपकी लीडरशिप योग्यता, संबंध और मान बढ़ेंगे।

ईश्वर के साथ एकाकार के क्षेत्र में भी आप लक्ष्य निर्धारित कर सकते हैं। इन लक्ष्यों में प्रतिदिन प्रार्थना करना, 30 मिनट तक प्रतिदिन मेडिटेशन करना, सर्वांग ख़ुशहाली (होलिस्टिक वैलनेस) पर कोई कोर्स जॉइन करना, ईमानदारी से जीवन जीना, पारिवारिक मूल्यों के तौर पर आदर और उदारता चुनना, अपनी पसंद के तीर्थ स्थान पर जाना वग़ैरह शामिल हो सकते हैं।

मेरे आध्यात्मिक लक्ष्यों के उदाहरण

ईश्वर में प्रगाढ़ आस्था और ईश्वर से कृपा दृष्टि की प्रार्थना करना।

मैंने कई आध्यात्मिक कामों में भाग लिया है जैसे कि पूजा और प्रवचन। मैं मंदिरों, गुरुद्वारों, मज़ारों और चर्चों में एक समान श्रद्धा से जाता रहा हूँ और हर तरह की धार्मिक किताबें पढ़ता हूँ।

मैंने योगानंद जी, श्री श्री रवि शंकर और सद्‌गुरु जी के कोर्स भी किए हैं।

इन आध्यात्मिक कामों ने मुझे मुश्क़िल समय में बहुत साहस दिया है और जीवन में अर्थपूर्ण सफलता दी है।

मेरे पारिवारिक मूल्य हैं–ईमानदारी, दया, आभार और उदारता।

मैं अपने लक्ष्य–प्रतिदिन 30 मिनट की मेडिटेशन–को पूरा करने की कोशिश करता हूँ। मेरे लिए कई बार मेडिटेशन में ध्यान लगाना कठिन हो जाता है। पर मैं कोशिश करता रहता हूँ।

आप अपने जीवन को जिस ओर ले जा रहे हैं, उस पर केंद्रित रहें। तितलियों के पीछे भागें। समुद्र तट पर मज़ा करें। प्रार्थना करें। कभी बाग में जाकर फूलों की ख़ुशबू का आनंद लें। कभी छोटे बच्चे की तरह खुलकर हंसें। अपने प्रियजनों के साथ बिताने के लिए समय निकालें। स्वयं को सदा ख़ुश रखें, तंदुरुस्त रखें। हम जब ख़ुश और सकारात्मक रहते हैं तो अपने काम को भी अच्छे से करते हैं, अधिक प्रेरित होते हैं और अपने लक्ष्यों को प्राप्त करते हैं।

मुख्य शिक्षा

1. मेहनत करें, पर अपने स्वास्थ्य पर ज़रूर ध्यान दें।
2. अपने शरीर, मन और आत्मा का ध्यान रखें। अगर स्वास्थ्य ही ठीक नहीं है तो अपने लक्ष्यों को कैसे हासिल करेंगे।
3. ईश्वर की कृपा पाने के लिए, व्यक्ति को ईश्वर की प्रार्थना, दूसरों की सेवा और मज़बूत मूल्यों के साथ जीवन जीना चाहिए।
4. अपना मनोरंजन करें। मनोरंजन करना भी बहुत ज़रूरी है।

गुरु मंत्र : सद्गुरुजी, आध्यात्मिक गुरु, संस्थापक, ईशा फ़ाउंडेशन

योग आंतरिक ऊर्जा को इस तरह जाग्रत करता है कि आपका शरीर और मन अपनी पूर्ण क्षमता से काम करने लगते हैं। यह आपके अंतर्मन में विचारों को बिल्कुल उसी तरह रचता है, जिस तरह आप चाहते हैं। सभी व्यक्ति, बिना किसी अपवाद के, अपनी ख़ुशी और अपने भाग्य के निर्माता बनने की क्षमता रखते हैं। योग हमें इस भाग्य रूपी द्वारों को खोलने की चाभी देता है।

गुरु मंत्र : जॉन चैम्बर्स, चेयरमैन और सीईओ, सिस्को

सीईओ के रूप में अपनी अवधि के दौरान मैं सिस्को को एक बिलियन डॉलर से 47 बिलियन डॉलर के रेवेन्यु तक ले गया था। मैंने बहुत उतार-चढ़ाव देखे, पर मैंने कभी सुबह की दौड़ (जॉगिंग), पारिवारिक प्राथमिकताओं और फ़िशिंग पर जाने के अवसरों को नहीं छोड़ा।

गुरु मंत्र : डॉ देवी शेट्टी, कार्डिएक सर्जन और संस्थापक, नारायण हृदयालय

मान लो, हम तूफानी समुद्र में अकेले एक किश्ती पर सवार हैं, निराशाजनक स्थिति में पतवार की मदद से किनारे की ओर कश्ती खे रहे हैं। हम पतवार को थामे, कश्ती को कठिन परिस्थितियों में चला रहे हैं। बहुत ही मुश्किल से किसी तरह हम किनारे तक पहुँचते हैं और अपनी योग्यता पर गर्व करते

हैं। पर हमें यह बात याद रखनी चाहिए कि हमारे हाथ में केवल एक छोटी-सी पतवार ही थी, बाक़ी सब ईश्वर के हाथ में था! इसलिए उस परमपिता परमात्मा का जीवन में योगदान सबसे महत्त्वपूर्ण है।

जन सेवा

11

जन सेवा : सफलता का एक महत्त्वपूर्ण स्तंभ

'अपनी सफलता के सफ़र में आगे जाने के लिए, कुछ अभावग्रस्त लोगों को भी साथ लेकर चलें'—डॉ विवेक मानसिंह

ख़ुशी (प्रसन्नता) एक असीमित स्रोत है और हैरानी की बात तो यह है कि जब आप अन्य लोगों को जन सेवा से ख़ुशी देते हैं तो आपको और भी ख़ुशी मिलती है। जी हाँ, रिसर्च से पता चलता है कि जो लोग जनसेवा या समाजसेवा करते हैं, उनके दिमाग़ में ख़ुशी के केंद्र सदा सक्रिय रहते हैं। अपने जीवन में सच्ची ख़ुशी लाने के लिए हमें यह सोचना चाहिए कि दूसरों की मदद कैसे की जाए। समाजसेवा *का असली मतलब है, दूसरों की मदद (जन सेवा) करना और बदले में किसी चीज़ की आशा न रखना*। समाजसेवा का सबसे बड़ा पुरस्कार यह है कि आप किसी के जीतन में कुछ अर्थपूर्ण बदलाव लाएँ। **समाजसेवा करने से हम अपनी अर्थपूर्ण सफलता की यात्रा में विनम्र बने रहते हैं, अपने जीवन में एक गहराई का अनुभव करते हैं और अंदर से संतुष्ट महसूस करते हैं**। आप दूसरों के साथ-साथ अपनी नज़रों में भी ऊपर उठ जाते हैं। *मैं अपने स्वर्गीय माता-पिता को प्रेम तो करता ही हूँ, पर मैं उनका आदर इसलिए भी करता हूँ कि उन्होंने जो हमारे लिए किया, उससे कहीं अधिक समाज के लिए किया।*

समाजसेवा से संतुष्टि पाना

2003 में मेरी मम्मी के स्वर्गवासी होने के बाद, मेरे सत्तर साल के पापा के लिए बहुत ही मुश्क़िल समय आ गया था। वह उदास रहने लगे थे और जीने का उद्देश्य ही खो दिया था। मेरे भाई और मैंने उन्हें प्रोत्साहित किया कि वे समाजसेवा के काम को व्यवस्थित तरीक़े से शुरू कर दें। उन्होंने अपने जन्म स्थान, फ़तेहपुर में (जहाँ वे उम्र भर रहे) विकलांग बच्चों की करैक्टिव सर्जरी करवाने का काम शुरू कर दिया। उन्होंने उदयपुर के नारायण सेवा संस्थान को अपना भागीदार बना लिया और फ़तेहपुर से विकलांग बच्चों को उनके माता-पिता के साथ वहाँ भेजना और मुफ़्त में सर्जरी करवाना शुरू कर दिया। वे इसमें इतने जुनून से लग गए कि हर समय इन बच्चों के बारे में सोचते रहते थे और बच्चों के माता-पिता के फ़ोन कॉल्स का 24/7 जवाब भी देते थे। उन्होंने 300 बच्चों की करैक्टिव सर्जरी करवाई। ये बच्चे अपने जीवन में पहली बार अपने पैरों पर चले थे।

पापा ने फ़तेहपुर में शिव मंदिर का जीर्णोद्धार भी करवाया। उनमें इतना उत्साह व जोश था कि 80 साल की उम्र में भी, वे मंदिर के जीर्णोद्धार का काम स्वयं करवाते थे। पाँच साल तक वे सर्दियों की ठिठुरती सर्दी और गर्मियों की चिलचिलाती धूप में 8 से 10 घंटे वहाँ स्वयं रहते थे। समाजसेवा (प्रतिदान) के इन अनुभवों ने उन्हें जीवन जीने का एक नया उत्साह और उद्देश्य दिया। वे अगले 15 साल तक प्रसन्नचित्त और सेहतमंद रहे।

समाजसेवा का सर्वमान्य नियम कहता है कि जितना अधिक आप सेवा या दान करेंगे, उतना ही अधिक आपको ईश्वर की कृपा और संतोष मिलेगा। पिट्सबर्ग युनिवर्सिटी के शोध में त्रिस्तन इनागाकी और नाओमी ऐंस्बर्गर ने क्रम से कई एमआरआई करने के बाद निष्कर्ष निकाला कि समाजसेवा

करने से दिमाग़ के वे भाग सक्रीय हो जाते हैं, जो तनाव कम करते हैं और आपको बेहतर महसूस करने में मदद करते हैं।

दुनिया का पहला बिलियनेयर वह आदमी था, जिसे यह मालूम था कि लक्ष्यों को किस प्रकार निर्धारित करके प्राप्त किया जाए। 23 साल की आयु में, वह करोड़पति और 50 की आयु तक वह अरबपति बन गया था। केवल एक बात थी : उसके सभी लक्ष्य धन कमाने और शक्ति (पावर) जुटाने के ईर्द-गिर्द थे। पर तीन साल बाद, 53 साल की आयु में, वह बुरी तरह बीमार पड़ गया। उसके बाल गुच्छों में गिरने लगे और उसके शरीर में तड़पाने वाला दर्द उठता था। उसके पास इतना पैसा था कि वह कोई भी चीज़ ख़रीद सकता था, पर वह केवल बीमार व्यक्ति का आहार खा सकता था। न वह ठीक से सो सकता, न हंस सकता था। उसके जीवन के मायने ही ख़त्म हो गए थे। डॉक्टरों ने उसे बताया कि उसके जीवन का बस एक साल बचा है। जो व्यक्ति बिज़नेस की दुनिया को कंट्रोल करता था, उसे अचानक समझ आया कि उसका अपना जीवन ही उसके कंट्रोल में नहीं है। उसने समझ लिया था कि वह अपना धन, संपत्ति और सफलता अपने साथ नहीं ले जा सकता। उसने निर्णय किया कि अस्पतालों और रिसर्च संस्थानों को धन दान करना है। उस दिन, जॉन डी रॉकफ़ेलर ने आज की प्रसिद्ध फ़ाउंडेशन स्थापित की, जो पैंसिलिन की खोज, मलेरिया के इलाज, टीबी और डिपथिरिया के इलाज की खोज के पीछे थी। उस व्यक्ति के फ़ैसले से पैदा होने वाले लाभ तो अनेक हैं, परंतु शायद रॉकफ़ेलर की कहानी का सबसे दिलचस्प हिस्सा यह है कि जिस क्षण से वह समाजसेवा करने लगे, तभी से उनके शरीर में बदलाव आने लगे और वह अपनी बीमारी से ठीक होने लगे। पहले तो लगा था कि वह 53 की आयु में ही मर जाएँगे, पर वह 98 साल तक जीवित रहे। **उदारता, सेवाभाव, समाजसेवा में इस तरह की शक्ति निहित है।**

मैं सेवाभाव और समाजसेवा में बहुत विश्वास रखता हूँ। सन 2000 में मेरा लक्ष्य किसी जाने-माने एनजीओ के बोर्ड में शामिल होकर काम करने का था। मैंने जनाग्रह, भारत की सर्वश्रेष्ठ और बहुत प्रभावशाली एनजीओ में से एक, में वॉलंटियर के रूप में काम करना शुरू कर दिया। फिर 2008 में, मैं

भारत के शहरी जीवन में सुधार लाने के इरादे में मदद देने के लिए, जनाग्रह के बोर्ड में शामिल हो गया। मैं अपने अल्मा मेटर, एनआईटी, इलाहाबाद का बहुत आदर करता हूँ और इस संस्थान के लिए कुछ करना चाहता था। मैंने लाइब्रेरी को 500 किताबें उपहारस्वरूप दीं और, एनआईटी, इलाहाबाद के बोर्ड में पाँच साल तक नि:शुल्क काम किया। इन सबको मैं अपनी बहुत संतोषजनक उपलब्धि मानता हूँ।

रिटायरमेंट (60 की आयु) पर मेरे समाजसेवा लक्ष्यों के उदाहरण

1. 1000 से अधिक लोगों को सम्मुख, आमने-सामने, मेंटॉर करना (सीईओ से लेकर ड्राईवर या सहायकों के बच्चों तक)
2. एक किताब लिखना और उसके व उससे संबंधित वेब साइट के माध्यम से 1 मिलियन (दस लाख) युवाओं को मेंटॉर करना।
3. इंडिया में बिलियन डॉलर रेवेन्यु की 3 से 5 स्टार्ट-अप स्थापित करने में मदद करना।
4. 50,000 नौकरियाँ पैदा करने में मदद करना।
5. फ़तेहपुर जनरल हॉस्पिटल, आईसीयू और आँख के हॉस्पिटल के माध्यम से एक लाख लोगों की मदद करना।
6. जनाग्रह और अन्य एनजीओ के माध्यम से परोक्ष रूप से 10 लाख बच्चों की सहायता करना।
7. अन्य लक्ष्य हैं–मेरे घर के सहायकों को उचित तनख़्वाह देना, उनके बच्चों को शिक्षा प्रदान करना और कई तरह की चैरिटी को सहायता देना, मुफ़्त में दवाएँ देना और फ़तेहपुर में विकलांग बच्चों के लिए एक स्कूल खोलना।
8. मैं इस बात की प्रेरणा हर व्यक्ति को देता हूँ कि अपने गाँव या शहर और अपने स्कूल या कॉलेज के लिए कुछ-न-कुछ अवश्य करें। आपको सफलता का मंच इन्हीं स्थानों ने दिया है।

अपना समय देकर दूसरों की मदद करना, एक बहुमूल्य सेवा है और इसमें कोई पैसा भी ख़र्च नहीं होता। आप कम-से-कम एक ग़रीब बच्चे को सप्ताह में एक घंटे के लिए पढ़ा तो सकते हैं। इस बात का इंतज़ार न करें कि जब बहुत पैसा आ जाएगा तब मैं दान शुरू करूँगा, जब भी आपसे हो सके और जितना भी हो सके दान या समय दीजिए। मेरे बच्चे जब छोटे ही थे, तब भी वे अपनी पॉकेटमनी का कुछ हिस्सा दान में देते थे। हम उनके जन्मदिन पहले ब्लाईंड स्कूल में मनाते थे। अपने विद्यार्थी जीवन में, उन्होंने विभिन्न स्थानों पर स्वेच्छा से वॉलंटियर के रूप में काम किया और हमारे स्टाफ़ के बच्चों को पढ़ाया। मेरा बेटा आयुष हमारे जन्मदिन और शादी की सालगिरह को अनोखे तरीक़े से मनाता है। वह चैरिटीज़ को गिफ़्ट देता है और वो गिफ़्ट सर्टिफ़िकेट हमें गिफ़्ट करता है। डैल और सिस्को में मेरी टीमें बहुत वॉलंटियर करती थीं। समाजसेवा में मदद कई तरह से हो सकती है। कुछ ऐसा समाजसेवा का काम लें जो आपको अच्छा लगे, जो आपका दिल करना चाहता हो। जब एक बार समाजसेवा के क्षेत्र का चुनाव कर लिया, तब फिर लक्ष्य बना लें कि आप क्या करेंगे। शुरू करने में देरी न करें!

आपकी शुरुआत के लिए समाजसेवा के कुछ उदाहरण यहाँ दे रहा हूँ।

1. मैं वोट अवश्य दूँगा।
2. मैं छोटे व्यापार (बिज़नेस) को प्रोत्साहन दूँगा।
3. मैं ज़रूरतमंद लोगों को नौकरी दूँगा और उन्हें उचित तनख़्वाह दूँगा।
4. मैं अपने ड्राईवर और घर के अन्य किसी सहायक के बच्चों की शिक्षा के लिए धन दूँगा।
5. मैं अपने घर के सहायक की बेटी या बेटे को हर रोज़ 30 मिनट पढ़ाऊँगा।
6. मैं अपने समुदाय के बच्चों को मेंटॉर करूँगा।

7. मैं किसी संस्था में इस साल 100 घंटे वॉलंटियर काम करूँगा।
8. मैं अक्षयपात्र या अन्य किसी एनजीओ को इस साल 10,000 रुपए दान दूँगा।
9. मैं ग़रीब बच्चों की शिक्षा के लिए एक एनजीओ शुरू करूँगा।
10. मैं अपने गाँव में एक अस्पताल या स्कूल खोलूँगा।

मुख्य शिक्षा

1. समाजसेवा करने से हम अपनी अर्थपूर्ण सफलता की यात्रा में विनम्र बने रहते हैं, अंदर से संतुष्ट महसूस करते हैं और ईश्वर की सद्भावना आकर्षित करते हैं।
2. अपनी मनपसंद का कोई भी समाजसेवा का काम चुन लें और इसके लिए अभी से योगदान देना शुरू कर दें।
3. यदि आप विद्यार्थी हैं तो भी आप अपना समय देकर किसी बच्चे को पढ़ा सकते हैं, या अपने कॉलेज में स्वयंसेवक (वॉलंटियर) का काम कर सकते हैं।
4. अधिक पैसा आने का इंतज़ार न करें; आप अपना समय, मार्गदर्शन, दान या अन्य किसी तरह की मदद देकर समाजसेवा ज़रूर करें।

समाजसेवा पर गुरुमंत्र : नारायण मूर्ति संस्थापक, इंफ़ोसिस

मेरे पिता हाई स्कूल के अध्यापक थे। हम आठ भाई-बहन थे, मेरी दादी माँ हमारे साथ रहती थीं। अत: एक हाई स्कूल अध्यापक की तनख़्वाह पर ग्यारह लोग पल रहे थे। फिर भी मेरी माँ रोज़ रात के भोजन पर एक ग़रीब बच्चे को अपने साथ खाना खाने के लिए आमंत्रित करती थीं। हमारे साथ सप्ताह में 7 ग़रीब बच्चे खाना खाने आते थे। बेशक हम अमीर नहीं थे, पर मेरी माँ किसी ग़रीब बच्चे के साथ वह सब बाँटना चाहती थीं जो हमारे पास था। दान का इससे सुंदर और सुदर्शन उदाहरण नहीं हो सकता।

समाजसेवा (सेवाभाव) पर गुरुमंत्र : रमेश और स्वाति रामानाथन, संस्थापक, जनाग्रह

यदि आपके मन से आवाज़ उठती है कि समाज के लिए कुछ करें तो आप इस आवाज़ को अवश्य सुनें। आपकी योजना को सुनकर भौं सिकोड़ने वाले लोगों या अपने सामाजिक दायरे से मत डरें। इस बात में विश्वास रखें कि आपका योगदान उत्तम और आवश्यक है। जनसमुदायों की समस्याओं को हल करने वाले सामान्य लोगों द्वारा ही महान समाज बने हैं। यदि आप सप्ताह में एक घंटा भी देते हैं तो यह भी बहुत बढ़िया है। परंतु शुरुआत अभी करें, समय, पैसा या जो भी दे सकते हैं, देकर मदद करें।

समाजसेवा (सेवाभाव) पर गुरुमंत्र : विनीता बाली, पूर्व सीईओ, ब्रिटानिया

अपने जीवन को केवल अपने लिए ही नहीं, बल्कि अपने परिवार, समाज और इस धरती पर चीज़ें सुधारने का अवसर समझें।

मैंटी के शब्द : कविता साई, माइक्रोसॉफ़्ट इंडिया

मेरी करियर यात्रा में डॉ विवेक का मेंटॉर के रूप में मुख्य योगदान रहा है। ऐसा बहुत कम देखा गया है कि एक रिपोर्टिंग लीडर आपको एक मेंटॉर बनकर मदद करे। किस्मत से डॉ विवेक मेरे मैनेजर बनकर आए और आज जब सोचती हूँ तो मेरे लिए यह ईश्वर का आशीर्वाद था। लीडरशिप, मैनेजमेंट, इनोवेशन और उत्कृष्टता, जैसी योग्यताओं को सिखाकर उन्होंने मेरे करियर को बहुत लाभ पहुँचाया। इसके अलावा मैंने समाज को सेवादान देने के बारे में भी सीखा। मैंने ऑटिज़्म और 'वीमन इन प्रोफ़ेशन' से जुड़ी एक संस्था की सहायता करना शुरू किया। इस काम ने मेरे जीवन को संतुष्टि और पूर्णता से भर दिया है।

सफलता अपने पद चिन्ह छोड़ती है

12

प्रेरणा के स्रोत : नौ प्रतिभाशाली और विशिष्ट व्यक्ति

'आप जैसे-जैसे अपने लक्ष्यों की ओर बढ़ें तो जो लोग आपके प्रेरणा के स्रोत हैं, उनसे सीखना न भूलें' —डॉ विवेक मानसिंह

इस दुनिया में अनेक लोग प्रेरणा के स्रोत हैं। यह हम पर निर्भर करता है कि हम उनसे कितना सीखना चाहते हैं। जैसा कि मैंने पहले भी कहा है, जो लोग हमें प्रेरित करते हैं, उन्हें पहचानना चाहिए, उनके बारे में जानना चाहिए और उनसे सीखना चाहिए।

इस किताब के लिए मैंने अपने कुछ आदर्श और प्रेरक प्रतिभाशाली लोगों का इंटरव्यू किया है। देश सेवा के लिए इन लोगों को तीन पद्म विभूषण, पाँच पद्म भूषण और चार पद्म श्री अवॉर्ड प्राप्त हैं। ये प्रसिद्ध लोग हैं—नारायण मूर्ति, रतन टाटा, सद्गुरु जी, किरण मजूमदार-शॉ, डॉ देवी शेट्टी, जॉन चैंबर्स, राहुल द्रविड़, प्रकाश पादुकोण और वाणी कोला।

इस किताब में दिए गए विचारों के अनुसार, अपने लक्ष्यों पर आधारित यात्रा का जुनून से अनुसरण करके इन सभी ने अद्भुत सफलता हासिल की है।

मेरी जीवन यात्रा में इनकी उपस्थिति बहुत प्रेरणादायक रही है और यहाँ मैं उसी प्रेरणा को आप तक पहुँचाने की कोशिश कर रहा हूँ। मुझे पूरा विश्वास है कि इनमें से कुछ लोग आपकी प्रेरणा के स्रोत भी बनेंगे।

इन इंटरव्यू के वीडियो www.vivekmansingh.com पर उपलब्ध हैं।

नारायण मूर्ति के लीडरशिप और सफलता पर विचार

यह इंफ़ोसिस के प्रसिद्ध संस्थापक हैं, इन्हें *टाइम* मैगज़ीन ने 'इंडियन आईटी सैक्टर का पिता' (*फ़ादर ऑफ़ द इंडियन आईटी सैक्टर*) कहा है। इंफ़ोसिस का प्रतिवर्ष 18 बिलियन डॉलर का रेवेन्यू है और इसमें 3,50,000 कर्मचारी काम करते हैं। उन्हें फ्रांस सरकार ने लिज़न द'ऑनर अवॉर्ड दिया, ब्रिटेन ने सीबीई और भारत की सरकार ने पद्‌म विभूषण और पद्‌म श्री अवॉर्ड से नवाज़ा है। श्री नारायण मूर्ति अनेक संस्थाओं और प्रसिद्ध यूनिवर्सिटियों के बोर्ड में शामिल हैं जिनमें कॉरनैल यूनिवर्सिटी, व्हारटन स्कूल, स्टैनफ़ोर्ड यूनिवर्सिटी का ग्रेजुएट स्कूल ऑफ़ बिज़नेस और ऑक्सफ़ोर्ड के रोड्स ट्रस्ट भी शामिल हैं।

डैल और सिस्को की अवधि के दौरान और "जनाग्रह" में होने वाले कई कार्यक्रमों के दौरान मुझे श्री मूर्ति के साथ कुछ ज्ञानवर्द्धक पल बिताने का अवसर मिला। (जनाग्रह वह एनजीओ है, जिसके बोर्ड में मैं भी हूँ और श्री मूर्ति जिसमें अपना योगदान देते हैं।) मैं इनका बहुत बड़ा प्रशंसक हूँ और आपको भी इनकी किताबें पढ़ने की सलाह दूँगा जिसमें *अ बैटर इंडिया : अ बैटर वर्ल्ड* भी शामिल है। मेरे बेटे आयुष के लिए, हाई स्कूल के दिनों से ही, वे बहुत बड़ी प्रेरणा का स्रोत रहे हैं। (आयुष ने एक किशोर विद्यार्थी के तौर पर उनका इंटरव्यू लिया था)। मेरे जीवन में वे एक महत्त्वपूर्ण प्रेरणादायक व्यक्ति के रूप में हैं।

विवेक : आपके अनुसार ऐसे तीन कौन-से कारण हैं जो आपको सफलता के शिखर तक ले गए?

मूर्ति : सबसे पहले मेरे बड़ों का आशीर्वाद, जैसे कि मेरे माता-पिता और टीचर्स का। मेरे विद्यार्थी जीवन के दिनों में और बाद में भी, मेरे कई दोस्त, जो मुझसे कहीं अधिक स्मार्ट थे; उतने सफल नहीं हो पाए जितनी सफलता मुझे मिली। इसलिए ईश्वर और बड़ों का आशीर्वाद मेरे लिए बहुत महत्त्व रखता है।

दूसरी बात, मैंने सदा इस बात में विश्वास रखा है कि मैं अपने उदाहरण से नेतृत्व करूँ और अपने सहकर्मियों को अपने उदाहरण से रास्ता दिखाऊँ। रिटायर होने तक सभी संस्थापकों की आय इंफ़ोसिस में एक समान थी, चाहे उनमें से कई मुझसे आयु में बहुत छोटे और अनुभव में कम थे। मैंने अपनी आय में अपने मातहतों से कम बढ़ोतरी लेकर इस चलन की शुरुआत की। मैंने अपने उदाहरण से नेतृत्व किया। जब मैंने चाहा कि इंफ़ोसिस के कर्मचारी ऑफ़िस समय पर आएँ तो मैंने स्वयं ऑफ़िस सुबह 6.30 पर आना शुरू कर दिया और फिर अन्य लोग स्वत: ही 7.30 तक पहुँचने लगे। मुझे उन्हें बताने की ज़रूरत नहीं पड़ी।

तीसरी बात, बहुत अनोखा वैल्यू सिस्टम, जो मेरे सह-संस्थापकों ने पहले ही दिन से दर्शाना शुरू कर दिया था। उन सभी के लिए समाज में आदर कमाना महत्त्व रखता था। उनका हर काम करने का उद्देश्य समाज में अधिक-से-अधिक आदर पाना था। उन्होंने कड़ी मेहनत, दीर्घकालिक लक्ष्य को प्राथमिकता देकर, टीम वर्क के लिए प्रतिबद्धता, इंफ़ोसिस और मेरे नेतृत्व के प्रति वचनबद्धता को स्वीकार कर लिया था।

विवेक : क्या आप स्वयं को लक्ष्य से संचालित व्यक्ति मानेंगे? लक्ष्यों का आपके जीवन में क्या महत्त्व रहा है?

मूर्ति : विद्यार्थी जीवन में मैं वामपंथी था और नेहरूजी के समाजवाद में विश्वास रखता था। मैं इस बात में विश्वास रखता था कि विकास में सरकार का बहुत बड़ा योगदान होता है। मैसूर में अंडरग्रेजुएशन के दौरान बेशक मैं एक अच्छा विद्यार्थी था, पर मेरा फ़ोकस किसी विशिष्ट लक्ष्य पर नहीं था। आईआईटी कानपुर में ग्रेजुएशन करते समय भी मेरे पास स्पष्ट लक्ष्य नहीं थे। 1970 के शुरू में, पेरिस में काम करते समय, मैंने बहुत समय इस बात पर ध्यान देते हुए बिताया कि पाश्चात्य समाज कैसे विकसित हुए। मैंने समाजवाद, कम्युनिज़्म और कैपिटलिज़्म के बारे में बहुत पढ़ा और समझा। पश्चिमी यूरोप में मैंने बहुत यात्राएँ की। इस समय के दौरान मैंने सीखा कि भारत ग़रीबी की समस्या केवल एक ही तरह से हल कर सकता है–वह है

अच्छी आय के साथ अधिक-से-अधिक नौकरियाँ पैदा की जाएँ। मैं इस बात को समझ गया कि हम यह काम ऑन्त्रप्रोन्योरशिप से ही कर सकते हैं। अत: 1970 के दशक के मध्य में जब भारत वापिस आया तब मैं लक्ष्य चालित हो चुका था।

विवेक : स्वयं को श्रेष्ठ बनाने (एक्सलेंस हासिल करने) के लिए आपने विशेष रूप से क्या कार्य किया?

मूर्ति : मैं इस बात से सहमत हूँ कि स्वयं को प्रतिदिन बेहतर बनाना ही श्रेष्ठता है। मैं हर दिन स्वयं से यह पूछता हूँ कि क्या मैं बीते कल से आज अपना काम अधिक शीघ्रता से कर रहा हूँ, कम लागत पर कर रहा हूँ और बेहतर कर रहा हूँ?

विवेक : हमारे साथ ऐसे कुछ उदाहरण साझा करें जब आपने लीक से हटकर कुछ सोचा हो या नवोन्मेषी (इनोवेटिव) विचार काम में लाए हों जो आपके और इंफ़ोसिस के लिए कारगर रहे।

मूर्ति : इंफ़ोसिस में हमने ग्लोबल डिलीवरी मॉडल (इसमें दुनिया के किसी भी हिस्से से काम किया जा सकता है) और दिन में 24 घंटे काम करने का (विभिन्न टाइम ज़ोन में पूरी दुनिया में टीमों का इस्तेमाल करके) इनोवेशन किया। पर मेरा विश्वास है कि इनोवेशन, जैसा कि विवेक आपने कहा है, किसी भी संस्था में केवल कुछेक सीनियर्स का विशेषाधिकार नहीं होना चाहिए, बल्कि यह चौकीदार से सीईओ तक हरेक का मंत्र होना चाहिए। अत: कोई भी संस्था तभी मज़बूत बनेगी जब उस संस्था में इनोवेशन हर कर्मचारी द्वारा किया जाएगा और हर कर्मचारी यह सवाल पूछेगा, 'मैं काम को बीते कल के मुक़ाबले अधिक शीघ्र, सस्ता और बेहतर कैसे करूँ?'

विवेक : लीडरशिप पर आपके विचार क्या हैं?

मूर्ति : मेरे विचार से लीडरशिप कभी दी नहीं जाती, यह सदा ख़ुद ही कमाई जाती है। एक लीडर बदलाव लाने वाला प्रतिनिधि होता है। एक महान लीडर का पहला गुण है–उच्च अभिलाषा।

दूसरा, एक अच्छे लीडर में योग्यता होती है कि वह साधारण लोगों में साहस, विश्वास, स्फूर्ति और उत्साह भरकर उनसे असाधारण काम करवा सकता है।

तीसरा गुण है, अपनी लीडरशिप के माध्यम से स्वयं का उदाहरण प्रस्तुत करके अपने अनुयायियों का भरोसा जीतना। एक अच्छा लीडर, जिस रास्ते पर अपनी टीम को चलाना चाहता है, उस पर पहले स्वयं चलकर दिखाता है।

विवेक : भारत के युवाओं के लिए आप क्या 'लीडरशिप मंत्र' देना चाहेंगे?

मूर्ति : आज भारत में अनेक समस्याएँ हैं और कोई भी व्यक्ति अकेला उन्हें हल नहीं कर सकता। हमें ऐसी टीमों की ज़रूरत है जिनमें उच्च सामर्थ्य, उत्साह और एनर्जी हो और जो मिलकर मेहनत करने को तैयार हों। हमें ऐसे लीडर्स की आवश्यकता है जो ऐसी टीमों को एक साथ लाने में समर्थ हों, उन्हें संगठित रख सकें और इन मुश्क़िल कामों को संभव कर सकें। इसलिए हमारे युवाओं के पास लीडरशिप दिखाने के बहुत अवसर हैं।

विवेक : आपके जीवन में मेंटॉर्स और रोल मॉडल्स की भूमिका क्या रही है?

मूर्ति : हमारे युवा लीडर्स द्वारा सामना किए जाने वाले मुश्क़िल कामों में विश्वास जगाने और उन्हें सफलता की ओर ले जाने में रोल मॉडल्स की भूमिका का बहुत महत्त्व है। वे त्याग, कड़ी मेहनत, निस्वार्थ भाव, साहस, क्षमता, अभिलाषा, अनुशासन, श्रेष्ठता, समानता, न्याय, पारदर्शिता और जवाबदेही जैसी योग्यताओं को दर्शाते हैं। रोल मॉडल्स हमें यह दर्शाते हैं कि इन क्षमताओं को अभ्यास से कैसे प्राप्त किया जा सकता है। ऐसे कई रोल मॉडल्स ने मुझे प्रेरित किया है। मेरे माता-पिता ने मुझे मेरे मूल्य सिखाए जैसे कि ईमानदारी, कड़ी मेहनत, दरियादिली, टीमवर्क, ग़रीबों की मदद और उच्च आकांक्षाएँ। मेरे हाई स्कूल और कॉलेज के अध्यापकों ने मुझे सिखाया कि अपने स्वयं के लाभ से पहले अपने समाज के लाभ का ध्यान रखना और देशभक्त होना।

पेरिस में मेरे बॉस ने मुझे सिखाया कि ज़िम्मेदारी और जवाबदेही जीवन में अतिआवश्यक गुण हैं। इसलिए आज मैं जो भी हूँ, इन सभी महानुभावों

से मिली मेंटॉरिंग से बना हूँ। मेरा सौभाग्य रहा है कि मुझे माता-पिता, अध्यापक और बॉस के रूप में कई मेंटॉर्स मिले।

विवेक : आपने अपने निजी संबंधों और प्रोफ़ेशनल कर्तव्य को किस प्रकार संतुलित किया है?

मूर्ति : मेरा सौभाग्य रहा है कि मैंने कभी भी अपने परिवार के लाभ को या अपने मूल्यों को अपनी कंपनी के लाभ से पहले नहीं रखा। इसमें मेरी मदद करने के लिए मैं अपनी पत्नी और बच्चों का आभारी हूँ। मैंने अपने परिवार से अपने संबंध इतने स्पष्ट रखे हैं कि जब मेरे बच्चे इंफ़ोसिस में आए और कैंटीन में भोजन किया तो उन्होंने इसका मूल्य चुकाया। मुझे इस बात पर गर्व है।

विवेक : "समाजसेवा" आत्मसंतुष्टि और आनंद का स्रोत है। आपने यह कब शुरू किया?

मूर्ति : भारत में "समाजसेवा" कम-से-कम 2000 साल पुरानी परंपरा रही है। मेरे पिता हाई स्कूल के अध्यापक थे। हम आठ बच्चे थे और मेरी दादी हमारे साथ रहती थीं। इसलिए, एक हाई स्कूल के अध्यापक की आय पर ग्यारह लोग पल रहे थे। इस पर भी मेरी माँ एक ग़रीब परिवार के बच्चे को हर रात अपने साथ खाना खाने के लिए बुलाती थीं। अत: हमारे साथ एक सप्ताह में सात बच्चे रात का भोजन करते थे। इस बात के बावजूद कि हम ग़रीब थे, हमारे पास जो भी थोड़ा-बहुत था, हमारी माँ ग़रीब परिवार के बच्चों के साथ बाँटना चाहती थीं। मेरे माता-पिता ने हमें सिखाया है कि किसी ग़रीब के चेहरे पर मुस्कान लाना ही सफलता है।

विवेक : हमारे युवाओं के लिए संदेश?

मूर्ति : हमारे देश के 200 सालों के इतिहास में पहली बार हमारा वर्तमान काल असाधारण है। मैं चाहता हूँ कि हर युवा इस बात को याद रखे कि उसके पास भारत को बदलने के और उसे बेहतर बनाने के अनेक अवसर

उपलब्ध हैं। जब मैं छोटा था तो मेरे पास यह अवसर नहीं था। अत: मैं चाहता हूँ कि युवा इसे याद रखें और इसे मुमकिन करें।

रतन टाटा के लीडरशिप और स्टार्ट-अप्स पर विचार

रतन टाटा की चेयरमैनशिप में टाटा संस की विभिन्न कंपनियों का अच्छा विकास हुआ है और यह 100 बिलियन डॉलर के ग्रुप में बदल गया है। टाटा ग्रुप की अनेक कंपनियों ने विशाल ग्लोबल ब्रांड्स जैसे कि टैटले, कोरस और जैगुआर लैंड रोवर का अधिग्रहण किया। 2008 में पद्म विभूषण से सम्मानित, भारतीय व्यापार जगत के इस प्रतिष्ठित व्यक्ति को अनेक प्रसिद्ध सम्मानों से नवाज़ा गया है, इनमें से कुछेक हैं—कारनेगी मैडल ऑफ़ फ़िलैंथ्रोपी, इंटरनेशनल डिस्टिंग्विश्ड अचीवमेंट अवॉर्ड (2005), बिज़नेस लीडर ऑफ़ द ईयर (2010, एशियन अवॉर्ड) और ट्रांस्फ़ॉर्मेशनल लीडर ऑफ़ द डिकेड (2013)। उन्होंने आर्किटेक्चर और स्ट्रक्चरल इंजीनियरिंग न्यू यॉर्क की कॉर्नेल यूनिवर्सिटी से की और टाटा ग्रुप जॉइन किया। टाटा ग्रुप में शानदार 50 साल बिताने के बाद वे रिटायर हो गए और अपना फ़ोकस मेंटॉरिंग और स्टार्ट-अप में निवेश करने पर लगा दिया। टाटा ग्रुप संस्थापकों की चैरिटेबल संस्था टाटा ट्रस्ट के साथ, जो बच्चों में कुपोषण, स्वास्थ्य सेवाओं, शिक्षा और समाज में न्याय को लेकर काम करती है, रतन टाटा आज भी जुड़े हुए हैं। रतन टाटा बहुत नपा-तुला बोलते हैं और उनका कहा हर शब्द ज्ञान से भरा होता है। ये ऐसे ग्लोबल लीडर्स में से एक हैं जिनसे मुझे बहुत प्रेरणा मिली है; आशा करता हूँ कि वे आपको भी उतना ही प्रेरित करेंगे!

विवेक : मि टाटा, आपकी लीडरशिप में टाटा ग्रुप का अभूतपूर्व विकास हुआ है और आपको अद्भुत सफलता मिली है। टाटा ग्रुप के निर्माण के दौरान ऐसे आधारभूत सिद्धांत कौन-से थे, जिन पर आपके फ़ैसले आधारित थे?

टाटा : फ़ैसले उस समय की परिस्थितियों पर आधारित थे। पर मैंने सदा सही काम करने की कोशिश की है, बेशक वह आसान चुनाव न रहा हो, चाहे वो

कर्मचारियों से या कोई बिज़नेस बंद करने से संबंधित था। मेरा मार्गदर्शक सिद्धांत है कि मेरी रातों की नींद इस बात से ख़राब नहीं होनी चाहिए कि मैंने कोई काम ग़लत किया है।

विवेक : रिटायरमेंट के बाद स्टार्ट-अप शुरू करने को लेकर आपकी रुचि कैसे पैदा हुई?

टाटा : यह अचानक हुआ। जब मैं टाटा ग्रुप के साथ था, मुझे स्टार्ट-अप सैक्टर सदा रोमांचक लगा। मैं सदा उन युवाओं की ओर आकर्षित होता था, जिनमें स्टार्ट-अप शुरू करने की प्रेरणा होती थी। यदि उस समय मैं इस बात में रुचि दिखाता, जब मैं टाटा ग्रुप के साथ था तो यह सिद्धांत के विरुद्ध होता। रिटायरमेंट के बाद अब मैं पूरी स्वतंत्रता के साथ, इन युवाओं को थोड़े से निवेश और मार्गदर्शन द्वारा अपना सहयोग दे रहा हूँ।

विवेक : आपके स्टार्ट-अप के अभी तक के अनुभव से हम क्या सीख सकते हैं?

टाटा : मैं अभी भी सीख रहा हूँ इसलिए शायद मैं सही व्यक्ति नहीं हूँ जो आपको सलाह दे पाऊँगा। पर मैं देख रहा हूँ कि बहुत-से स्टार्ट-अप जो मुझे देखने में कारगर नहीं लगते थे, वो बहुत सफल हो रहे हैं और जो स्टार्ट-अप देखने में बहुत सफल प्रतीत हो रहे थे, वे आगे अच्छा नहीं कर पाए। बात संस्थापकों और लोगों की क्षमता, प्रेरणा, विश्वास और दृढ़ता पर आकर ठहरती है।

विवेक : स्टार्ट-अप के लिए क्या कोई ऐसे सैक्टर्स हैं जो आपकी नज़रों में बहुत बड़े होने जा रहे हैं?

टाटा : टैक्नोलॉजी को लेकर चलें तो, कई नए काम हो रहे हैं, कई ऐसे सैक्टर्स हैं जहाँ बहुत कुछ नया और रोमांचक हो रहा है। पर मैं जिसके बारे में सबसे अधिक उत्सुक हूँ वह है, मेडिकल फ़ील्ड। मेरा विचार है कि भारत मेडिकल की कई नवीन खोजों में बड़ा योगदान देने के लिए तैयार है। अगले

दस साल में, हम देखेंगे कि कई बिमारियाँ जिन्हें लाइलाज समझा जाता था, अब उनका इलाज संभव हो गया है। इसमें अधिकतर काम भारत में होगा क्योंकि यहाँ लागत कम है और इस काम में आवश्यक योग्यता वाले लोग उपलब्ध हैं। कई नवीन खोजों में हमारा (भारत का) बहुत बड़ा रोल होगा। भविष्य में इंडिया बायो साइंस और मेडिकल साइंस का केंद्र बन जाएगा। ऑनलाइन स्पेस, निर्माण (मैन्युफ़ैक्चरिंग) और अनेक अन्य क्षेत्रों में, काम करने के बेहतर तरीक़े व बढ़िया अवसर हैं, जो स्टार्ट-अप के लिए बहुत अच्छे सिद्ध होंगे।

विवेक : सॉफ़्टवेयर सर्विसेज़ के बिज़नेस में भारत ने बहुत अच्छा काम किया है, अनेक कंपनियों का रेवेन्यू 10 बिलियन डॉलर से अधिक है। आपकी दृष्टि में सॉफ़्टवेयर प्रॉडक्ट्स का भविष्य क्या है?

टाटा : मेरे विचार से भविष्य आर्टिफ़िशियल इंटैलिजेंस (एआई) के प्रॉडक्ट्स के आसपास केंद्रित होगा। कई तरह से वे मनुष्य की जगह काम करेंगे। एक उदाहरण के तौर पर–सेल्फ़ ड्रीवेन कारें। इन रोमांचक क्षेत्रों में सही इनोवेशन के साथ, भारत का सॉफ़्टवेयर स्पेस में उज्जवल भविष्य होगा।

विवेक : क्या भविष्य में गूगल जैसे सर्च इंजन भारत से भी निर्मित हो सकते हैं?

टाटा : यदि स्टैनफ़ोर्ड के दो स्मार्ट लोग सर्च इंजन बना सकते हैं तो यह भारत में क्यों नहीं हो सकता? बिल्कुल हो सकता है। यदि हम सही माहौल पैदा करें, जहाँ लोगों के अच्छे काम को सराहें और उन्हें पीछे न रोकें; यदि हम उद्यमी युवाओं के रास्ते की मुश्क़िलों को हटा दें और निवेशक उनके स्टार्ट-अप में योगदान दें तो ऐसा भारत में भी हो सकता है।

विवेक : भारत में स्टार्ट-अप का भविष्य आपके विचार में कैसा है?

टाटा : अधिकाधिक बड़ी कंपनियाँ इस बात को पहचानेंगी कि किसी भी काम को करने के और बेहतर तरीक़े हो सकते हैं। मुझे स्पष्ट दिखाई देता

है कि स्टार्ट-अप कम लागत और बेहतर क्षमता से काम करने वाले नए प्रॉडक्ट्स और प्रक्रिया विकसित करेंगी। स्टार्ट-अप सैक्टर के बेहतर और विकसित होने से भारत और अधिक ख़ुशहाल होगा। मैं इस सैक्टर के लिए शुभकामनाएँ देता हूँ।

विवेक : ऑन्त्रप्रोन्योर्स को आप क्या सुझाव देना चाहेंगे?

टाटा : योग्यता से अधिक, मेरी नज़रों में रवैये (एटीट्यूड), परिपक्वता (मैच्योरिटी) और प्रतिबद्धता (कमिटमेंट) का मूल्य रहा है। दिल में आग (जुनून) की आवश्यकता होती है, कुछ भी नया करने के लिए बेहतर तरीक़ा ईजाद (इंवेंट) करना ज़रूरी होता है। ऑन्त्रप्रोन्योर्स को इन बातों का ध्यान रखना चाहिए, पर साथ में साहस और अडिगता होनी भी ज़रूरी है। पर यदि नैतिकता संबंधी कोई समस्या हो तो आगे बढ़ना ही नहीं चाहिए।

सद्गुरुजी–मन, शरीर और आत्मा (माइंड, बॉडी एंड सोल) पर विचार

सद्गुरुजी, जिन्हें मिलेनियल गुरु के तौर पर जाना जाता है, ईशा संस्थान की स्थापना के लिए दुनियाभर में प्रसिद्ध हैं। 'ईशा योग संस्थान' योग और समाजसेवा पर फ़ोकस करने वाली एक आध्यात्मिक संस्था है। योग और संपूर्ण जीवनयापन (होलिस्टिक लिविंग) की शिक्षा देने के प्रति उनके जुनून के कारण, उनको दुनियाभर में लाखों लोगों द्वारा श्रद्धा से देखा जाता है। उन्हें उनके जीवन से संबंधित उपदेशों, जो हंसी-मज़ाक और उपहास से भरपूर होते हैं, के कारण लोग चाहते हैं। अपनी कठोर और तीक्ष्ण दृष्टि के साथ, स्वयं के लिए जागरूक होने और युवा अवस्था से ही एकाग्रता का अभ्यास करने की ज़रूरत को लेकर वे अर्थपूर्ण ढंग से बोलते हैं।

उन्होंने अनेक पुस्तकें लिखी हैं जैसे कि *इनर इंजीनियरिंग : अ योगी'स गाइड टू जॉय*, *मिस्टिक'स म्यूज़िंग्स* और *डेथ : एन इनसाइड स्टोरी*। उनकी किताब *कर्मा : अ योगी'स गाइड टू क्राफ़्टिंग योर डेस्टिनी* का न्यू यॉर्क बैस्टसैलर की लिस्ट में नाम है। सभी भारतीयों के लिए वह गर्व का क्षण

था, जब उन्होंने युनाईटेड नेशन्स मिलिनियम वर्ल्ड पीस समिट, ब्रिटिश पार्लियामेंट हाउस ऑफ़ लार्ड्स, मैसाच्युसेट्स इंस्टिट्युट ऑफ़ टैकनॉलोजी और इंटरनेशनल इंस्टिट्यूट फ़ॉर मैनेजमेंट डेवलपमेंट में लोगों को संबोधित किया था। उन्होंने वार्षिक वर्ल्ड इकोनॉमिक फ़ोरम में 2007, 2017 और 2020 में भी भाषण दिया था।

2017 में, भारत सरकार ने उन्हें समाजसेवा में उनकी भूमिका के लिए पद्म विभूषण से सम्मानित किया था। उनका कहना है कि 'जब तक आप अपने ही तर्कों-वितर्कों में बंधे रहते हैं, जीवन का जादू आपके सम्मुख खुलकर नहीं आएगा'। मुझे उनकी इनर इंजीनियरिंग की क्लास से बहुत लाभ मिला है। मेरी उनसे आमने-सामने बैठकर बहुत-से विषयों पर बात भी हुई है। वे बहुत ही प्रभावशाली व्यक्तित्व के पुरुष हैं। यहाँ मैं उनसे मन, शरीर और आत्मा व लीडरशिप के सवालों पर किया इंटरव्यू प्रस्तुत कर रहा हूँ।

विवेक : आपका संपर्क बिज़नेस और राजनीति के प्रमुख लीडरों से रहा है। आपके विचार में इन सफल लीडरों में मुख्य तीन गुण कौन-कौन-से हैं?

सद्गुरु : लीडर वह होता है जिसमें गहरी अंतर्दृष्टि होती है। दूसरे शब्दों में, लीडर वो देख लेता है जो अन्य लोग नहीं देख पाते। एक लीडर को ईमानदारी और सत्यनिष्ठा का प्रतीक होना चाहिए और अपनी टीम के लोगों को प्रेरित करने में सक्षम होना चाहिए। लीडर अपने काम के प्रति समर्पित होने के कारण भी अन्य लोगों को प्रेरित करते हैं। अत: लीडर में यह तीन गुण अवश्य होने चाहिए–अंतर्दृष्टि, ईमानदारी और प्रेरित करने की क्षमता।

विवेक : लीडरशिप को लेकर आपके विचार क्या हैं?

सद्गुरु : यदि आप एक लीडर हैं तो आपको वह काम करना होगा जिससे प्रत्येक व्यक्ति को या अधिकतर लोगों को लाभ पहुँचे। हर एक के भले को लेकर चलें। आपको सभी को मिलाकर चलना होगा–आपका हर विचार, हर भाव, हर प्रक्रिया आपके बारे में न होकर अन्य लोगों और आपके अनुयायियों के बारे में होनी चाहिए।

विवेक : सफलता प्राप्ति के लिए यह बहुत महत्त्वपूर्ण है कि मन, शरीर और आत्मा सेहतमंद और संतुलित रहे। आपके विचार में लोग यह काम अच्छे तरीक़े से कैसे कर सकते हैं?

सद्‌गुरु : योग सूत्र के अनुसार मानव शरीर के पाँच कोश होते हैं। पहला अन्नकोश कहलाता है क्योंकि आपका भौतिक शरीर भोजन से बना शरीर है। दूसरा कोश मनोमय कोश होता है। तीसरा कोश प्राणमय कोश होता है। पहले दोनों कोश, तीसरे कोश से मिलकर ही काम कर सकते हैं, उसके बिना नहीं। आप इसकी तुलना आज के कंप्यूटर्स के साथ कर सकते हैं–जैसे कंप्यूटर्स में हार्डवेयर और सॉफ़्टवेयर होते हैं, पर ये भाग अकेले कुछ नहीं कर सकते जब तक कि आप इन्हें बिजली से न जोड़ दें। प्राणमय कोश पर ही योग की सभी क्रियाएँ काम करती हैं। यदि आप अपने प्राणमय कोश को सही संतुलन में और पूरी तरह सक्रिय रखेंगे तो आपकी शारीरिक व मानसिक स्थिति बहुत अच्छी रहेगी। आपके भौतिक व मानसिक शरीर में बीमारी नाम की कोई चीज़ नहीं रहेगी। योग में आंतरिक एनर्जी को सक्रिय करने की क्षमता कुछ इस प्रकार है कि आपका शरीर व मन अपनी पूरी क्षमता के अनुसार काम करने लगता है। सभी मनुष्य, बिना किसी अपवाद के, अपने भाग्य का स्वयं निर्माण करने में सक्षम होते हैं। योग हमें यही सिखाता है।

विवेक : अपने जीवन में कुछ बड़ा पाने के लिए सोच को बड़ा रखना पड़ता है। आकांक्षाओं और संतुष्टि के बीच संतुलन कैसे बनाया जाए?

सद्‌गुरु : संतुष्टि का अर्थ है, 'जो है, उसी में ख़ुशी', एक तरह से रुकी हुई ज़िंदगी जिसमें आकांक्षाओं की कोई जगह नहीं है। कोई भी अपनी ज़िंदगी को क्यों रोकना चाहेगा और बिना आकांक्षाओं के कैसे जिएगा। यदि आपने संतुष्टि भरा जीवन जिया है तो इसका अर्थ है आपने जीवन जिया नहीं, बल्कि उसे रोके रखा है। हर व्यक्ति अपनी वर्तमान स्थिति से ऊपर उठकर कुछ और भी करना चाहता है। हमारी दुनिया के साथ समस्या यह है कि

लोगों के अंदर महत्त्वाकांक्षा बहुत ही कम है। हमने अपनी महत्त्वाकांक्षा को कम कर लिया है। आप ख़ुशहाली चाहते हैं तो आप दिल बड़ा क्यों नहीं रखते? बात केवल आपके ख़ुश रहने की ही नहीं है, बात पूरी दुनिया के ख़ुशहाल होने की है। अपनी महत्त्वाकांक्षाओं को लेकर और बड़ा सोचिए। आपकी अपने लिए जो भी आकांक्षा है, वह इस दुनिया के सभी लोगों में आगे फैला दीजिए।

विवेक : स्वयं के लिए और दुनिया के भले के लिए, कुछ करने के बारे में हमारे युवाओं को आपका संदेश।

सद्‌गुरु : युवावस्था का अर्थ है, जोश और ऊर्जा से भरपूर अवस्था। जो एक जोशीला युवक कर सकता है, वह एक बच्चा या बूढ़ा नहीं कर सकता। पर बेलग़ाम ऊर्जा या जोश बिना ठहराव के और दिशाहीन होने के कारण विध्वंसकारी होते हैं। वे चाहे कुछ भी कर रहे हों–पढ़ाई, व्यावसायिक ट्रेनिंग या अपनी पसंद का कुछ और, यदि हमारे युवाओं में ठहराव आ जाए तो इस ऊर्जा और जोश को वे अपने व समाज के भले के लिए इस्तेमाल कर सकते हैं, क्योंकि मनुष्य से ही समाज बनता है, मनुष्य के भले में समाज का भला है। बिना ठहराव के युवावस्था व्यर्थ चली जाएगी। जिन लोगों में ठहराव है, केवल वही अपनी योग्यताओं को सही से और पूरी क्षमता से इस्तेमाल कर पाएँगे। आज की दुनिया के युवाओं के लिए सबसे महत्त्वपूर्ण है, चिंतनशील (मेडीटेटिव) होना। इससे पहले कि युवा बिज़नेस, देशों और दुनिया को मैनेज करें, उनके लिए स्वयं को मैनेज करना आना चाहिए। योग ही उसका सही रास्ता दिखाता है।

किरण मजूमदार-शॉ–लीडरशिप और सफलता पर विचार

डॉ किरण मजूमदार-शॉ, बायोकॉन–इंडिया की अग्रगण्य बायोफ़ार्मास्यूटिकल कंपनी की चेयरपर्सन और मैनेजिंग डायरेक्टर हैं। *टाइम* मैगज़ीन के अनुसार, वे दुनिया के सबसे प्रभावशाली 100 लोगों में से एक हैं। इनके नेतृत्व में बायोकॉन ग्लोबल बायोफ़ार्मास्यूटिकल एंटरप्राईज़ बन गया जो चिरकालिक

बिमारियों जैसे कि डायबिटीज़, कैंसर और ऑटोइम्यून डिज़ीज़ के इलाज की लागत कम करने में वचनबद्ध है। इन्हें बहुत-से अवॉर्ड से सम्मानित किया जा चुका है, जिनमें सबसे महत्त्वपूर्ण हैं—पद्म भूषण और पद्म श्री। इन्हें यूएस की कैमिकल हैरिटेज फ़ाउंडेशन ने 2014 ओथमर गोल्ड मैडल और जर्मनी के कील इंस्टिट्युट फ़ॉर द वर्ल्ड इकॉनोमी ने 2014 ग्लोबल इकॉनोमी प्राईज़ फ़ॉर बिज़नेस से सम्मानित किया है। किरण जी का जुनून और फ़ोकस ग्लोबल स्तर पर मुश्क़िल मेडिकल समस्याओं को सुलझाने में लगा देखकर मैंने उनकी सदा प्रशंसा की है। यहाँ मैं उनके प्रेरणादायक विचार सभी के लिए, ख़ासकर महिलाओं के लिए, प्रस्तुत कर रहा हूँ।

विवेक : किरण जी, आप बहुत सफल रही हैं। आपको प्रेरणा कहाँ से मिली?

किरण : भारत को बेहतर देश बनाने के अपने इरादे से मुझे प्रेरणा मिली। मैं चाहती थी कि मेरा देश और मेरा समुदाय बेहतर व आधुनिक बने। भारत में एक युवा विद्यार्थी के तौर पर, मैंने बहुत-से लोगों को विदेशों में जाकर नौकरी करते व बसते देखा। बहुत-से अच्छे लोग देश छोड़कर विदेश जा रहे थे। मुझे महसूस हुआ कि हम अपने देश में ही रोज़गार के बेहतर अवसर क्यों नहीं पैदा कर सकते?

बायोलॉजिकल साइंस मेरा जुनून था। मैं इस बात से प्रेरित थी कि छोटे-छोटे माईक्रोब्स, जैसे कि बैक्टीरिया और यीस्ट, जीवनरक्षक भी हो सकते हैं। इससे मेरी रुचि यीस्ट बनाने में पैदा हुई। मैंने इसकी शिक्षा ऑस्ट्रेलिया में ली और अपनी बायोटैक कंपनी शुरू की। मैंने महसूस किया कि माईक्रोब्स और यीस्ट की मदद से मैं अद्‌भुत चीज़ें कर सकती हूँ। मैं भारत और विदेश में स्वास्थ्य सेवाओं में बेहतरी करने को लेकर वचनवद्ध थी। मुझे अवसर मिला था और मैं इसे हाथ से नहीं जाने देना चाहती थी।

विवेक : क्या आप स्वयं को लक्ष्य से प्रेरित लीडर कहेंगी?

किरण : मैं उद्देश्य से प्रेरित तो अवश्य ही हूँ और, ज़ाहिर है, उद्देश्य के पीछे लक्ष्य भी होता है। मेरा लक्ष्य था, भारत को बायोटैक्नोलॉजी के विश्व

मानचित्र पर लाकर खड़ा करना। मेरे लिए गर्व की बात है कि भारत को भी लोग पहचानने लगे और अहमियत देने लगे। मैं बायोकॉन को भी दुनिया के मानचित्र पर लाना चाहती थी क्योंकि इसका संबंध डायबिटीज़, कैंसर और ऑटोइम्यून डिज़ीज़ से है। ऐसे लक्ष्य मुझे प्रेरित करते हैं और मुझमें जोश भरते हैं।

यदि आप बिना किसी उद्देश्य और लक्ष्य के 9 से 5 की नौकरी करते हैं तो यह केवल नौकरी ही बनकर रह जाएगी। पर यदि आप इसमें उद्देश्य भी जोड़ देते हैं तो आप केवल इसका आनंद ही नहीं लेंगे, आप अन्य लोगों से कहीं अधिक तरक्क़ी करेंगे। उद्देश्य ही साधारण लोगों को असाधारण बनाता है!

विवेक : आपके अनुसार सफलता प्राप्ति के लिए लीडरशिप की कौन-सी योग्यताएँ होनी चाहिए?

किरण : मैं पुरानी कहावत में विश्वास रखती हूँ, 'अपना उदाहरण ख़ुद बनें'; कथनी और करनी अलग-अलग नहीं होनी चाहिए। उदाहरण के तौर पर, यदि मैं कहूँ कि निष्ठा और जवाबदेही मेरे प्रिय मूल्य हैं तो मुझे इनका प्रदर्शन भी करना चाहिए। एक लीडर को सबके साथ समान बर्ताव करना चाहिए। लीडर ऐसा होना चाहिए जिसके पास लोग बेझिझक जा सकें और संपर्क कर सकें; जिनको भी कोई समस्या रहती है, उनके लिए मेरे दरवाज़े सदा खुले रहते हैं। मेरे लीडरशिप स्टाईल के अनुसार, मैं अपने लीडर्स को समस्या को सुलझाने के लिए प्रोत्साहित करती हूँ।

विवेक : युवाओं को अपने जीवन और करियर में अच्छी सफलता पाने के लिए लीडरशिप योग्यताओं को विकसित करने की ओर फ़ोकस क्यों करना चाहिए? इस बारे में आप युवाओं को क्या संदेश देना चाहेंगी?

किरण : सबसे पहले, युवाओं में महत्त्वाकांक्षा और प्रेरणा होनी चाहिए। लीडरशिप की योग्यताओं में फ़ैसला लेने की योग्यता, आलोचनात्मक विचार (क्रिटिकल थिंकिंग), मुश्क़िल समय में आगे होकर कमान संभालना, स्वयं को और अन्य लोगों को समर्थ बनाना महत्त्वपूर्ण है–सभी को ये योग्यताएँ स्वयं में निर्मित करनी चाहिए। लीडरशिप में 'मैं-मेरा-मुझे' नहीं होता। लीडरशिप का अर्थ है आप अपनी टीम के साथ मिलकर समस्या को कैसे

हल करते हैं। इसका अर्थ है, टीम द्वारा आपको लीडर की तरह स्वीकार किया जाना।

विवेक : आप कैसे करियर वुमन बनीं और आपका महिलाओं के लिए क्या संदेश होगा?

किरण : मैंने यह छोटी आयु में ही महसूस कर लिया था कि मैं महत्त्वाकांक्षी और करियर चाहने वाली महिला हूँ। परिवार का योगदान महत्त्वपूर्ण होता है। मेरे माता-पिता को हम पर विश्वास था। उन्होंने मुझमें और मेरे दोनों भाइयों में कभी अंतर नहीं समझा और हमलोगों को अपना भरपूर समय दिया। अतः आपके परिवार को आपके साथ समय बिताना चाहिए, आपका आत्मविश्वास बढ़ाना चाहिए और आपको यह महसूस करवाना चाहिए कि आप भी उतनी ही सफलता प्राप्त कर सकती हैं जितनी आपके भाई। हम बहन-भाई आपस में एक-दूसरे से काफ़ी प्रेरित रहते थे। मुझे अपने भाई का आईआईटी में प्रवेश और गणित व कंप्यूटर साइंस में अव्वल रहना बहुत प्रशंसनीय लगता था और उन्हें मेरी बायोलॉजिकल साइंस के क्षेत्र में उपलब्धि बहुत सराहनीय लगती थी। इस तरह महिलाओं को आत्मविश्वास विकसित करना चाहिए और जितना हो सके आगे बढ़ना चाहिए। महिलाओं में बहुत-सी योग्यताएँ होती हैं, उनको चाहिए कि वे उन योग्यताओं को विकसित करें।

विवेक : महिलाएँ स्वयं में आत्मविश्वास कैसे विकसित कर सकती हैं?

किरण : उन महिलाओं से सीखिए, जिन महिलाओं ने विभिन्न स्तरों पर उपलब्धियाँ हासिल की हैं। प्रेरणा के लिए जब आप उदाहरण देखना चाहती हैं तो केवल बहुत प्रसिद्ध उदाहरणों की ओर ही न देखें, अपने से ज़रा ऊपर के स्तर की ओर भी देखें। आपके आसपास ही स्मार्ट-होशियार महिलाएँ हैं, जो अद्भुत काम कर रही हैं, वो आपकी प्रेरणा का अच्छा स्रोत हैं। उन्हें अपना मेंटॉर बनाएँ। हमारे समय की तुलना में, आज आपके पास अवसर कहीं अधिक हैं। अतः, सोच को बड़ा रखें और अपनी क्षमता और उपलब्ध अवसरों का पूरा फ़ायदा उठाएँ।

डॉ देवी शेट्टी के रोल मॉडल्स, लक्ष्य और मेडिकल छात्रों के लिए विचार

डॉ देवी प्रसाद शेट्टी एक कार्डिएक सर्जन, हैल्थ और कार्डिएक केयर में क्रांति लाने वाली हॉस्पिटल चेन 'नारायण हृदयालय' के संस्थापक, चेयरमैन और एग्ज़ीक्यूटिव डायरेक्टर हैं। उन्होंने कर्नाटक में 'माईक्रो हैल्थ इंश्योरेंस स्कीम का ख़ाका तैयार किया था। डॉ शेट्टी को अनेक पुरस्कारों से सम्मानित किया गया है, जिनमें सबसे प्रसिद्ध हैं : 2003 में पद्म श्री और 2012 में पद्म भूषण, 2002 में राज्योत्सव अवॉर्ड, कान्फ़ेडरेशन ऑफ़ इंडियन इंडस्ट्री द्वारा 2005 में आउट स्टैंडिंग सोशल ऑन्त्रप्रोन्योरशिप अवॉर्ड, 2011 में अमेरिकन कॉलेज ऑफ़ कार्डियोलॉजी द्वारा प्रेसीडेंट्स अवॉर्ड और 2012 में द *इकॉनोमिक टाइम्स* ऑन्त्रप्रोन्योर ऑफ़ द ईयर अवॉर्ड।

जीवन से भरपूर, सदा मुस्कुराने वाले डॉ शेट्टी इस इंटरव्यू में एक मेंटॉर के रूप में सामने आते हैं, जिनके विचार जीवन और मेंटॉरिंग के बारे में गहरे और प्रेरणा देने वाले हैं।

विवेक : डॉ शेट्टी आपको किन लोगों ने प्रेरित किया है और रोल मॉडल्स के बारे में आपके क्या विचार हैं?

डॉ शेट्टी : मेरे विचार से मेरी पहली प्रेरणा मेरे पिताजी थे, मेरे हीरो जिन्हें मैं हर रोज़ देखता था। बहुत शिक्षित न होते हुए और साधारण शुरुआत से भी किस प्रकार वे 7 होटल अकेले मैनेज कर लेते थे। भारत की स्वतंत्रता हमारे दिमाग़ में अभी ताज़ा ही थी, चंद्रशेखर आज़ाद और सुभाष चंद्र बोस ने मुझे अपने देश के लिए कुछ करने को प्रेरित किया। जब मैं पाँचवीं क्लास में पढ़ता था, मेरे टीचर ने हमें एक ख़बर सुनाई जो साउथ अफ़्रीका में हुए हार्ट ट्रांसप्लांट के बारे में थी। मैं इस डॉक्टर से बहुत प्रभावित हुआ और मैंने हार्ट सर्जन बनने का फ़ैसला कर लिया।

मैं अपने परिवार के नौ बच्चों में आठवें नंबर का बच्चा था और इसलिए जब तक मैं युवावस्था में पहुँचा, मेरे माता-पिता बूढ़े हो चुके थे। मेरे पिता को

डायबिटीज़ थी और अस्पताल के चक्कर अधिक लगने लगे थे। उस दौरान कुछ डॉक्टरों से मैं मिला और वे सभी मेरे हीरो बन गए। जब मेरा बड़ा भाई डॉक्टर बना तो वह मेरा रोल मॉडल बन गया।

अब मैं आपको रोल मॉडल के बारे में अपने विचार बताता हूँ। तेनज़िंग नोरगे और एडमंड हिलेरी के माउंट एवरेस्ट पर विजय प्राप्त करने के एकदम बाद, ऐसे लोगों की भरमार हो गई जो माउंट एवरेस्ट पर सफलतापूर्वक चढ़े। माउंट एवरेस्ट बदल नहीं गया था और न ही लोग अचानक से बलशाली हो गए थे। बस किसी व्यक्ति ने यह सिद्ध कर दिया था कि यह असंभव काम भी संभव हो सकता है। यह बहुत बड़ी प्रेरणा बन गई थी। रोल मॉडल में यही ताक़त व ख़ूबी होती है कि वे लोगों को प्रेरित करते हैं।

विवेक : मुझे अपने निर्धारित लक्ष्यों के बारे में बताएँ। क्या आप हमेशा लक्ष्यों को प्राप्त करने के लिए कार्यरत रहते हैं?

डॉ शेट्टी : मेरे युवावस्था के रोल मॉडल्स ने मेरे भीतर लक्ष्य और प्रेरणा अवश्य जागृत की। मेरा एक लक्ष्य तो सदा रहा है कि मैं लाखों लोगों की सहायता करूँ और उनके जीवन में सकारात्मक बदलाव ला सकूँ। आपके इस सवाल से मुझे एक कहानी याद आई, जो मैं यहाँ आपके साथ शेयर करना चाहूँगा। मान लें कि हम तूफ़ानी समुद्र में अकेले एक कश्ती पर सवार हैं, हताशा से पतवार चलाते हुए इसे किनारे लाने की कोशिश कर रहे हैं। हम उस पतवार के सहारे, कश्ती को विपरीत परिस्थितियों में गाइड कर रहे हैं। किसी तरह कठिनाइयों को पार करके, हम किनारे पर पहुँच जाते हैं। हमारी जान में जान आ जाती है और हमें कश्ती खेने की अपनी योग्यताओं पर गर्व होने लगता है। पर हमें यह बात याद रखनी चाहिए कि हमारे हाथ में केवल एक छोटी-सी पतवार ही थी बाक़ी सब तो ईश्वर के हाथ में था। इसलिए, जीवन में उस ईश्वर की कृपा के लिए उसे धन्यवाद देना अति आवश्यक है।

विवेक : सफलता के ऐसे कारण कौन-से हैं जिन्होंने आज आपको आपकी वर्तमान स्थिति में पहुँचाया है?

डॉ शेट्टी : सबसे पहला है, दयाभाव। यदि आप एक सफल डॉक्टर बनना चाहते हैं तो आपमें दयाभाव भरपूर होना चाहिए। एक युवा डॉक्टर के तौर परं, ग्रामीण क्षेत्रों में काम करते हुए, मैं ऐसे मरीज़ों को नियमित रूप से मिलता रहता था जो बुरी हालत में होते थे। कई तो ऐसी हालत में होते थे कि उन्हें छूना तो दूर की बात है, कई डॉक्टर उनके पास भी खड़ा होना नहीं चाहते थे। वे गंदे, मैले-कुचैले होते थे, उनके घावों में से पीप बहती और कभी-कभी तो कीड़े चल रहे होते थे। पर मैं सत्य कहता हूँ कि मुझे कभी भी घिन नहीं आई। मैं उनकी मदद करके ख़ुश होता था।

दूसरा है, योग्यता होना। मैं अपने कॉलेज में कोई विलक्षण विद्यार्थी नहीं था, पर मेरे बारे में एक बात है कि मैं अपने हाथों से काम करना पसंद करता हूँ। बचपन में, मैं हर उपलब्ध मशीन को खोलता और फिर से उसे जोड़ा करता था। और अब मेरे हाथों ने ही मुझे योग्य सर्जन बना दिया है।

तीसरा, मैंने अपने अधिकतर सहकर्मियों से कहीं अधिक मेहनत की है। दूसरे सहकर्मी जब सप्ताह में 4 या 5 दिन काम करते, उस वक़्त मैं प्रतिदिन 16 से 18 घंटे और सप्ताह के सातों दिन तक काम करता था। इस अभ्यास और कड़ी मेहनत ने मुझे बेहतर बना दिया। अंत में, कहना चाहूँगा कि मैं अपने काम से बहुत प्रेम करता हूँ और मुझे अपने काम का बहुत जुनून है।

विवेक : नवीन खोज (इनोवेशन) पर आपके विचार क्या हैं?

डॉ शेट्टी : जब हम नवीन खोज करते हैं तो हम इस दुनिया को बेहतर बनाते हैं। हम सबको अपने काम में लगातार नवीन खोज करनी चहिए।

विवेक : आपके लिए श्रेष्ठता (एक्सलेंस) के मायने क्या हैं?

डॉ शेट्टी : हम जब भी हार्ट सर्जरी समाप्त करते हैं, मैं अपने सहकर्मियों से सदा कहता हूँ कि यदि यह सर्जरी ख़ूबसूरत दिखाई दे रही है तो यह सही हुई है! यदि इसमें संतुलन दिखाई दे रहा है, यदि सभी टांके साफ़ व एकसमान दिखाई दे रहे हैं, इसका अर्थ है कि सर्जरी ठीक हुई है। मैं उनसे पूछता हूँ, 'क्या दिल ख़ुश लग रहा है?' मेरे लिए वही श्रेष्ठता है। केवल काम

का समाप्त होना ही सभी कुछ नहीं होता, काम ख़ूबसूरती से समाप्त होना चाहिए। इसीलिए मैं ऐप्पल के प्रॉड्क्ट्स की बहुत सराहना करता हूँ; अच्छे से बने हुए ये प्रॉडक्ट, ख़ूबसूरती दर्शाते हैं और ग्राहक की भावनाओं और मूल्यों को ध्यान में रखते हैं। अपने काम के परिणाम को देखें और स्वयं से पूछें क्या आपको इसे देखकर ख़ुशी हो रही है। यही श्रेष्ठता का टेस्ट है।

विवेक : काम व जीवन में संतुलन रखने पर आपके विचार क्या हैं?

डॉ शेट्टी : यदि आपने डॉक्टरी (मेडिसिन) को अपना प्रोफ़ेशन बना लिया है तो मेरे विचार से काम व जीवन में संतुलन नहीं बिठाया जा सकता। मुझे अपने काम को लेकर बहुत जुनून है, मुझे अपना काम करना बहुत अच्छा लगता है और मैं एक दिन में 18 घंटे काम कर सकता हूँ और यह ख़ुशी से, मुस्कराते हुए करता हूँ। वास्तव में कई बार ऑपरेशन रात के 11.30 बजे तक भी चलते रहते हैं। जब मैं काम व जीवन में संतुलन के बारे में सोचता हूँ तो मुझे सियाचिन में बैठे फ़ौजी सिपाही की याद आ जाती है। क्या उसके पास कोई काम व जीवन का संतुलन है? बेशक मेरे पास अपने परिवार के लिए उतना समय नहीं होता, जितना दूसरे प्रोफ़ेशन के लोगों के पास होता है, पर जो भी समय मुझे अपने परिवार के लिए मिलता है, मैं उसे बहुत अच्छे-से इस्तेमाल करता हूँ। मैं अपने पोते-पोतियों के साथ खेलता हूँ, अपने परिवार के सदस्यों के साथ बैठता हूँ, बातचीत करता हूँ और आनंद उठाता हूँ। पर, परिवार के लिए अधिक समय न दे पाने का यह अर्थ बिल्कुल नहीं कि मेरी नज़रों में इसका कोई मूल्य ही नहीं है। मेरा पूरा परिवार ही मेरी जीवनरेखा है। मैं इस बात में विश्वास रखता हूँ कि जो लोग इस दुनिया में कुछ करना चाहते हैं, उन्हें काम व जीवन के संतुलन को अलग तरीक़े से सोचना और मैनेज करना चाहिए।

विवेक : आप भविष्य में आने वाले कौन-से बदलाव देखते हैं, जिनके बारे में मेडिकल के विद्यार्थियों को मालूम होना चाहिए?

डॉ शेट्टी : मेडिसिन में टैक्नोलॉजी अग्रगण्य होगी। मेरा यह विश्वास है कि सबसे बड़ा हैल्थकेयर प्रदान करने वाला सॉफ़्टवेयर और हार्डवेयर ही होगा।

रोगी की केयर पर फ़ैसला स्मार्ट सॉफ़्टवेयर द्वारा ही लिया जाएगा, जो कि मानव डॉक्टरों से कहीं अधिक स्मार्ट होंगे। पेपर और पेन की तो ज़रूरत ही समाप्त हो जाएगी। इंटेंसिव केयर यूनिट में डिटेल से विवरण लिखती सभी नर्सों का सहयोग मशीनें करेंगी, जो कि वास्तविक समय का इलेक्ट्रॉनिक मेडिकल रिकॉर्ड होगा। केवल रिकॉर्ड ही नहीं, ये मशीनें घटनाओं के अनुमान और भविष्यवाणी (पूर्वानुमान) करने के लिए सक्षम और इंटेलिजेंट होंगी। उदाहरण के तौर पर, कार्डिएक अरैस्ट से 6 घंटे पहले एक रोगी के शरीर में कुछ बदलाव आते हैं : ब्लड गैस में बदलाव, अम्लरक्त्ता होना (एसिडोसिस), पेशाब का कम आना वग़ैरह-वग़ैरह। मशीन ये सब नोट कर सकती है और कार्डिएक अरैस्ट के बारे में पहले से ही बता सकती है, इससे डॉक्टर को बहुमूल्य समय मिल जाता है, जिससे वे इस खतरे को चुनौती दे सकते हैं। भविष्य मानव और मशीन की परस्पर क्रियाओं पर आधारित होगा। मेडिकल के विद्यार्थियों को टेक्नोलॉजी भी सीख लेनी चाहिए और मेडिकल केयर प्रदान करने के नए-नए तरीक़े भी।

जॉन चैंबर्स के मेंटॉरिंग और लीडरशिप पर विचार

जॉन चैंबर्स सिस्को सिस्टम्स के सीईओ और चेयरमैन थे। सिस्को में अपने पच्चीस से अधिक वर्षों के दौरान, उन्होंने कंपनी का रेवेन्यु 70 मिलियन डॉलर्स से 47 बिलियन डॉलर्स तक विकसित किया था। भारत में टैक्नोलॉजी इंडस्ट्री में उनके योगदान को देखते हुए, जॉन चैंबर्स को भारत सरकार द्वारा 2019 में पद्म विभूषण से सम्मानित किया गया। बिज़नेस में अपनी लीडरशिप के लिए उनको अनेक अवॉर्ड्स से सम्मानित किया जा चुका है, जिनमें *हार्वर्ड बिज़नेस रिव्यु* द्वारा 2015 में दुनिया के सर्वश्रेष्ठ प्रदर्शन करने वाले 2 सीईओ में एक उनका नाम है और *टाइम* मैग्ज़ीन के 100 सबसे प्रभावशाली लोगों में भी उनका नाम है। मैंने अपनी सिस्को की अवधि के दौरान जॉन के साथ अद्भुत समय बिताया है और बहुत कुछ सीखा है। जब पिछली बार मैं उनके घर गया तो उन्होंने मुझे अपनी किताब *कनेक्टिंग द डॉट्स* भेंट की, जिस पर स्वयं उन्होंने हस्ताक्षर किए थे। मैं आपको यह किताब ज़रूर पढ़ने की सलाह दूँगा।

विवेक : आपके अनुसार आपकी सफलता के प्रमुख कारण कौन-से हैं?

जॉन : मेरे माता-पिता दोनों डॉक्टर थे। मेरी मम्मी साइकेट्रिस्ट थी और पापा डॉक्टर थे, जिनके हाथों 6000 बच्चों ने जन्म लिया। मेरी मम्मी ने मुझे सिखाया कि भावनात्मक संबंध कैसे बनाए जाते हैं और पापा ने मुझे बड़ा सोचना और योजना बनाना सिखाया। मेरे मम्मी-पापा और बाक़ी के परिवार ने मुझे ज़िंदगी के अनमोल सबक़ सिखाए जैसे कि बड़े सपने रखना, कभी भी हार न मानना, मुश्क़िल समय में भी शांत रहना वग़ैरह। दूसरा कारण है, मार्केट की बारीकियों को समझना और उसके अनुसार योजना बनाना। तीसरा, मेरा मुख्य फ़ोकस कस्टमर की समस्या को हल करने पर रहा है।

विवेक : क्या आप युवावस्था से ही अपने लक्ष्य तय करते थे और उससे प्रेरित होकर चलते थे?

जॉन : मैं युवावस्था से लेकर आज तक सदा लक्ष्यों से प्रेरित होकर, उनको प्राप्त करने के लिए जुनून से काम करता रहा हूँ। सिस्को में सीईओ के तौर पर अपनी कार्यकाल के दौरान, सिस्को के लिए मैंने अपने लक्ष्य बहुत ऊँचे रखे थे, जैसे कि 1 बिलियन डॉलर से 47 बिलियन डॉलर तक रेवेन्यू पहुँचाना। अपने लक्ष्यों की प्राप्ति के लिए मैंने बहुत कड़ी मेहनत की, पर साथ ही, अपनी सुबह की जॉगिंग, पारिवारिक प्राथमिकता या फ़िशिंग पर जाना भी नियमित रूप से जारी रखा।

विवेक : जुनून की आपके जीवन में क्या भूमिका रही है?

जॉन : मैं जो भी करता हूँ उसे पूरे जुनून से करता हूँ–और अब भी मैं अपने नए अध्याय–वैंचर कैपिटल के बारे में जुनूनी हूँ। हर सुबह मैं अपना दिन शुरू करने के लिए बहुत उत्साह से उठता हूँ। मुझे अन्य लोगों को असंभव दिखने वाले लक्ष्यों को प्राप्त करना बहुत अच्छा लगता है। जब मैं अपने करियर के बारे में सोचता हूँ, मेरे विचार से, अनेक कठिन समय के दौरान जुनून ने बहुत बड़ा योगदान दिया है।

विवेक : प्रोफ़ेशनल लक्ष्यों के साथ-साथ दूसरे कौन-से लक्ष्य आपके लिए महत्त्व रखते हैं?

जॉन : एक लक्ष्य तो समाजसेवा है, ज़रूरतमंदों को भोजन करवाना। दूसरा है, परिवार और रिश्ते। हमारी 4 पीढ़ियों में 18 शादीशुदा जोड़े हैं और किसी का भी तलाक़ नहीं हुआ। मैं इस बात में भी विश्वास रखता हूँ–ख़ूब मेहनत करो और ख़ूब आनंद लो।'

विवेक : आपकी इस यात्रा में मेंटॉर्स का क्या योगदान रहा है?

जॉन : हम सभी को मेंटॉर्स की आवश्यकता है। स्वयं ग़लतियाँ करने के बजाय आप दूसरे लोगों से सीख सकते हैं।

अनेक लोगों ने मेरी यात्रा में मेंटॉर का रोल अदा किया है और इसकी शुरुआत मेरे माता-पिता से हुई। मैं बहुत भाग्यशाली हूँ कि मुझे अद्भुत माता-पिता मिले। मुझे डिस्लैक्सिया (जिसमें पढ़ने, समझने और बोलने में मुश्क़िल होती है) था और डिस्लैक्सिया के साथ बड़ा होना आसान बात नहीं है। जब मैं दूसरे ग्रेड में था, मेरे टीचर्स को इस बात की चिंता सताती थी कि मैं ग्रेजुएशन पूरा नहीं कर सकूँगा। मिसेज एंडरसन, थर्ड ग्रेड में मेरी टीचर थीं, उन्होंने मुझे मेरी रुकावटों को पार करने में मदद की। उन्होंने मुझे पढ़ना सिखाया और फिर आगे कैसे बढ़ना है और अपनी विकलाँगता से कैसे उबरना है, यह भी सिखाया। उनकी मदद के बग़ैर मैं बिज़नेस और कानून में डिग्री प्राप्त नहीं कर सकता था। फिर साल-दर-साल अनेक अद्भुत मार्गदर्शकों की मदद मिलने का सौभाग्य भी मुझे प्राप्त हुआ है, जिनमें हेनरी किस्सिंजर, सिमोन पेरस, बिल क्लिंटन और जॉर्ज बुश जैसे प्रसिद्ध लोगों के नाम शामिल हैं। आज मेरा संबंध फ्रांस के राष्ट्रपति इमैनुअल मैक्रोन और प्रधान मंत्री नरेंद्र मोदी से है, जो आज दुनिया के प्रमुख लीडर्स में हैं।

विवेक : आपके लिए संबंधों और नीतियों का महत्त्व क्या है?

जॉन : मैं संबंध और दोस्ती जीवनभर के लिए बनाता हूँ। शायद आपको

याद होगा कि सिस्को में मेरे कार्यकाल के दौरान, मेरा अपनी मैनेजमेंट टीम के साथ और अपने कर्मचारियों के साथ अच्छा संपर्क रहता था। मुझे याद है, अनेक बार मैं फ़ोन पर अपने कर्मचारियों के साथ देर रात तक बैठा बात करता रहता था, उनके बीमार रिश्तेदारों की मदद के लिए उनकी सहायता करता था। मैंने अपने फ़ैसलों का केंद्र सदा अपने परिवार को रखा है। पर संबंधों और प्रोफ़ेशनल लक्ष्यों से भी अधिक महत्त्वपूर्ण मेरे लिए मेरी नीतियाँ हैं। मैं अपनी नीतियों से कभी समझौता नहीं करता।

विवेक : आज के युवाओं को आप क्या सलाह देना चाहेंगे?

जॉन : स्वयं को विकसित करें। बड़े सपने देखने का साहस जुटाएँ। लक्ष्य निर्धारित करें और फिर उन्हें प्राप्त करने के लिए मेहनत करें। अपने मूल्यों से समझौता न करें।

राहुल द्रविड़–श्रेष्ठता (एक्सलेंस) पर विचार

राहुल द्रविड़ क्रिकेट के, भारत और दुनिया के, आजतक के सर्वश्रेष्ठ बैट्समैनों में से एक हैं, जिन्होंने अपने लिए "द वॉल" और "मिस्टर डिपेंडेबल" जैसे उपनाम अर्जित किए हैं। अपने वन-डे-इंटरनेशनल करियर में, उन्होंने 10,000 से अधिक रन और 164 टेस्ट में, 13,000 से अधिक रन बनाए हैं। इन्होंने अपने टेस्ट करियर में 36 शतक और 63 अर्धशतक अर्जित किए हैं। भारत के लिए टेस्ट मैचों में उच्चतम रन बनाने वाले ये दूसरे खिलाड़ी हैं। यही एक ऐसे खिलाड़ी हैं जिन्होंने सारे टेस्ट खेलने वाले देशो में सेंचुरी बनाई है। इन्हें अपनी उपलब्धियों के लिए अर्जुन अवॉर्ड, पद्म श्री और पद्म भूषण अवॉर्ड से सम्मानित किया जा चुका है। इस इंटरव्यू में, मैंने क्रिकेट के इस जादूगर से इनकी जादुई छड़ी के बारे में पूछा। इन्होंने कहा, 'ऐसी कोई छड़ी नहीं है : कुछ योग्यताएँ, जुनून से लगे रहना और साथ ही, श्रेष्ठता पाने की ओर अथक प्रयास, बस यही वो चीजें हैं जिसने मुझे सफलता दिलाई है।'

राहुल हमारे पारिवारिक मित्र हैं और हमारा पूरा परिवार उन्हें बहुत चाहता है। हमारे बीच हुई श्रेष्ठता और जीवन लक्ष्यों को लेकर चर्चाएँ हमें

सदा ही बहुत कुछ सिखा जाती हैं। यद्यपि मैं इनसे अनेक बार मिला हूँ, पर हर बार, ये अपनी सकारात्मक एनर्जी से मुझे प्रेरित कर जाते हैं।

विवेक : आपके लिए श्रेष्ठता के मायने क्या हैं?

राहुल : मेरे लिए श्रेष्ठता का अर्थ है, निरंतर प्रयास करके अपने को अच्छे-से-अच्छा बनाना। सबसे पहले, व्यक्ति को चुने हुए लक्ष्य को पाने के लिए अपने अंदर की योग्यताओं के बारे में पता होना चाहिए और फिर यह समझना चाहिए कि क्या इसके साथ-साथ उसमें जुनून भी है। मैं भाग्यशाली था कि क्रिकेट के खेल के लिए आवश्यक योग्यताएँ मेरे अंदर मौजूद थीं। क्रिकेट के खेल के लिए मेरे अंदर बचपन से ही भरपूर जुनून था। यद्यपि यह एक हॉबी के तौर पर शुरू किया था, पर शीघ्र ही यह मेरे जीवन का सबसे बड़ा हिस्सा बन गया। श्रेष्ठता लंबी और कभी न ख़त्म होने वाली यात्रा है। इसमें आराम करने की कोई गुंजाइश नहीं है। आपको अपने विकास का मूल्यांकन करते रहना है और अपने को सुधारते रहना है। श्रेष्ठता का अर्थ स्वयं के अंदर झाँकना भी है। आपको अपनी कमियों को गहराई से देखना और सुधारना होगा।

विवेक : श्रेष्ठता की ओर आपकी यात्रा का सबसे महत्त्वपूर्ण भाग क्या था?

राहुल : मेरी यात्रा में कई उतार-चढ़ाव आए थे, पर अंततः मेरे लिए जो बात मायने रखती थी, वह यह थी कि मैं स्टेडियम से बाहर सिर उठाकर और बिना किसी पश्चाताप के आता था। हरेक को श्रेष्ठता के रास्ते पर चलने के लिए एक योजना बनानी चाहिए और उस पर चलते रहना चाहिए, चाहे जितने उतार-चढ़ाव आएँ।

विवेक : श्रेष्ठता के बारे में आप और कुछ कहना चाहेंगे?

राहुल : मैं कहूँगा कि श्रेष्ठता के रास्ते पर निरंतर आगे चलना चाहिए और लगातार सुधार लाने के लिए जुनून होना चाहिए। जब आप शिखर पर हैं और सफल भी, तब भी आगे और सुधार लाने पर आप कैसे फ़ोकस करते

हैं, यही मुख्य बात है। श्रेष्ठता की तलाश कोई पार्ट-टाइम या कभी-कभी करने वाला काम नहीं है, बल्कि यह तो सारे समय करने वाला काम है, इसके पीछे निरंतर लगे रहना चाहिए। वचनबद्धता, अनुशासन और लगन इन तीन चीज़ों की ज़रूरत अच्छी मात्रा में चाहिए। फिर आप जो भी करते हैं, उसके लिए गहरा प्रेम और जुनून अवश्य होना चाहिए।

विवेक : श्रेष्ठता की ओर आपकी यात्रा में क्या कोई मुश्क़िल वक़्त भी आया?

राहुल : जी हाँ, 1998 में, जब वन डे टीम के लिए मेरा चयन नहीं हुआ तो मैं अचम्भित और निराश हो गया। मैंने अपने अंतर्मन में झाँका, स्वयं की कमियों को पहचाना और उनमें सुधार लाने के लिए मेहनत करने लगा। वन डे टीम से मैं एक साल तक बाहर रहा, इस अवधि में मैंने नई स्किल्स (खेल की नई योग्यताएँ) सीखने में बहुत समय निवेश किया और अपने गेम को वन डे के अनुसार ढाला। इसके बाद, मैं वन डे क्रिकेट अगले दस सालों तक खेलने के क़ाबिल बना और मैंने 300 से अधिक वन डे मैचों में 10,000 से अधिक रन अर्जित किए।

विवेक : श्रेष्ठता की ओर आपकी यात्रा में आपके कोच /मेंटॉर का योगदान क्या रहा है?

राहुल : विवेक, हम दोनों ने इस बात पर कई बार चर्चा की है। केकी तारापोर मेरे पहले कोच और सच्चे अर्थों में प्रेरक थे। क्रिकेट के लिए उनमें प्रेम और भरपूर जुनून था। फिर जब हम अपनी यात्रा में आगे बढ़े तो टीम के अन्य खिलाड़ियों के साथ और विभिन्न परिस्थितियों में खेले। इसके लिए कोचिंग में बदलाव की ज़रूरत होती है। करियर के विभिन्न पड़ावों पर मेंटॉर्स और कोच के महत्त्व को आप नकार नहीं सकते। मेंटॉर्स और कोच वे दो अतिरिक्त आँखें हैं, जो आपको अपने बारे में जानने और अपने में सुधार करने में मदद के लिए ज़रूरी हैं।

विवेक : संतुलित जीवन जीने के लिए आपके विचार क्या हैं?

राहुल : एक खिलाड़ी के तौर पर मुझे साल में 8 से 9 महीने यात्रा करनी पड़ती थी। अत: उस वक़्त यह संतुलित जीवन नहीं था, पर मुझे इस बात की जानकारी थी और मेरे पास परिवार के लिए जितना भी समय बचता, मैं उसका अच्छे-से उपयोग करता। अब रिटायर होने के बाद मैंने अपने लक्ष्यों को फिर से सैट किया और कुछ मुश्क़िल चुनाव किए हैं, जिससे मेरे पास परिवार के लिए अधिक समय है और मैं उसका भरपूर उपयोग करता हूँ।

एक चीज़ जो मैंने सदा की—वह यह कि अपनी सफलता या असफलता को ख़ुद पर हावी नहीं होने दिया। अपने परिवार के लिए मैं सदा संतुलित रहा। एक अच्छा परिवार और कुछ अच्छे दोस्त आपका तनाव कम करते हैं, मुश्क़िल समय में भी ये आपको शांत बने रहने में मदद करते हैं। मैं संबंधों में निवेश करने की आदत में विश्वास रखता हूँ।

विवेक : टीम में होकर आप श्रेष्ठता का प्रदर्शन कैसे कर सकते हैं?

राहुल : इसकी शुरुआत पहले स्वयं श्रेष्ठ व्यक्ति बनने से करें। क्रिकेट टीम में रहकर व्यक्तिगत रूप से खेले जाने वाला खेल है। जब आप अपनी टीम के सामने श्रेष्ठ बनकर आते हैं तो यह टीम के अन्य सदस्यों के लिए भी मापदंड का स्तर ऊँचा कर देता है।

विवेक : श्रेष्ठता पाने के इच्छुक हमारे पाठकों के लिए आपका संदेश क्या होगा?

राहुल : हममें से हरेक को अपने करियर और जीवन में बढ़िया प्रदर्शन करने के लिए अपनी क्षमता को पहचानना होगा और स्वयं को श्रेष्ठतर बनाना होगा। इसलिए श्रेष्ठता प्राप्त करने के लिए उच्चतम प्रयत्न करना बहुत ही महत्त्वपूर्ण है।

प्रकाश पादुकोण—पारिवारिक मूल्य और संबंध पर विचार

1962 में, जब सात साल के बच्चे ने अपने पापा के साथ बैडमिंटन खेलना शुरू किया तो किसे मालूम था कि यह बच्चा एक दिन भारत और विश्व में

बैडमिंटन का चैम्पियन बनेगा, लगभग 10 साल तक बैडमिंटन के शिखर पर राज करेगा, (1971-1980) और भारत को खेलों के अंतरराष्ट्रीय मानचित्र पर खड़ा कर देगा। प्रकाश पादुकोण ने 1971 में 16 साल की आयु में नेशनल चैम्पियनशिप जीत ली थी और इसके बाद, निरंतर 9 नेशनल ख़िताब जीते। 1978 में, इन्होंने कॉमनवैल्थ गेम्स में सिंगल्स बैडमिंटन में स्वर्ण पदक जीता। उसके अगले साल, इन्होंने डेनिश ओपन और स्वीडिश ओपन भी जीता। इनको सबसे बड़ी उपलब्धि 1980 में मिली, जब ये दुनिया की सबसे मशहूर वार्षिक बैडमिंटन प्रतियोगिता, ऑल-इंग्लैंड चैम्पियनशिप जीतने वाले पहले भारतीय बने।

इन्हें खेलों में इनकी उपलब्धियों के लिए अर्जुन अवॉर्ड और पद्‌म श्री से सम्मानित किया गया है। इतनी बड़ी उपलब्धियों के बावजूद ये सदा विनम्र रहते हैं। ये दीपिका पादुकोण (एक्टर) और अनीशा (गोल्फ़ की खिलाड़ी) के पिता हैं और अपनी पत्नी उज्जवला के साथ बंगलौर में रहते हैं। पादुकोण परिवार से हमारा परिचय बहुत सालों से है और मैंने सदा प्रकाश के पारिवारिक संबंधों और मूल्यों के लिए उनकी सराहना की है। चलिए, इन अद्‌भुत और श्रेष्ठ चैम्पियन से कुछ सीखते हैं।

विवेक : आपके परिवार में पहला व्यक्ति कौन था, जिसने आपको प्रेरित किया?

प्रकाश : मेरे पापा ने कहा था, 'जीवन को जैसा है, वैसा ही स्वीकार करके आगे बढ़ो।' उन्होंने मुझे सकारात्मक सोच और फ़ोकस के साथ रहना सिखाया। काम के बाद, वे मुझे एक क्लब में ले जाते थे, जहाँ असल में शादियाँ होती थीं, वहाँ से मैंने बैडमिंटन शुरू किया था। उन्होंने कड़ी मेहनत और इस मेहनत की प्रक्रिया में ही आनंद उठाना, न कि इसके परिणाम के बारे में फ़ोकस होना, सिखाया।

विवेक : आपके लिए पारिवारिक मूल्य कितने मायने रखते हैं?

प्रकाश : मेरे लिए पारिवारिक मूल्य बहुत मायने रखते हैं। मेरी पत्नी उज्जवला

और मैंने अपनी दोनों बेटियों दीपिका और अनीशा को बचपन से ही उचित मूल्य सिखाए हैं। हमने उन्हें बताया कि आप जो करना चाहते हैं उसे पूरा करने के लिए अडिगता, कड़ी मेहनत, दृढ़ विश्वास और जुनून का स्थान, कोई अन्य चीज़ नहीं ले सकती। यदि आप अपने काम से प्रेम करते हैं तो और कोई बात मायने नहीं रखती। हम आपस में एक-दूसरे की ख़ुशी पर ख़ुश होते हैं। उदाहरण के लिए, मुझे स्वयं की पहचान दीपिका पादुकोण के पिता के रूप में अच्छी लगती है, बिल्कुल इसी तरह उसे प्रकाश पादुकोण की बेटी होने पर गर्व है। जैसे मेरे पापा ने मुझे उड़ान भरने और अपनी पसंद के करियर को चुनने की खुली छूट दी, मैंने अपनी बेटियों को अपने जुनून के पीछे जाने की पूरी आज़ादी दी। मुझे लगता है कि माता-पिता को अपने बच्चों के जुनून की पहचान करनी चाहिए और उन्हें इसे पाने के लिए प्रोत्साहित करना चाहिए।

अनुशासन और अच्छा मानव बनना, हम चारों के लिए मज़बूत मूल्य रहा है। हमने हमेशा ही इस बात को महत्त्व दिया है कि हर व्यक्ति स्वयं को खुले तौर पर अभिव्यक्त करे और वास्तविकता ज़ाहिर करे। जैसा कि मैं सदा कहता हूँ, अंत में जब आपका करियर जीवन में पीछे रह जाता है तो आपके साथ आपका परिवार और सच्चे दोस्त ही रह जाते हैं। हमें ऐसा जीवन जीना चाहिए, जिससे हम अपनी अंतरात्मा के सामने सिर उठा सकें।

विवेक : आपने अपने परिवार के साथ गहरे व करीबी संबंध कैसे स्थापित किए?

प्रकाश : हमारा परिवार एक-दूसरे के बहुत क़रीब है और हमारे संबंध बहुत मज़बूत हैं। हमने अपनी बेटियों के साथ यथासंभव समय व्यतीत किया है, ख़ासकर जब वे छोटी थीं। जितना संभव होता, हम रात का भोजन एक साथ डायनिंग टेबल पर खाने की कोशिश करते थे। जब बच्चे छोटे थे तो हम नियमित रूप से साल में दो बार, गर्मियों और सर्दियों में छुट्टियाँ मनाने जाते थे। आज भी हमारे मन में उस समय की सुहानी यादें ताज़ा हैं। अब, हम जब भी मिलते हैं, अपने मूल्यों, जुनून और सपनों के बारे में बात करते

हैं। हम एक-दूसरे को सलाह देते हैं और एक-दूसरे की बात सुनते हैं। हमारा परिवार बहुत साधारण है। जब हमारे घर पर मेहमान आते हैं तो मेरी बेटियाँ ज़मीन पर सोती हैं। आज भी जब वे हमारे पास आती हैं तो अपना बिस्तर स्वयं बिछाती हैं और रात के भोजन के बाद मेज़ वग़ैरह साफ़ करने में मदद करती हैं।

विवेक : आप दोनों ने पारिवारिक मूल्य अपने परिवार में कैसे अपनाए?

प्रकाश : हम संबंधों, ईमानदारी और माता-पिता व बड़ों के आदर को बहुत महत्त्व देते हैं। भौतिक सफलता ज़रूरी है, पर ख़ुशी व मन की शांति के लिए आधारभूत नहीं है। हम मन की शांति और अच्छे स्वास्थ्य का मूल्य जानते हैं। हम प्रार्थना की शक्ति में विश्वास रखते हैं और प्रार्थना करना हमारे घर की लंबी परंपरा रही है। परिस्थिति को देखते हुए हमने अपने बच्चों के साथ कड़ा रुख़ भी अपनाया है और उनको थोड़ी ढील भी दी है। इससे भी अधिक, हमने अपनी बेटियों के सामने केवल कहने से अधिक अपने व्यवहार और कामों से उदाहरण रखे हैं। उज्जवला और मैंने अच्छे रोल मॉडल बनने की कोशिश की है और अपने पारिवारिक मूल्यों के अनुसार जीवन जिया है। विवेक, जैसा कि आप कहते हैं, आप अपने बच्चों को जैसा बनाना चाहते हैं, पहले स्वयं वैसा बनकर दिखाएँ।

विवेक : पारिवारिक संबंधों को गहरा बनाने के लिए आप आज के युवाओं को क्या सुझाव देना चाहेंगे?

प्रकाश : परिवार के साथ मिलकर मूल्यवान समय बिताएँ। दिन में एक समय का भोजन एक साथ, बिना टीवी और सैल फ़ोन के, दिनभर में किए गए कामों की चर्चा करते हुए करें। छह महीने में एक बार परिवार के साथ छुट्टियाँ बिताने एक साथ जाएँ और अपने परिवार के साथ गहरे संबंध स्थापित करें।

मैं इस बात में विश्वास रखता हूँ कि आप जो भी काम करें उसे श्रेष्ठता से करें, पैसे की बात न सोचें। सदा इस बात पर फ़ोकस करें कि आप कैसा व्यक्ति बनना चाहते हैं और ध्यान इधर-उधर बिना लगाए, फ़ोकस के साथ,

अपने लक्ष्यों को पाने के लिए जुनून के साथ मेहनत करें और यह सब अपने मूल्यों के साथ समझौता किए बिना करें।

वाणी कोला–ऑन्त्रप्रोन्योरशिप पर विचार

वाणी कोला कलारी कैपिटल की संस्थापक और मैनेजिंग डायरेक्टर हैं, जो कि भारत की प्रमुख वैंचर कैपिटल फर्मों में से एक है। सिलिकॉन वैली में दो सफल कंपनियों का निर्माण करने वाली, वाणी की निवेश फ़िलॉसफ़ी उनके ऑन्त्रप्रोन्योरियल अनुभवों पर आधारित है। वाणी ने कलारी में ई-कामर्स, गेमिंग, डिजिटल कॉन्टेंट, हैल्थकेयर आदि जैसे 30 से अधिक निवेशों का नेतृत्व किया है। उनके कुछ सफल निवेश हैं–ड्रीम 11, मिन्त्रा, क्योरफ़िट और स्नैपडील। वर्तमान में ये अनेक कंपनियों के बोर्ड में शामिल हैं।

पिछले दशक में, वाणी देश के स्टार्ट-अप इकोसिस्टम में एक प्रभावशाली आवाज़ बनकर उभरी हैं। इनके बारे में अनेक किताबों में लिखा गया है और इन्हें *फ़ॉर्च्यून इंडिया* पत्रिका ने बिज़नेस की दुनिया में सबसे शक्तिशाली महिलाओं में एक के रूप में चुना है। मैं वाणी की उनकी उपलब्धियों के लिए सराहना करता हूँ। वाणी हमारी पारिवारिक मित्र हैं और हमारे मन में परस्पर एक-दूसरे के परिवारों के लिए बहुत आदर व प्रशंसा है।

विवेक : आपके अनुसार, आपकी सफलता के प्रमुख तीन कारण कौन-से हैं?

वाणी : मेरे जीवन में, ऐसे अनेक लोग हैं जिन्होंने जाने-अनजाने मेरी सफलता में योगदान दिया है। मैं यह श्रेय केवल अपनी मेहनत या फ़ोकस को ही नहीं दे सकती। मैं इस शब्द 'मैं' को ही हटा देना चाहती हूँ। हमारे स्वयं के प्रयत्न ही काफ़ी नहीं होते। सबसे पहले, मेरे माता-पिता अपने बच्चों को अच्छी शिक्षा देने के लिए समर्पित थे। दूसरी बात, मैं सिलिकॉन वैली में पहुँच गई। यहाँ के वातावरण का मुझ पर बहुत प्रभाव पड़ा और इसने मुझे ऑन्त्रप्रोन्योरशिप की दिशा दिखाई। तीसरे थे, मेरे मेंटॉर्स। ये वे लोग हैं जो आपमें कुछ तलाशकर आपको प्रेरणा देते हैं। ये आपको बेहतर शीशा

दिखाते हैं, आपकी वे ग़लतियाँ दिखाते हैं जो आप शायद न देख पाएँ। उदाहरण के तौर पर, जब मैंने कुछ सफलता प्राप्त कर ली थी और भारत वापिस आ रही थी, बहुत लोगों ने मुझे ऐसा न करने को कहा, पर मेरे कुछ मेंटॉर्स ने प्रोत्साहित किया कि 'आपको सफलता अवश्य मिलेगी।' विवेक, मुझे पक्का विश्वास है कि आपको भी ऐसी चुनौतियों का सामना करना पड़ा होगा, जब आपने भारत वापिस आने के बारे में सोचा था।

विवेक : क्या आप हमेशा लक्ष्य से प्रेरित रहीं? यदि नहीं तो आपने स्वयं के लिए लक्ष्य निर्धारित करना कब शुरू किया?

वाणी : मेरे विचार से मैं लक्ष्यों को लेकर सदा ही चली–जैसे कि 'गणित में ख़ूब अच्छा करो' या 'इंजीनियरिंग करो' या 'सीखते रहो'। उस वक़्त, मेरे लक्ष्य कोई ऐसे नहीं थे कि 'मैं सीईओ बनना चाहती हूँ'। मेरा एक और लक्ष्य सदा रहा है, वह है एक मज़बूत परिवार। एक बार महत्त्वपूर्ण लक्ष्य को निर्धारित किए जाने के बाद, बाक़ी के सभी काम उसे पूरा करने के इर्द-गिर्द ही होने चाहिए। आजकल मेरे बच्चे, जो यूएसए में रहते हैं, मुझसे पूछते हैं कि क्या मैं उनके पास आऊँगी, पर मेरे माता-पिता बूढ़े हैं और मैं उन्हें यहाँ अकेला नहीं छोड़ सकती। इसलिए मैं अपने बच्चों को कहती हूँ कि वे मेरे पास मिलने आ सकते हैं पर मैं नहीं जा सकती क्योंकि मैं अपने माता-पिता को एक महीने के लिए अकेला नहीं छोड़ सकती। मेरे लिए यह लक्ष्य बहुत महत्त्वपूर्ण है।

विवेक : आप सफल ऑन्त्रप्रोन्योर कैसे बनीं? इस यात्रा में क्या मुश्क़िलें आईं?

वाणी : मैंने स्वयं का बहुत मूल्यांकन किया और पाया कि मेरा चरित्र बहुआयामी है। इंजीनियर बनने के साथ-साथ मुझमें और भी बहुत क्षमताएँ हैं। मैंने इनका उपयोग करने के बारे में सोचा, अत: ऑन्त्रप्रोन्योरशिप मेरे लिए एक परीक्षा के समान थी। मेरी यात्रा स्वयं की तलाश की यात्रा थी और मैं स्वयं की सीमा भी आँकना चाहती थी। इस यात्रा का इनाम आंतरिक

ख़ुशी और पूर्णता है। जब आपको सीखने के लिए आपकी सीमाओं तक धकेल दिया जाता है तो वह अहसास ही अलग और सकारात्मक होता है।

इस यात्रा में मुझे अपनी प्राथमिकताएँ चुनने में मुश्क़िलें आईं। उदाहरण के तौर पर, दोस्तों के साथ उचित समय व्यतीत न कर पाना। पर मैंने परिवार के लिए समझौते नहीं किए–हम उन सामाजिक उत्सवों और पार्टियों वग़ैरह में शामिल हुए, जहाँ अपने बच्चों को साथ ले जा सकते थे। हाँ, अपने लिए समय निकालना मुश्क़िल था, यहाँ मैंने समझौता किया।

विवेक : ऑन्त्रप्रोन्योर बनने के इच्छुक लोगों के लिए पाँच योग्यताएँ कौन-सी होनी चाहिए?

वाणी : सबसे पहले मन में जुनून होना चाहिए–अंदर की आवाज़ को सुनें : आप क्या करना चाह रहे हैं और आप यह क्यों कर रहे हैं? आपको हर समय यह सवाल स्वयं से पूछते रहना है। आपमें दृढ़निश्चय होना चाहिए क्योंकि 100 में से 99 लोग आपकी हिम्मत तोड़ने की कोशिश करेंगे।

दूसरा है–सुनने की क्षमता रखना। ध्यान से, सक्रिय होकर सुनें। यदि आपके अंदर दृढ़निश्चय है, पर सुनने की योग्यता नहीं तो यह बात आपके लिए समस्याप्रद है। आपको सुनना होगा, उसमें से मतलब की बात समझनी होगी और फ़ीडबैक लेना होगा।

तीसरी बात है–दृढ़निश्चय या अडिगता, यानी कि डटे रहना।

चौथा है–बड़ी सफलता के लिए आपका उद्देश्य भी बड़ा होना चाहिए।

पाँचवाँ है–निरंतर सीखते रहना। कभी यह न सोचें कि मैं बॉस हूँ, अत: मेरे पास सभी जवाब होने चाहिए। उन लोगों तक पहुँचने की विनम्रता अपनाएँ जिनके पास संबंधित क्षेत्रों में ज्ञान है और इसे सीखने की लालसा को जगाए रखें।

विवेक : हमारे भारतीय युवा को ऑन्त्रप्रोन्योरशिप पर फ़ोकस क्यों करना चाहिए?

वाणी : सबसे पहले, हम सौभाग्यशाली हैं कि हम उस युग का हिस्सा हैं

जहाँ ऑन्त्रप्रोन्योरशिप संभव है, इसका मूल्य है और आवश्यकता भी है। ख़ासकर भारत में ऑन्त्रप्रोन्योरशिप के अवसर बहुत अधिक हैं।

दूसरी बात, हमारे पास सही योग्यताओं के साथ बहुत योग्य युवा हैं।

तीसरा कारण, इसमें नकारात्मक पहलू इतना अधिक नहीं है। ज़रा सोचें कि आप रोज़गार के कितने अवसर पैदा कर सकते हैं और इसके साथ हमारे देश की आर्थिक उन्नति में अपना योगदान दे सकते हैं।

विवेक : आपके जीवन में रोल मॉडल्स और मेंटॉर्स का योगदान क्या रहा है?

वाणी : मुझे अपने रोल मॉडल्स की जीवनियाँ पढ़ना बहुत अच्छा लगता है। मैंने जीवन के विभिन्न क्षेत्रों से आए लोगों के बारे में ख़ूब शौक से पढ़ा है। मैं उस व्यक्ति की सोच में पहुँचने की कोशिश करती हूँ और सोचती हूँ कि मैं इससे कैसे और क्या सीख सकती हूँ।

मेंटॉर्स आपके क़रीब होते हैं और उन्हें आपकी परिस्थितियों की पूरी जानकारी होती है। मेरे बहुत-से मेंटॉर्स रहे हैं। जब मैंने पहले काम शुरू किया था, टीआईइ, द इंडस ऑन्त्रप्रोन्योर, में लोग मुझे समय देने और विकास के लिए मदद करने को तैयार थे। वर्तमान में, मेरे दो मेंटॉर्स हैं जो हर प्रकार से मेरा मार्गदर्शन करते हैं।

मेंटॉर्स उन्हें बनाइए जिन पर आपको भरोसा है। उनके पास उचित संदर्भ होने चाहिए और आपको चाहिए कि आप उन्हें कुछ भी कहने की पूरी स्वतंत्रता दें।

मुख्य शिक्षा

1. इतने महान और सफल लोगों से हम बहुत कुछ सीख सकते हैं :
2. सभी की आकांक्षाएँ और लक्ष्य बड़े थे। लक्ष्य केवल प्रोफ़ेशन में ही नहीं बल्कि बहुमुखी थे जैसे कि इस किताब में आपने पढ़ा है।
3. सभी को अपने काम के लिए बहुत जुनून है।
4. सभी ने अपने-अपने क्षेत्र में श्रेष्ठता हासिल की है।
5. सभी ने अपनी सफलता के लिए बेहद मेहनत की है।

6. लीडरशिप योग्यताएँ सभी ने विकसित की हैं।
7. सभी ने अपने मेंटॉर्स से मार्गदर्शन लिया है।
8. यदि आप विद्यार्थी हैं तो आपको जो लोग प्रेरणा देते हैं, उनके बारे में पढ़िए और उनसे कुछ सीखिए।

क्या आप इन जैसे नहीं बनना चाहेंगे?

अपना मार्गदर्शक ढूँढ़िए

13

मेंटॉरिंग के अद्‌भुत अनुभव!

'उन लोगों से दूरी रखें, जो आपकी आकांक्षाओं का मज़ाक उड़ाते हैं। महान लोग आपको महसूस करवाते हैं कि आप भी महान बन सकते हैं'—मार्क ट्वैन

इस किताब में दिए गए विचारों का इस्तेमाल करके, मैंने अपने ड्राईवर की बेटी से लेकर अनपढ़ बढ़ई (कारपेंटर) तक, लैंडस्केपर्स (बग़ीचा बनाने वाले) से लेकर विद्यार्थियों तक, करियर शुरू करने वाले लोगों से लेकर सीईओ तक, दुनियाभर में हज़ारों लोगों को मेंटॉर किया है। इस अध्याय में, मैंने इनमें से विभिन्न पृष्ठभूमि के और जीवन के विभिन्न पड़ावों के कुछ मेंटीज़ के अनुभव शेयर किए हैं। यह इन मेंटीज़ का बड़प्पन है कि उन्होंने मुझे श्रेय दिया है, ***पर उसे यहाँ आपके साथ शेयर करने का वास्तविक उद्देश्य यह बताना है कि जब भी इस किताब में बताए गए विचारों के अनुसार काम किया गया है, मेंटीज़ को पूरी सफलता हासिल हुई है।***

नीचे दिए गए उदाहरणों को पढ़कर आप देखेंगे कि इनमें से एक या अधिक उदाहरण आपकी परिस्थितियों से मिलते-जुलते हैं, चाहे आप विद्यार्थी हैं या आपने अभी करियर शुरू किया है या सीईओ बन चुके हैं। आशा करता हूँ, ये असली जीवन से लिए उदाहरण जिन्होंने मेंटीज़ को अपने लक्ष्य तक पहुँचने में सफल बनाया है, आपको भी प्रेरित करेंगे और

सफल बनाएँगे। **याद रहे, यह किताब आपको मेंटॉर करेगी चाहे आप जीवन के किसी भी पड़ाव पर हों!**

विद्यार्थी–करियर की शुरुआत

अनंत मानसिंह, फ़ाइनांस मैनेजर, एमेज़ॉन, यूएस/ सिंगापुर

मेरे पापा की मेंटॉरिंग ने स्कूल के दिनों से ही मेरी मदद की है। हाई स्कूल में, मेरा लक्ष्य था कि मैं कॉलेज से ग्रेजुएशन करने के बाद वॉल स्ट्रीट (यूएसए) में इंवेस्टमेंट मैनेजमेंट के क्षेत्र में काम करूँ। इसके लिए मैंने करियर के (लांग टर्म) लक्ष्य और योजना बनाई। फिर इसे छोटे लक्ष्यों में विभाजित किया। अगला लक्ष्य था कि यूएस की एक प्रमुख यूनिवर्सिटी से इकोनॉमिक्स /फ़ाइनांस में अंडरग्रेजुएट की डिग्री पूरी की जाए। मैंने पाँच अच्छी यूनिवर्सिटीज़ में से एक में पढ़ने का अपना लक्ष्य बनाया। फिर मुझे जुनून, सही योजना और मेहनत से, अपने लक्ष्य पर चलते हुए, उनमें से कई यूनिवर्सिटीज़ में एडमिशन मिला। मैंने उनमें से एक, यूनिवर्सिटी ऑफ़ कैलिफ़ोर्निया, बर्कले को चुना। इकोनॉमिक्स में डिग्री के साथ मैंने ग्रेजुएशन किया और न्यू यॉर्क की वॉल स्ट्रीट की एक इंवेस्टमेंट मैनेजमेंट फर्म में काम किया। यह केवल लक्ष्य, योजना, मेहनत और मेंटॉरिंग का परिणाम था।

दो साल काम करने के बाद, मैंने यह जान लिया कि यह मेरे लिए लंबी अवधि का करियर नहीं था, जो मैं तलाश रहा था। मैंने अपना प्रोफ़ेशनल लक्ष्य बदल लिया और टैक्नोलॉजी कंपनी के फ़ाइनांस में करियर बनाने का फ़ैसला किया। मैंने लक्ष्य बनाया कि मैं ऐसे कॉलेज से एमबीए करूँगा जो मेरी मेरे लक्ष्य तक पहुँचने में मदद करेगा। मैंने रॉस बिज़नेस स्कूल, यूनिवर्सिटी ऑफ़ मिशिगन में एडमिशन ले लिया। अपनी इच्छा व योजना के अनुसार, ग्रेजुएशन करने के बाद, मुझे सिएटल, एमेज़ॉन में एडब्ल्युएस के फ़ाइनांस विभाग में नौकरी मिल गई।

वर्तमान में मेरा यूएस से सिंगापुर आने का फ़ैसला केवल इस बात पर आधारित नहीं था कि मैं आर्थिक रूप से क्या चाहता था या अपने करियर में

विकास चाहता था, बल्कि यह मेरे संतुलित लक्ष्य चक्रों का हिस्सा था। इस किताब में दिए गए विचार जीवन के हर पड़ाव पर मेरा मार्गदर्शन कर रहे हैं। आशा करता हूँ कि आपको भी यह किताब उतनी ही मदद करेगी, जितनी मुझे कर रही है।

मुख्य शिक्षा : लक्ष्य लेकर चलना अद्‌भुत तरीक़े से काम करता है और आपका जीवनभर मार्गदर्शन करता रहता है।

रोहन मिश्रा, बेन कंसल्टिंग, दिल्ली

मैं डॉ मानसिंह को जानता हूँ, पहले अपने प्रिय अंकल के रूप में, फिर एक प्रेरक के रूप में और अंत में एक तार्किक व्यक्ति और सहायक स्तंभ के रूप में। वे मेरे पहले मेंटॉर थे और उन्होंने ही मुझे मेंटॉर्स का महत्त्व समझाया। उन्होंने मिलनसार, गर्मजोश और विनम्र व्यवहार के साथ, मुझे यह समझाया कि जिन लक्ष्यों को आप पाना चाहते हैं, अपनी यात्रा शुरू करने से पहले उन्हें अच्छे से जान लें और ठान लें कि आपको उनको प्राप्त करना है।

उन्होंने मेरे कॉलेज के हर साल सफलतापूर्वक मेरा मार्गदर्शन किया। शुरू में ही, जब मैं उलझन में था कि कौन-से कॉलेज में जाऊँ और कौन-से विषय लूँ, उन्होंने मुझे अपने विचारों का मूल्यांकन करने का सरल मापदंड दिया–जो विषय आपको जुनून की हद तक पसंद है और जिसमें आप श्रेष्ठता हासिल कर सकते हैं, वही विषय चुनें। अपने कॉलेज का चुनाव करने और शुरुआत में कुछ सफलता के बाद, मुझे अपनी पढ़ाई में दिक़्क़तों का सामना करना पड़ा और मैं सोचने लगा कि जो रास्ता मैंने चुना है, वह क्या सही है? इस चुनौतीपूर्ण समय के दौरान डॉ मानसिंह ने मुझे अपना समय दिया और मुझसे लक्ष्य निर्धारित करने का अद्‌भुत अभ्यास करवाया : मैंने लंबी अवधि के लक्ष्यों की लिस्ट बनाई। मेरे सामने लक्ष्य और पड़ाव स्पष्ट लिखे हुए थे, मैंने योजना बनाकर स्वयं को प्रेरित करना और जोश से कड़ी मेहनत करना शुरू कर दिया। मैंने सफलता को पूर्णरूप से परिभाषित करना भी सीख लिया है; केवल प्रोफ़ेशनल सफलता पर ही फ़ोकस नहीं करना

चाहिए, बल्कि संबंध बनाने और अपने लक्ष्य चक्र पर भी ध्यान देना चाहिए। अब अपने लक्ष्यों के अनुसार, जो एक समय पर असंभव लगते थे, मैं बेन कंसल्टिंग में नौकरी कर रहा हूँ और एमबीए करने यूएसए जाने वाला हूँ। मैंने यह किताब कई बार पढ़ी है और इसके बताए हुए रास्ते पर चल रहा हूँ। इस किताब में दिए गए सबक़ बहुत असरदार तरीक़े से अपना काम करते हैं।

मुख्य शिक्षा : आपके लक्ष्य चक्र आपके जीवन में गूगल मैप का काम कर सकते हैं और अद्‌भुत प्रेरक सिद्द हो सकते हैं।

आयुष मानसिंह, एसोसिएट डायरेक्टर, सोशल फ़ाइनांस, सैन फ़्रांसिस्को

लक्ष्य निर्धारित करना मैंने अपने जीवन में हाई स्कूल में ही शुरू कर दिया था। यह कॉलेज और करियर की योजना बनाने के लिए किया था। करियर के लक्ष्यों को और अपनी पसंद के विषयों को आधार मानते हुए, मैंने ऑन्त्रप्रोन्योरशिप पर फ़ोकस रखते हुए, बिज़नेस/इकोनॉमिक्स डिग्री करने का फ़ैसला लिया। मैंने अपनी पसंद के कई कॉलेज और उनमें एडमिशन लेने पर ध्यान केंद्रित करते हुए विस्तृत लक्ष्य बनाए। अपने लक्ष्य पर पहुँचते हुए, अंडरग्रैड के लिए मैं यूएस के एक प्रमुख कॉलेज 'बैबसन कॉलेज' से ग्रेजुएट हुआ। कॉलेज जाने के बाद, मैंने फिर उसी लक्ष्य निर्धारित करने और उस पर मेहनत करने के तरीक़े को इंटर्नशिप और नौकरी करने के लिए अपनाया। मुझे सिलिकॉन वैली की प्रमुख टैक्नोलॉजी कंपनी में बढ़िया नौकरी मिल गई। फिर दो साल बाद, जब मैं सोशल इंवेस्टिंग में अपना करियर बनाना चाहता था, मैंने फिर से लक्ष्य निर्धारित किया : अच्छी नौकरियाँ तलाशी, कंपनियों की लिस्ट बनाई और उन तक पहुँचने का रास्ता बनाया। इसके लिए एमबीए की आवश्यकता थी। मैंने लक्ष्य निर्धारित करके, ड्युक यूनिवर्सिटी से एमबीए किया। फिर सैन फ़्रांसिस्को के प्रसिद्ध सोशल फ़ाइनांस में इम्पैक्ट इंवेस्टिंग में करियर शुरू किया। इस किताब में दिए गए विचारों से मैंने अपनी ज़िंदगी में कई अहम फ़ैसले लिए

हैं, अर्थपूर्ण सफलताभरे जीवन की योजना बनाई है और उस पर जुनून के साथ काम कर रहा हूँ।

मुख्य शिक्षा : लक्ष्य निर्धारण और मेंटॉरिंग वह सब प्राप्त करने में आपकी मदद कर सकती है, जो आपके लिए अर्थपूर्ण है।

करियर की शुरुआत

रजत स्वरूप, सीनियर इंवेस्टमेंट एनालिस्ट, योरनेस्ट वीसी फ़ंड, दिल्ली

जब मैं युवा था तो सोचता था कि मेंटॉरिंग में बहुत पैसा लगता होगा और क्योंकि मैं मध्यमवर्गीय परिवार से हूँ, इसलिए मुझे इसका हक़ नहीं है। मैंने करियर से संबंधित फ़ैसले स्वयं लिए और सबकुछ स्वयं ही सीखा। इसमें कई बार असफल भी रहा, अगर मैं मार्गदर्शन के लिए सही मेंटॉर्स के पास जाता तो इस असफलता से बचा जा सकता था। योरनेस्ट वेंचर कैपिटल जॉइन करने के बाद, जब मैं डॉ मानसिंह से मिला तो मैंने मेंटॉर्स की विशेषता के बारे में जाना। मेंटॉर्स को पहचानकर हमें ही उन तक पहुँचना चाहिए। एक सरल-सा उदाहरण, जो डॉ मानसिंह ने मुझे दिया, वह था कि दुनिया के श्रेष्ठ खिलाड़ी भी कोच और मेंटॉर की सहायता लेते हैं। मेंटॉरिंग से मेरे करियर और जीवन को बहुत बढ़ावा मिला है। मैंने कभी नहीं सोचा था कि इससे इतना अधिक अंतर आ जाएगा। मैंने डॉ मानसिंह से एक और बात सीखी और प्रेरकों व रोल मॉडल्स की एक लिस्ट तैयार कर ली, मैं समय-समय पर इनके गुणों को ढूँढ़कर उन्हें अपनाने की कोशिश करता हूँ। मैं अपने मेंटॉर्स के पास करियर में विकास और अन्य पहलुओं के मार्गदर्शन के लिए जाता रहता हूँ। आजकल मैं अपने एक दोस्त से टेनिस सीख रहा हूँ और अपने अंकल से गोल्फ़ सीख रहा हूँ। पॉडकास्ट व किताबों से डील फ़्लो इवैल्युएशन (वेंचर कैपिटलिस्ट द्वारा प्रयोग की जाने वाली टर्म) समझ रहा हूँ और साथ ही, वैबिनार सेशन में सक्रिय रूप से भाग लेकर अपना ज्ञान बढ़ा रहा हूँ। मेंटॉर्स तो हर स्थान पर

होते हैं, हमें उन्हें तलाशने की ज़रूरत होती है। ये किताब मेरे लिए *गीता* की तरह हर कदम पर रास्ता दिखाती रहती है।

मुख्य शिक्षा : प्रत्येक व्यक्ति के पास 'चार और गुरु' होने चाहिए। प्रेरक, रोल मॉडल्स, मेंटॉर्स और किताबें। ये आपको बहुत ऊँचाइयों तक ले जा सकते हैं।

शैफाली प्रकाश, असिस्टेंट डायरेक्टर, डिलॉयंट, लंदन

जब मैं छोटी थी तो मुझसे पूछा जाता था कि मैं क्या बनना चाहती हूँ, मैं हमेशा कुछ अद्‌भुत-सा जवाब देती थी जैसे कि एस्ट्रोनॉट या प्रधानमंत्री; हमारे युवा दिमाग़ में डर या शक नाम की कोई चीज़ नहीं होती थी। पर जब हम बड़े होते हैं और अपना करियर शुरू करते हैं, हमारे अंदर की निडरता की वह रोशनी मंद पड़ जाती है। यह महसूस करने के बजाय कि हम दुनिया जीत सकते हैं, हमें इस बात पर भी शक होने लगता है कि क्या हम अपने दोस्तों के ग्रुप में भी सफल हैं या नहीं। मैं भाग्यशाली थी कि मुझे एक मेंटॉर मिले, जिन्होंने मुझे फिर से साहसी बनना सिखाया। उन्होंने मुझे मेरे कम्फ़र्ट ज़ोन से बाहर निकाला और मेरी स्वयं पर विश्वास रखने और सोच से कहीं अधिक हासिल करने में मदद की। उन्होंने मेरे लक्ष्य निर्धारित करने में मदद की और सबसे बढ़कर उन्हें हासिल करने में, मेरा मार्गदर्शन किया। विश्वास का संबंध स्थापित करते हुए और विनम्रता के साथ, उन्होंने मेरी परेशानियों को समझा और उन्हें एक-एक करके हल करने में मेरी मदद की।

मेरे लिए अपने जीवन का एक ऐसा फ़ैसला चुनना आसान नहीं होगा जिस पर मेरे मेंटॉर संबंधों का असर पड़ा है। वास्तविकता यह है कि मेंटॉरिंग ने मेरी सोच को बदलने में मदद की है। मेरी प्रोफ़ेशनल और निजी ज़िंदगी के अनेक पहलुओं को छुआ है। एक ऐसे युवा के रूप में जिसने पहले ही कई रुकावटों को पार किया है और कुछ और पार करने के लिए प्रेरित हूँ, मैं आपकी आभारी हूँ डॉ विवेक मानसिंह। मेरा कायाकल्प हो गया है, मैं पहले से अधिक साहसी और अधिक आत्मविश्वासी हो गई हूँ, अब मेरा झुकाव

अर्थपूर्ण लक्ष्यों की ओर हो गया है। मैं डॉ मानसिंह की किताब हमेशा अपने मेंटॉर की तरह साथ रखती हूँ। इसमें हर मुश्किल सवाल का जवाब है।

मुख्य शिक्षा : एक मेंटॉर आप पर कितना सकारात्मक प्रभाव डाल सकता है, इसकी आप कल्पना भी नहीं कर सकते हैं।

मिड-करियर और उससे आगे

अशोक करानी, डायरेक्टर, जीई हैल्थकेयर, बंगलौर

मेरा डॉ मानसिंह के साथ मेंटॉरिंग संबंध पिछले 15 साल से है और मैंने विभिन्न क्षेत्रों में बहुत कुछ सीखा है और अद्भुत मार्गदर्शन प्राप्त किया है। मैं एक उदाहरण देना चाहूँगा : मुझे बहुत ही अच्छी नौकरी के दो ऑफ़र आए, जिनका मैंने मूल्यांकन किया : एक कंपनी ने मेरी वर्तमान आय से 12% अधिक वेतन देने की पेशकश की और दूसरी कंपनी ने 10% कम। एक सामान्य व्यक्ति की तरह मैंने भी पहली कंपनी की पेशकश स्वीकार करने का फ़ैसला किया। फिर मैंने डॉ मानसिंह से सुझाव माँगा। बिना किसी हिचक के उन्होंने कहा, 'दूसरी कंपनी की नौकरी स्वीकार करो।' मैं हैरान था। विवेक मुझे ऐसी कंपनी में ज़ाने को क्यों कह रहे हैं जो मुझे मेरे वर्तमान वेतन से भी कम दे रही है? उन्होंने मुझे बताया कि मैंने प्रॉडक्ट कंपनियों में ही जीवनभर काम किया है, प्रॉडक्ट डिज़ाइन के बारे में मुझमें योग्यता है, ज्ञान है और जुनून भी है। लंबी अवधि में करियर विकास की मेरी इच्छा दूसरी कंपनी में ही पूरी होगी। मैंने उनकी बात मान ली। अब इस कंपनी में मैंने अपने दस साल पूरे कर लिए हैं। मेरा फ़ोकस आउट ऑफ़ द बॉक्स (इनोवेटिव) विचारों, श्रेष्ठता और लीडरशिप योग्यताओं को विकसित करने पर है, जिसका मुझे फ़ायदा हो रहा है। मुझे अनेक बार प्रोमोशन मिला है, करियर में मैंने काफ़ी विकास किया है, अनेक बहुत बढ़िया प्रॉडक्ट्स डिज़ाइन किए हैं और आज मैं अपने जीवन से ख़ुश हूँ। मेरी यात्रा से मिलने वाला सबक़ है कि करियर की प्लानिंग करते समय केवल वेतन को नहीं देखना चाहिए। आपको अपनी योग्यताओं और अपने जुनून को देखकर

ही काम चुनना चाहिए। यह किताब आपके करियर और जीवन यात्रा में आपकी बहुत मदद करेगी। डॉ मानसिंह की बात सुनें और आपका जीवन भी मेरे जीवन की तरह बदल जाएगा।

मुख्य शिक्षा : अपना करियर उस दिशा में बनाएँ जहाँ आपका जुनून हो। लीडरशिप कौशल और नई सोच आपके करियर को बहुत आगे ले जा सकते हैं।

एडवर्ड यर्दुमियन, वाईस प्रेसिडेंट, डैल, ऑस्टिन, यूएसए

अच्छी और समय पर मेंटॉरिंग का एक बहुत बड़ा फ़ायदा है। आप अपनी सफलता के उद्देश्य को प्राप्त करने वाली योग्यताओं में कमियों को पहचान लेते हैं और उन पर काम कर सकते हैं। मेरे लिए, यह सबक़ बहुत अनमोल सबक़ था। डॉ मानसिंह के साथ काम करते समय, शुरू-शुरू में मैं ग़लतियाँ कर रहा था। उन्होंने मेरी सफलता की अंतिम स्थिति पर फ़ोकस करते हुए मेरा मार्गदर्शन किया। मैंने पहले कभी भी इस तरह से किसी के लिए काम नहीं किया था और शुरू में, मुझे इसे समझने में मुश्क़िल हुई। मेरी कमियाँ मुझे बताने के बजाय, उन्होंने मुझे मेरी कमियाँ स्वयं पहचानना सिखाया। उन्होंने मुझे मेरी सफलता की अंतिम स्थिति के बारे में पूछा और हमने इस बात पर चर्चा की कि मैं एक श्रेष्ठ लीडर बनने के अपने लक्ष्य को कैसे हासिल करूँगा। उन्होंने मुझे एक लीडर के रूप में आगे बढ़ने के लिए और आगे शिक्षा लेने के लिए प्रेरित किया। यदि मैंने केवल वर्तमान पर फ़ोकस किया होता तो अतिरिक्त शिक्षा मेरे लिए प्राथमिक न होती। इस शिक्षा, एमबीए, को उस वक़्त ग्रहण करके मुझे करियर में बहुत लाभ हुआ। मेंटॉर तलाशने और उनके साथ संबंध स्थापित करने के सरल टिप्स, जो किताब में दिए गए हैं, वो बहुमूल्य हैं और मैं पाठकों को सलाह दूँगा कि इन्हें और किताब को अवश्य अपनाएँ।

मुख्य शिक्षा : सफलता पर फ़ोकस करना और सही योग्यताओं को विकसित करना, आपको आपकी मंज़िल तक पहुँचने में बहुत मदद कर सकता है।

एरिक प्राथर, लीडर, ऐप्पल, सिलिकॉन वैली, यूएसए

स्टैनफ़ोर्ड से बाहर आते ही, सिलिकॉन वैली में मेरी पहली नौकरी डॉ मानसिंह द्वारा स्थापित इंजीनियरिंग सर्विसेज़ फ़र्म में लगी थी। जब मैंने यहाँ जॉइन किया तो कंपनी को शुरू हुए छह महीने ही हुए थे और मैं पाँचवाँ कर्मचारी था।

पहले ही दिन, मुझे एक बड़े राउटर का टैक्निकल एनालिसिस और सिमुलेशन करने का काम दे दिया गया। यह काम उस समय की सबसे बड़ी नेटवर्किंग कंपनियों में गिनी जाने वाली एक कंपनी के लिए था। विवेक ने उस एनालिसिस को छोटे-छोटे, सरलता से हल करने, योग्य हिस्सों में बाँट दिया और मुझे गाइड किया। मुझे हमेशा कुछ नया सोचने को प्रेरित किया और मैंने इनोवेशन का मूल्य समझा। मैंने कुछ बहुत ही इनोवेटिव डिज़ाईंस के प्रॉडक्ट बनाए। उन्होंने मुझे श्रेष्ठता हासिल करने के लिए प्रेरित किया, जिससे मुझे और मेरे करियर को बहुत फ़ायदा हुआ है। बाद में, जब केवल मेंटॉरिंग के लिए मैं यूएसए से विवेक से मिलने बंगलौर गया तो मुझे जीवन में संतुलित लक्ष्यों में हमारे वार्तालाप से बहुत लाभ मिला। मेरे संतुलित लक्ष्यों में काम, परिवार, स्वास्थ्य, अध्यात्म और समाजसेवा आते हैं। इन सभी शिक्षाओं से मेरा जीवन विशेष रूप से बेहतर बना है और मैं पाठकों को बताना चाहूँगा कि इस किताब में शेयर किए गए विचारों पर ध्यान ज़रूर दें। यह किताब मेरे लिए *बाइबिल* की तरह है।

मुख्य शिक्षा : श्रेष्ठता (एक्सलेंस) और इनोवेशन की योग्यताओं का विकास और संतुलित लक्ष्यों को पाने की चाह जीवन को सफल व संतोषजनक बना देती है।

रुद्रमणि बी, वाईस प्रेसिडेंट, डैल, बंगलौर

डॉ विवेक से मेरे ज्ञानवर्धन की अवधि के दौरान, मुझे विभिन्न विषयों, जैसे कि संतुलित रहना, लक्ष्य प्राप्ति, अपने करियर की योजना बनाना और सेवा भाव आदि पर सीखने के अनेक अवसर मिले। हमारी पहली मीटिंग में (उस

समय मैं मैनेजर था), उन्होंने मुझसे पूछा कि मेरी अपने प्रोफ़ेशन से क्या आकांक्षाएँ हैं? मैंने उनसे कहा कि मुझे आपकी नौकरी चाहिए और मैं कुछ सालों में डैल आर एंड डी का प्रमुख बनना चाहता हूँ। उनके स्थान पर कोई और होता तो नाराज़ हो जाता, पर डॉ विवेक ने मुझे अगले पाँच साल तक लीडरशिप की योग्यता विकसित करने, योजना बनाने, उसे प्रयोग में लाने और स्वयं को श्रेष्ठ बनाने में मेंटॉर किया। पाँच साल बाद, जब उन्होंने डैल को छोड़ा तो मैं पूरी तरह तैयार था और मैंने उनका रोल संभाल लिया। आज भी, मैं मेंटॉरिंग के लिए उनसे हर साल मिलता हूँ।

दूसरी बात जिससे मैं प्रेरित हुआ, वह था सेवाभाव (समाजसेवा)। मैंने उनकी परंपरा को जारी रखा कि दुनियाभर के डैल के दफ़्तरों में डैल आर एंड डी इंडिया सेवाभाव की लिस्ट में सबसे ऊपर रहे। मैं स्वयं निजी रूप से कई एनजीओ के साथ काम करता हूँ, उन्हें समय व आर्थिक मदद देता हूँ। डॉ विवेक से मिलने से पहले, मैंने कभी समाजसेवा को योजनाबद्ध तरीक़े से नहीं किया था। डॉ विवेक ने अपने ज्ञान को अपनी किताब से आपके सामने रखा है। मैं इस बात पर ज़ोर दूँगा कि पाठक इस अद्‌भुत किताब का पूरा-पूरा लाभ उठाएँ।

मुख्य शिक्षा : यदि आप अपने को तैयार करें तो कोई भी नौकरी और लक्ष्य प्राप्त कर सकते हैं।

संस्थापक और सीईओ

ध्रुव रंजन, संस्थापक और सीईओ, थ्राईव, दिल्ली

मेरी स्टार्ट-अप संबंधी यात्रा में, मैं अनेक लीडर्स और मेंटॉर्स से मिला हूँ, पर कई ने मेरे विचारों को असंतोषजनक कहकर ख़ारिज कर दिया। डॉ मानसिंह एकदम अलग थे। उन्होंने मेरी निजी व प्रोफ़ेशनल अभिलाषा समझने के लिए, मेरे साथ ज़रूरी समय बिताया और उन्हें हासिल करने के लिए एक योजना बनाई—और कोई यह नहीं करता। एक व्यक्ति की निजी व प्रोफ़ेशनल क्षमता देखने-समझने की उनकी योग्यता सबसे अच्छी है।

एक प्रोफ़ेशनल के तौर पर यह मेरे विकास में बहुत मददगार रही है। अच्छी मेंटॉरिंग द्वारा सीखी मेहनत, ठोस नीति, स्वयं के मूल्यांकन और लीडरशिप योग्यताओं पर फ़ोकस किए बग़ैर मैं सफलता प्राप्त नहीं कर सकता था। मेंटॉर्स को सुनना एक अलग बात है, पर उनकी सलाह पर चलना ऐसी बात है जो आपको संपूर्ण सफलता तक ले जाती है। स्टार्ट-अप लीडर और एक ऑन्त्रप्रोन्योर के तौर पर अपनी योग्यताओं को मैंने बेहतर कर लिया है। मेरे तरीक़ों और योग्यताओं में कुछ कमियाँ अब स्पष्ट दिखाई देती हैं, मैं उनको सुधारने का काम भी कर रहा हूँ। मेंटॉरिंग की प्रक्रिया को डॉ मानसिंह ने अपनी किताब में बहुत सरल तरह से समझाया है। मैं अपने सभी कर्मचारियों, सहयोगियों और प्रियजनों को यह किताब देने वाला हूँ, ताकि वे भी अपने जीवन को सुधारकर उसे बेहतर कर सकें। आशा करता हूँ कि मेरी तरह आप भी इस किताब से प्रेरित होंगे और अद्‌भुत सफलता प्राप्त करेंगे।

मुख्य शिक्षा : इस किताब में बताए गए मेंटॉरिंग के विचार हरेक की बहुत मदद कर सकते हैं। स्टार्ट-अप संस्थापकों की सफलता के लिए सही ऑन्त्रप्रोन्योरियल योग्यताओं का विकास करना बहुत ज़रूरी है। यह किताब आपको रास्ता दिखाएगी।

सतीश एमएम, संस्थापक, रूल ज़ीरो, बंगलौर

'विवेक' का शाब्दिक अर्थ है ज्ञान (बुद्धि), जो विवेक के पास बहुत है, विवेक की व्याख्या करने के लिए मैंने नौ शब्द और चुने हैं : लीडरशिप, उत्कृष्टता, इनोवेशन, स्वत्व, कार्यांवित करना, गति, ईमानदारी, ऑन्त्रप्रोन्योरशिप और मेंटॉर।

विवेक से सीखी अनेक बातों में से इनोवेशन पर फ़ोकस करना, लक्ष्य पाने के लिए अनेक विचारों को और कई बार अवरोधी विचारों व लोगों को एक साथ कैसे लाना, कथनी और करनी का महत्त्व और मेंटॉरिंग, मेरे लिए बहुत महत्त्वपूर्ण है।

विवेक शानदार मेंटॉर हैं; उन्होंने मेरे बारे में जाना। जब मैं किसी ख़ास विषय पर चर्चा शुरू करता तो उनका दूरदर्शी दिमाग़ पाँच कदम आगे

चलकर अच्छा और बुरा क्या होगा, देख लेता है। जब मैं सोचता कि मैं लक्ष्य तक पहुँच गया और अब चैन से बैठ सकता हूँ तो वह अगला चैलेंज आपके सामने ला खड़ा करते हैं और श्रेष्ठता हासिल करने के लिए आपको प्रेरित करते हैं। एक अतुल्य मेंटॉर ही इस तरह का कुछ कर सकते हैं। मुझे मालूम है, वह मेरी (छोटी या बड़ी) सफलता पर गर्व करते हैं और हर समय मुझ पर नज़र रखे हुए हैं।

एक अच्छा मेंटॉर ख़ास सलाह देता है, मैंटी की विशिष्ट ज़रूरत के अनुसार, न कि सामान्य बातों पर। मैंने अपनी मेंटॉरिंग की लंबी अवधि से बहुत लाभ उठाया है : लक्ष्य के पीछे जुनून से लगना, लीक से हटकर सोचना, लीडरशिप और डीप डोमेन में कुशलता का विकास करना, अटल रहना, रोल मॉडल्स का महत्त्व और अपने वैल्यू से जुड़े रहना। उनसे प्रेरित होकर, मैंने शपथ ली है कि मैं आने वाली पीढ़ी को मेंटॉर करूँगा। यह किताब जीवन के हर पड़ाव के लिए एक श्रेष्ठ मेंटॉर सिद्ध होगी, बिल्कुल उसी तरह जैसे यह मेरे लिए सिद्ध हुई है।

मुख्य शिक्षा : अच्छे मेंटॉर बहुमूल्य होते हैं–आप भी किसी अच्छे मेंटॉर को खोज लें और इस किताब से मदद लें। उत्कृष्टता और लीडरशिप योग्यताएँ आपको ऐसा प्रतिभाशाली व्यक्ति बना सकती हैं, जैसा आपने अपने बारे में कभी सोचा ही नहीं होगा।

स्वाति शर्मा, सह-संस्थापक और सीओओ, थ्राईव दिल्ली

मैं विवेक सर से तब मिली जब हमने अपना स्टार्ट-अप शुरू ही किया था और हम पूरी तरह से अनिश्चितता के शिकार थे। हमारा स्टार्ट-अप का आइडिया ठीक से नहीं चल पाया था, हमारी फ़ंडिंग केवल थोड़े दिनों के लिए ही बची थी और हम ऑन्त्रप्रोन्योरशिप की परेशानियों से परेशान (टूट रहे) थे। मैं आज भी हैरान हूँ, उन्होंने मुझमें और मेरी कंपनी में क्या देखा कि सालों तक अपना समय और प्रयत्न हमें दिया। परंतु उनका विश्वास और निरंतर मार्गदर्शन, स्पष्ट नीति और अपने बिज़नेस में उत्कृष्टता तक पहुँचने

का उद्देश्य हमारे लिए बहुत बड़ी प्रेरणा बन गए। अब हम एक सफल और यूनिकॉर्न कंपनी बनने के लिए मेहनत व कोशिश कर रहे हैं।

मैं विवेक सर से सालों तक कई तरह का मार्गदर्शन व सलाह लेती रही हूँ, मुझे जिससे सबसे अधिक लाभ हुआ है, वह है रोल मॉडल्स और मेंटॉर्स का महत्त्व। मेरी मेंटॉरिंग यात्रा ने मेरे दिमाग़ को नीतिबद्ध तरीक़े से चलने में मदद की है। मैंने अपनी चर्चाओं के दौरान कई पेचीदा विषयों पर उनकी वार्ता की सरलता को देखा; समानुभूति के साथ फ़ैसले करना और कॉर्पोरेट जीवन शैली के मध्य में भी परिवार का अहसास होना, सभी ने मुझे बहुत प्रभावित किया। एक युवा ऑन्त्रप्रोन्योर के रूप में, इन सभी तरह की प्रेरणाओं ने मेरे लिए संस्था, करियर और जीवन का निर्माण करने की नींव बना दी। अपने सीखे गए सबक़ों से, जो अब इस किताब में दिए गए हैं, मुझे अपनी लीडरशिप योग्यताओं को बेहतर करने, अपनी कंपनी और स्वयं के लिए स्पष्ट अवलोकन करने में मदद मिली है। उनकी प्रेरणा से आगे मुश्क़िलों का सामना करने के लिए जोश पैदा करने में भी मदद मिली है। आप हर हालत में इस किताब को अवश्य पढ़ें और इस पर अमल करें।

मुख्य शिक्षा : रोल मॉडल्स और मेंटॉर्स से संपर्क करें। मेंटॉरिंग के लिए आपको स्वयं को तैयार करने की ज़रूरत है। स्पष्ट अवलोकन का होना, अपने लक्ष्य तक पहुँचने के लिए बहुत बड़ा कदम है।

लाइफ़ कोचिंग

शुभ्रा सिन्हा, मार्केटिंग प्रोफ़ेशनल, वॉशिंगटन, यूएसए

डॉ विवेक मानसिंह सबसे सुविचारित योजनाकारों (डेलीबरेट प्लानर) में से एक हैं। उन्होंने बहुत पहले से तय कर लिया था कि वह जीवन में क्या पाना चाहते हैं और अपनी सफलता के अंतिम लक्ष्य तक पहुँचने के लिए स्वयं निर्धारित किए गए, अर्थपूर्ण मार्ग पर चल पड़े थे। मैंने उन्हें सदा प्रशंसा की दृष्टि से देखा है और उनके तरीक़े को सराहा है, पर दूर से ही। 1990 के दशक के बाद के सालों में, मेरा कैलिफ़ोर्निया जाना, मुझे उनके और उनके

परिवार के क़रीब ले आया। उन्होंने परिवार और करियर में संतुलन रखने में मेरा मार्गदर्शन किया। यह वह समय था, जब मुझे अपने माता-पिता के साथ कुछ समय बिताने के लिए अपने करियर के लक्ष्यों पर फिर से काम करने की ज़रूरत थी। उन्होंने मुझे विचारों व लक्ष्यों को व्यवस्थित करने और एक ठोस योजना तैयार करने में मदद की। मैं भारत वापिस आ सकी, अपने माता-पिता के साथ बहुत अच्छा समय बिता सकी और सिस्को में मुझे चुनौतीपूर्ण काम भी मिल गया। बंगलौर में ये चार साल मेरे करियर के लिए रचनात्मक साल थे। विवेक और उनकी पत्नी प्रीति के साथ रोज़ शाम की सैर ने और उसके दौरान की चर्चा ने मेरे निजी विकास में भी मदद की और मेरे जीवन की परेशानियों को हल करने का ख़ाका भी बना कर दिया। जब मैं पचास साल की हुई तो इस किताब में दिए नियमों का प्रयोग करके, मैंने अपने लिए नब्बे साल तक की उम्र तक के लक्ष्य और योजना बनाई। इससे मुझे अपने जीवन के सबसे बेहतरीन फ़ैसले लेने में मदद मिली, जैसे अपनी बहन के नज़दीक रहने के लिए वॉशिंगटन चले जाना। लक्ष्य निर्धारण से मुझे अपने आर्थिक मामलों को नियोजित करने में मदद मिली। इंडियन क्लासिकल डांस और भ्रमण करने की अपनी अभिलाषा को जारी रखने के लिए ठोस योजना तैयार करने के लिए सक्षम बनाया। अब जीवन में वही करती हूँ, जो मुझे आनंद देता है, न कि केवल नौकरी और पैसे के पीछे भागती हूँ। विवेक ने अगले चालीस सालों तक के लिए मेरे जीवन को परिभाषित करने में मदद की है। मैं इस बात से बहुत ख़ुश हूँ कि विवेक ने अपने सभी विचार इस किताब में लिखने का फ़ैसला लिया। मेरा विश्वास करें, यदि आप इस किताब से कुछ सीख पाएँ और इन्हें अपने जीवन में उतार सकें तो यह बहुमूल्य सिद्ध होगा। मैं इस बात की गारंटी देती हूँ कि आपका करियर और जीवन बहुत बेहतर हो जाएगा।

मुख्य शिक्षा :

1. जीवन के लक्ष्य स्पष्ट होने से आपको अपने जीवन के सभी पहलुओं को नियोजित करने में मदद मिलेगी और सही फ़ोकस और प्रयत्न से आप अपने सभी लक्ष्यों को प्राप्त कर सकेंगे।

2. मेंटॉरिंग बहुत ज़्यादा प्रभावशाली है, चाहे आप जीवन के किसी भी पड़ाव पर हों।
3. आप एक या अधिक मेंटॉर्स की सहायता ज़रूर लें। इस किताब को मेंटॉर की तरह उपयोग में लाएँ और इस किताब में दिए गए विचारों पर अमल करें।

******

'एक उत्तम मेंटॉर तलाशना बहुत मुश्क़िल है, उसे फिर छोड़ना और भी मुश्क़िल है और उसे भूल जाना तो नामुमकिन है।' यह किताब आपका पहला मेंटॉर हो सकती है और आपको अद्भुत सफलता के रास्ते पर बहुत आगे तक ले जा सकती है।

एक बार फिर से, इन सभी मेंटीज़ को मेरा बहुत धन्यवाद। पर महत्त्वपूर्ण बात यह है कि **इस किताब में दिए विचार ही मेरी मेंटॉरिंग का केंद्र बिंदु हैं**। मैंने अपना सारा ज्ञान और अपने अनुभव पर आधारित शिक्षाएँ, इस किताब के माध्यम से आप लोगों के सामने रख दी हैं, आप सबसे शेयर किया है। आशा करता हूँ, इस किताब से आपको भी उतना ही लाभ होगा जितना मेरे सैकड़ों मेंटीज़ को हुआ है।

अब शुरुआत करें

14

अपनी सफलता की यात्रा पूरे जुनून के साथ शुरू करें

'हज़ारों मीलों की यात्रा शुरू होती है एक ही कदम से' —*लाओ ज़ू*

इस किताब को पढ़ने के लिए बधाई! पर असली काम तो अब शुरू होता है। मेरा लक्ष्य केवल यह नहीं है कि आप किताब पढ़ें, बल्कि आपको मेंटॉर करके आपके जीवन में अर्थपूर्ण सफलता प्राप्त करने में मदद करना है। हाँ, आप अपनी सफलता की यात्रा का नियंत्रण अपने हाथ में ले सकते हैं और अपनी दुनिया को बदल सकते हैं, यदि आप स्वयं से प्रतिज्ञा करके शुरुआत करें। इस प्रतिज्ञा के अनुसार इससे पहले कि आप इस किताब में दी गई शिक्षा को भूलें, आप अपने लक्ष्य चक्र बनाकर जुनून के साथ उस पर मेहनत से काम शुरू करें। इस किताब के विचार शायद आपको सरल लगें और आपको लगे कि आप केवल पढ़कर ही इन्हें अमल में ले आएँगे, पर यह बहुत बड़ी ग़लती होगी। जानने का अर्थ यह नहीं है कि आप इसे कार्यांवित भी कर रहे हैं। यदि ऐसा होता तो हम सभी अपने लक्ष्यों को हासिल कर लेते। यह किताब एक फ़िटनेस की किताब की तरह है, केवल पढ़ने से आप फ़िट नहीं होंगे, आपको इस पर काम करना होगा। इसलिए इसे अगले दिन पर मत टालिए।

'आने वाला कल, अकसर सप्ताह का सबसे व्यस्त दिन होता है'
—स्पेनिश मुहावरा

डॉ सॉइस ने एक बार लिखा था, 'जितना अधिक आप पढ़ेंगे, उतना ही अधिक आप सीखेंगे। जितना अधिक आप सीखेंगे, उतना अधिक आप जीवन में आगे बढ़ेंगे।' अब आगे बढ़ने के लिए तैयार हो जाएँ, पर पहले, अपने इच्छित गंतव्य के लिए आपको लक्ष्य निर्धारित करने की ज़रूरत है। अपनी डायरी या लैपटॉप में, आज की तारीख़ डाल लें और इस किताब में बताए गए विचारों के अनुसार लक्ष्य चक्र की रचना करें।

यद्यपि मेरा सुझाव है कि आप लंबी अवधि के जीवन लक्ष्यों से शुरू करें (15-20 साल), पर यदि आप जीवन के उस पड़ाव पर हैं, जहाँ लंबी अवधि के जीवन लक्ष्यों को चुनना मुश्क़िल है तो पाँच से दस साल तक के लक्ष्यों से शुरू करें। आप चाहें तो पहले पाँच लक्ष्य श्रेणियों से शुरू कर सकते हैं। मैं आपको सुझाव देता हूँ कि आप शिक्षा /करियर, भौतिक, स्वास्थ्य, संबंध (रिश्ते) और समाजसेवा को चुन सकते हैं।

स्वयं को चुनौती दें। क्या अपने इच्छित लक्ष्यों को निर्धारित करते समय आप बड़ा सोच रहे हैं? स्वयं को सीमित मत करें; बड़े स्वप्न देखें। जिसे आप आसानी से पा लें, ऐसे लक्ष्यों को न चुनें। बल्कि अपने बड़े-बड़े स्वप्नों से स्वयं को चकित कर दें। क्या होता अगर भूतपूर्व फ़िल्म स्टार दिलीप कुमार, जो क्राफ़ोर्ड मार्केट में कभी फल बेचते थे और अधिक फल बेचने पर ही सब्र कर लेते, या एमएस धोनी, जो कभी खड़कपुर रेलवे स्टेशन पर टिकट कलैक्टर थे, 'स्टेशन मास्टर' बनने का लक्ष्य बना लेते? ऐसी ही कहानियों से प्रेरणा लें और अलग सोचें, बड़े लक्ष्य बनाएँ। फिर हर लक्ष्य को लिख लें। एक बार लक्ष्य लिख लेने के बाद, उन्हें कार्यांवित करने योग्य छोटे लक्ष्यों में बाँट लें और हर काम के सामने उसके समाप्त करने का समय और तारीख़ डाल दें। अब पूरे जुनून और उत्साह से आगे बढ़ें।

आप अर्थपूर्ण सफलता के रास्ते पर निकल पड़े हैं। एक त्रुटिहीन योजना बनाने के बारे में चिंता मत करें। मेरा अनुभव है कि एक त्रुटिहीन योजना का

इंतज़ार करने से अच्छा है कि काम शुरू कर दिया जाए। शुरू करने का अर्थ है कि लक्ष्य को हासिल करने की ओर बढ़ाया हर कदम सचेत होकर उठाया जाए। याद रहे, सफलता उन सभी छोटे-छोटे प्रयत्नों का जोड़ है, जो हम हर रोज़ करते हैं।

इस वास्तविकता को समझ लें कि आप किसी और के साथ स्पर्धा नहीं कर रहे हैं, आपकी स्पर्धा तो स्वयं आपके साथ है; आप स्वयं को श्रेष्ठ बना रहे हैं, पहले से कहीं बेहतर बना रहे हैं।

जिस गंतव्य पर आप पहुँचना चाहते हैं, वहाँ पहले से ही कोई उपस्थित है। यदि आप उस व्यक्ति जैसा अनुभव और योग्यताओं का स्वयं में विकास कर लेंगे तो आप भी वहाँ पहुँच जाएँगे। —डॉ विवेक मानसिंह

इसलिए, स्वयं में लीडरशिप का विकास, लीक से हटकर सोच और अन्य योग्यताओं का विकास करें और उत्कृष्ट बनें। हर महीने अपनी प्रगति का रिव्यु करें। यह दर्पण के सामने बैठकर खुल कर वार्तालाप करने जैसा है। जब तक आप स्वयं से पूरी तरह से ईमानदार नहीं होंगे, आपकी यात्रा सफल नहीं होगी।

यह सफलता की यात्रा आप पर बोझ नहीं होनी चाहिए। आपको स्वयं का पुष्टिकरण करना होगा और अपने हर लक्ष्य पर पहुँचने के लिए शाबाशी देनी होगी। अत: आप जब भी कोई ख़ास पड़ाव पूरा करें तो स्वयं को ट्रीट दें। जैसा कि पहले भी बताया गया है, जीवन की यात्रा उतनी ही महत्त्वपूर्ण है जितनी मंज़िल, अत: सकारात्मक, ख़ुश तबियत रहें और अपनी यात्रा का आनंद उठाएँ।

यदि आप इस किताब को मार्गदर्शिका के रूप में प्रयोग करें तो आप अपने बच्चों, भतीजे-भतीजियों, सहकर्मियों और कर्मचारियों के लिए बेहतरीन मेंटॉर बन सकते हैं। उन्हें यह किताब पढ़ने, उनकी क्षमता जानने और अर्थपूर्ण सफलता हासिल करने के लिए प्रेरित करें। यदि हम ख़ुशी और सफलता की ओर बढ़ते हैं, बेशक छोटे-छोटे कदमों से ही तो हम अपने परिवार, संस्था और समुदाय में भी ख़ुशी और सफलता पैदाकर सकते हैं।

कृपया मुझे अपना फ़ीडबैक, प्रश्न, परेशानियाँ और सफलता की कहानियाँ भेजें। मैं आपके मेंटॉर के रूप में सदा उपस्थित हूँ, आप मेरी वेब साइट और सोशल मीडिया चैनल के माध्यम से मुझसे (निशुल्क) संपर्क कर सकते हैं। इनका लिंक इस किताब के अंत में दिया गया है।

आपको ढेर सारी शुभकामनाएँ!

'आप किनारे पर खड़े होकर पानी को मात्र देखते हुए ही नदी पार नहीं कर सकते'—रबिंद्रनाथ टैगोर

परिशिष्ट

लक्ष्य चक्र बनाने (निर्धारित करने) में मार्गदर्शन

लक्ष्य बनाना और उसके अनुसार चलना इस किताब का एक प्रमुख विषय है : यदि आप इसे करने के लिए चट्टान जैसी दृढ़ता से शपथ लें तो अर्थपूर्ण और अद्‌भुत सफलता आपको अवश्य मिलेगी। यह अध्याय आपको कुछ सुविधाजनक उदाहरण देगा, जिन्हें आप लक्ष्य निर्धारित करने के अभ्यास के शुरुआती कदमों के तौर पर इस्तेमाल कर सकते हैं। पर ये केवल उदाहरण हैं: इनका आँख बंद करके अनुसरण नहीं करना है। अपने लक्ष्य आपको स्वयं निर्धारित करने हैं। याद रहे, इस किताब का मूल बिंदु है : 'परिभाषित कर लें कि आप कैसा व्यक्ति बनना चाहते हैं और फिर उस व्यक्ति जैसा ही बनें।'

लक्ष्य चक्र क्या होते हैं?

सरल शब्दों में, यह किसी भी व्यक्ति की अभिलाषाओं पर आधारित लक्ष्यों की बहुमुखी अभिव्यक्ति है। यह सफलता के मापदंडों की रूपरेखा बनाता है, वह सफलता, जो आप स्वयं के लिए लक्ष्यों को निर्धारित करके प्राप्त करना चाहते हैं।

लक्ष्य चक्रों की अवधि कितनी होनी चाहिए?

जीवन जैसे-जैसे आगे बढ़ता है, हमारी परिस्थितियाँ भी बदलती रहती हैं। एक विद्यार्थी जो सबसे अच्छे कॉलेज में प्रवेश पाने का लक्ष्य निर्धारित कर रहा था, अब वो युवा हो गया है जो अपने करियर को अच्छा बनाना चाहता

है और साथ ही, अपने बढ़ते परिवार या वृद्ध होते माता-पिता की देखभाल करना चाहता है। अत: अपने जीवन का निरीक्षण करें, स्पष्ट विचार करके और अपनी ज़रूरत के अनुसार छोटी और लंबी अवधि के लक्ष्य चक्रों को निर्धारित करें।

क्या मुझे सभी लक्ष्यों पर प्रतिदिन काम करना चाहिए?

अपने सभी लक्ष्यों पर प्रतिदिन, प्रति सप्ताह या प्रति माह फ़ोकस करना शायद संभव नहीं होगा। हो सकता है, आप केवल तीन लक्ष्यों पर किसी सप्ताह, माह या साल में फ़ोकस करना चाहें। लेकिन, अगर लंबे समय तक लक्ष्यों की कोई श्रेणी नज़रअंदाज़ हो रही है तो आपको इसे प्राथमिकता देनी होगी। अध्याय 2 के अनुसार, मैंने स्वयं के लिए लक्ष्यों की आठ श्रेणियाँ निर्धारित की हैं। केवल आप ही यह फ़ैसला ले सकते हैं कि आप अपने निर्धारित लक्ष्य कितनी श्रेणियों में बाँटना चाहेंगे। यदि आप पहली बार लक्ष्य निर्धारित कर रहे हैं तो मेरा सुझाव होगा कि चार या पाँच श्रेणियों से शुरुआत करें।

सबसे पहले, अध्याय 2 के अनुसार, अपनी लंबी अवधि के जीवनभर के लक्ष्य चक्र बनाएँ। एक बार लंबी अवधि के लक्ष्य स्पष्ट कर लेने के बाद, इन्हें छोटी अवधि के लक्ष्यों में बाँट लें और साथ ही, इनकी समयावधि भी लिख लें। लंबी अवधि के प्रोफ़ेशनल लक्ष्य को छोटे लक्ष्यों में बाँटने का उदाहरण नीचे दिया है। याद रहे, अगर ज़रूरी हो तो आप ये लक्ष्य कभी भी बदल सकते हैं, इसलिए अपने लक्ष्य निर्धारित करने में घबराए नहीं।

अ 1 : लंबी अवधि के प्रोफ़ेशनल लक्ष्यों को छोटी अवधि के लक्ष्यों में बाँटना

आपके प्रोफ़ेशनल लक्ष्य आपके लक्ष्य चक्रों का एक महत्त्वपूर्ण भाग होंगे। आपको चाहिए कि अपने संपूर्ण लक्ष्यों के विकास के लिए एक स्पष्ट रास्ता बना लें और इसके लिए आपको अपने इच्छित लक्ष्यों को अनेक छोटे लक्ष्यों में बाँटने की ज़रूरत है। एक 20 साल का युवक लंबी अवधि के प्रोफ़ेशनल लक्ष्यों को छोटे लक्ष्यों में कैसे बाँटे, इसका उदाहरण नीचे दिया गया है।

लंबी अवधि के प्रोफ़ेशनल लक्ष्य : 20 साल के युवक को 40 साल की आयु तक, 20 करोड़ प्रति साल के रेवेन्यू का सॉफ़्टवेयर स्टार्ट-अप बनाना है। इसे छोटे-छोटे, ऐसे लक्ष्यों में बाँटना है जिन्हें आप मैनेज कर सकें :

- 4 साल के शिक्षा संबंधी लक्ष्य : अगले 4 सालों में एक प्रमुख कॉलेज से कंप्यूटर साइंस में इंजीनियरिंग करना।
- एक मेंटॉर तलाशना और उससे नियमित रूप से मार्गदर्शन लेना।
- करियर संबंधी लक्ष्य : अपनी रुचि के क्षेत्र में से किसी अच्छी सॉफ़्टवेयर कंपनी में नौकरी पाना।
- 6 साल के लक्ष्य : अपने वर्तमान रोल में श्रेष्ठ प्रदर्शन करना और स्वयं में सॉफ़्टवेयर डेवलपमेंट और प्रोजेक्ट मैनेजमेंट की योग्यताओं का विकास करना।
- 9 साल के लक्ष्य : मैनेजर बनना और मैनेजमेंट की योग्यताओं का विकास करना। मैनेजर बनने के बाद, डायरेक्टर बनने के लिए आवश्यक योग्यताओं का विकास करना और ज़रूरी अनुभव प्राप्त करना। इसके लिए विस्तृत विकास योजनाएँ बनाना और उन पर काम करना।
- 12 साल का लक्ष्य : डायरेक्टर बनना। अपने स्टार्ट-अप के क्षेत्र में गहन टैक्निकल कुशलता का विकास करना, मैनेजमेंट और टीम-बिल्डिंग का अनुभव प्राप्त करना, अपनी सेल्स टीम के साथ मिलकर बिज़नेस डेवलपमेंट का अनुभव प्राप्त करना, ऑन्त्रप्रोन्योरशिप के मौलिक नियम सीखने के लिए टीआईइ जैसी संस्थाओं को जॉइन करना।
- 15 साल का लक्ष्य : ऑन्त्रप्रोन्योरशिप पर अध्याय में सुझाए गए विचारों की मदद से अपना स्टार्ट-अप लाँच करना। अगले तीन साल में 5 करोड़ रेवेन्यू की कंपनी का निर्माण करना।
- 20 साल का लक्ष्य : अगले पाँच साल में 5 करोड़ रेवेन्यू से 20 करोड़ तक ले जाना।

इस उदाहरण में आप देख सकते हैं, बड़े लक्ष्यों को छोटे लक्ष्यों में, जिन्हें मैनेज करना आसान हो, बाँटकर लंबी अवधि के लक्ष्य आसानी से प्राप्त किए जा सकते हैं। ऐसे लक्ष्य आपको अद्‌भुत स्पष्टता देंगे और आपके प्रोफ़ेशनल रोड मैप बन जाएँगे। इसी तरह, अपनी दूसरी श्रेणियों के लक्ष्यों को भी छोटे, मैनेज करने योग्य लक्ष्यों में बाँट लें और इस बात को देखते रहें कि आप लगातार आगे बढ़ रहे हैं।

अ 2- विद्यार्थियों (9-12 कक्षा) के लिए छोटी अवधि के लक्ष्यों का उदाहरण

जब विद्यार्थी सीनियर ग्रेड (क्लास) में पहुँचते हैं, उन्हें अपनी पसंद के करियर को ध्यान में रखते हुए, यह जानने की ज़रूरत है कि किस विषय में स्पेशलाईज़ करना चाहिए। साथ ही, उन्हें अपने लक्ष्य चक्र ऐसे बनाने चाहिए ताकि वे केवल पढ़ाई में ही नहीं बल्कि अ न्य चीज़ों (खेल, सोशल सर्विस, साइंस प्रोजेक्ट, आर्ट आदि) में भी अच्छे रहें। जो विद्यार्थी यूएसए /यूके वग़ैरह पढ़ने जाना चाहते हैं, उनके लिए यह लक्ष्य चक्र और भी आवश्यक है, क्योंकि इसी तरह के लक्ष्य कॉलेज में प्रवेश का मापदंड हैं।

यहाँ कक्षा 9 के एक विद्यार्थी के लिए, जो आगे चलकर इंजीनियरिंग/मेडिकल/फ़ाइनांस/लॉ को करियर बनाना चाहता है, लक्ष्य चक्रों का उदाहरण दिया गया है। (अन्य प्रोफ़ेशंस के लिए, लक्ष्यों को अपनी ज़रूरत के अनुसार बदला जा सकता है।)

- शिक्षा संबंधी लक्ष्य : अगले चार साल अच्छे अंक लाने पर फ़ोकस करना और तथ्यों की ठोस जानकारी रखना, ताकि ग्रेड 12 के बाद उन्हें इंजीनियरिंग/मेडिकल/फ़ाइनांस/लॉ कॉलेज में प्रवेश पाने के समय प्रयोग किया जा सके। सबसे अच्छे कॉलेज और यूनिवर्सिटी में प्रवेश को नज़र में रखना। यह बात दिमाग़ में रखकर, क्लास में टॉप 10-20% विद्यार्थियों में शामिल होना और कॉलेज/यूनिवर्सिटी की प्रवेश परीक्षा के लिए जमकर तैयारी करना। वाद-विवाद, तर्क-

वितर्क, लेख, साइंस प्रोजेक्ट और ऐसे ही अन्य प्रतियोगिताओं में भाग लेना। अपने रोल मॉडल या आदर्श व्यक्तियों की किताबें पढ़ना।

- स्वास्थ्य संबंधी लक्ष्य : तीस मिनट प्रतिदिन व्यायाम करना, अपने स्कूल में या राज्य की जूनियर टीम में कोई खेल खेलना।
- रिश्ते संबंधी लक्ष्य : हर सप्ताह अपने माता-पिता के साथ संगीत का अभ्यास करना या बैडमिंटन खेलना। महीने में एक बार अपने परिवार के साथ हाईकिंग (पैदल लंबी यात्रा) या पिकनिक पर जाना।
- समाजसेवा के लक्ष्य : समाजसेवा का कोई भी एक काम करना, या किसी संस्था (एनजीओ) में मदद करना। अपने ड्राइवर या हैल्पर के बेटे/बेटी की सप्ताह में एक दिन पढ़ाई में मदद करना या किसी अनाथालय के बच्चों को सप्ताह में एक दिन पढ़ाकर सेवा का काम करना।
- मनोरंजन संबंधी लक्ष्य : अपने दोस्तों के साथ क्रिकेट या अन्य कोई खेल खेलना। किसी आर्ट पत्रिका में डूडलिंग का काम करना। खाना बनाना या पेंटिंग सीखना।

अ 3 : यूनिवर्सिटी के विद्यार्थियों के लिए छोटी अवधि के लक्ष्य

ग्रेजुएशन पूरा होने पर विद्यार्थियों को अपनी पसंद की नौकरी तलाशनी होती है। जीवन के इस पड़ाव पर कोई विद्यार्थी नए लक्ष्य चक्र कैसे बनाए? इंजीनियरिंग डिग्री समाप्त करने वाले और आर्टिफ़िशल इंटेलिजेंस (एआई) में नौकरी/करियर शुरू करने के इच्छुक विद्यार्थियों के लिए लक्ष्य चक्रों का उदाहरण नीचे दिया गया है। (दूसरे विषयों के विद्यार्थी भी इस उदाहरण का प्रयोग अपने प्रोफ़ेशनल लक्ष्य निर्धारित करने के लिए कर सकते हैं।)

- शिक्षा संबंधी लक्ष्य : अच्छे अंकों से ग्रेजुएशन करना, सीखने पर फ़ोकस रखना, ख़ासकर एआई के कोर्स में और संबंधित अन्य क्षेत्रों में। एआई के क्षेत्र में किसी कंपनी में इंटर्नशिप करना।

- प्रोफ़ेशनल लक्ष्य : एआई की प्रमुख कंपनियों की लिस्ट बनाना, वहाँ अप्लाई करने की प्रक्रिया और एआई में करियर के विकास को समझना, किसी प्रमुख कंपनी में एआई की नौकरी पर फ़ोकस रखना, एआई पर 2 किताबें पढ़ना और एक किताब इंटरव्यू तकनीक पर भी पढ़ना। वैबिनार और पॉडकास्ट सुनकर एआई के बारे में सीखना। अपने मेंटॉर से सहायता लेते रहना।
- स्वास्थ्य संबंधी लक्ष्य : अपने कॉलेज की टीम में कोई खेल खेलना। कॉलेज जिम में या जॉगिंग ट्रैक पर सप्ताह में तीन बार व्यायाम करना। मेडिटेशन और डीप ब्रीदिंग तकनीक सीखना।
- रिश्ते संबंधी (रिलेशनशिप) लक्ष्य : दोस्तों के साथ मज़बूत संबंध बनाना, सकारात्मक मित्रों के साथ रहना। माता-पिता और बहन-भाइयों के साथ समय बिताना। *लिंक्डइन* में अपना प्रोफ़ाइल बनाना और प्रोफ़ेशनल नेटवर्क शुरू करना।
- समाजसेवा संबंधी लक्ष्य : कॉलेज की किसी चैरिटी में स्वयंसेवक बनना, कॉलेज स्टाफ़ और उनके बच्चों की मदद करना।
- मनोरंजन संबंधी लक्ष्य : कॉलेज की टीम से क्रिकेट खेलना। फ़िल्म देखना। हर महीने दोस्तों के साथ कैरीओके पर गाने गाकर शाम का आनंद उठाना। बेकिंग का कोई कोर्स करना।

अ 4 : यूनिवर्सिटी के विद्यार्थी जो कॉलेज से ग्रेजुएट होने के एकदम बाद अपना स्टार्ट-अप शुरू करना चाहते हैं, उनके लिए छोटी अवधि के लक्ष्य।

आज का नया भारत युवाओं के लिए अद्‌भुत और अनेक अवसर प्रदान करता है। इनमें से एक है स्टार्ट-अप शुरू करना। यहाँ किसी और के लिए काम करने के स्थान पर युवा अन्य लोगों के लिए नौकरी पैदा कर सकते हैं। यदि आप ऑन्त्रप्रोन्योर बनना चाहते हैं और सोचते हैं कि स्टार्ट-अप ही आपकी दुनिया है तो नीचे दिए लक्ष्य चक्रों के उदाहरण से सहायता ले सकते हैं।

- शिक्षा संबंधी लक्ष्य : अच्छे अंकों से ग्रेजुएशन करना, ऑन्त्रप्रोन्योरशिप के अपने इच्छित क्षेत्र में ख़ूब अच्छे से सीखने पर फ़ोकस करना, अपने स्टार्ट-अप के क्षेत्र में कोई प्रोजेक्ट या इंटर्नशिप करना। बेहतर होगा, यदि किसी स्टार्ट-अप में ही इंटर्नशिप करें। अपने लिए मेंटॉर तलाशें और नियमित रूप से उसके साथ सैशन करना।
- प्रोफ़ेशनल लक्ष्य : स्टार्ट-अप के बारे में सीखना और एक बिज़नेस योजना बनाना शुरू करना। स्टार्ट-अप के अन्य पहलुओं के बारे में सीखने के लिए टीआईइ जैसी कोई संस्था जॉइन करना। इस किताब के 'ऑन्त्रप्रोन्योरशिप' अध्याय में दिए गए सुझावों की बारीकियों को समझना। ग्रेजुएशन के एकदम बाद अपना स्टार्ट-अप लॉन्च करना। *गूगल, याहू, फेसबुक, नेटस्केप* सभी कॉलेज से ग्रेजुएट होने के एकदम बाद ही शुरू किए गए थे।
- स्वास्थ्य संबंधी लक्ष्य : सप्ताह में तीन दिन व्यायाम करना : दौड़ना, साइकिल चलाना, ज़ुम्बा, योग, कोई खेल खेलना वग़ैरह, इनमें से कोई भी चुनना।
- रिश्ते संबंधी लक्ष्य : दोस्तों के साथ मज़बूत संबंध बनाना, सकारात्मक मित्रों के साथ रहना। माता-पिता और बहन-भाइयों के साथ समय बिताना। *लिंक्डइन* में अपना प्रोफ़ाइल बनाना और प्रोफ़ेशनल नेटवर्क शुरू करना।
- समाजसेवा लक्ष्य : कॉलेज की किसी चैरिटी में स्वयंसेवक बनना।
- मनोरंजन संबंधी लक्ष्य : क्रिकेट या कोई खेल खेलना। फ़िल्म देखना। खाना बनाना सीखना। अपनी बेहतरी के लिए कुछ-न-कुछ हॉबी सीखते रहना।

अ 5 . करियर के शुरू में प्रोफ़ेशनल्स के लिए छोटी अवधि (3 से 5 साल) के लक्ष्यों का उदाहरण

नौकरी शुरू करना, एक बहुत ही आनंददायक अनुभव होता है। आपमें स्वतंत्र होने की भावना आने लगती है। आप नए दोस्त और अपना नेटवर्क

बनाने लगते हैं। हर उपलब्धि ख़ुशी का क्षण होती है। पर इस समय आप लक्ष्य निर्धारित करने पर फ़ोकस को नज़रअंदाज़ कर सकते हैं। इस ग़लती से बचने के लिए, अपने लंबी अवधि के लक्ष्यों को फिर से देखें और अपने लिए छोटी अवधि के लक्ष्य चक्रों को फिर से बनाएँ। यहाँ एक उदाहरण दिया गया है।

- प्रोफ़ेशनल लक्ष्य : अगले कुछ सालों में मैनेजर बनना। अपनी रुचि के क्षेत्र में करियर के विकास को समझना और प्रोफ़ेशनल कोर्स और अनुभवों के माध्यम से योग्यताओं के विकास पर फ़ोकस करना।
- शिक्षा संबंधी लक्ष्य : यदि ज़रूरत है तो आगे की शिक्षा या विशेष कोर्स के लिए प्रमुख संस्थाओं को लक्ष्य बनाना। निरंतर सीखने के लिए अपनी रुचि के क्षेत्रों के बारे में पाँच किताबें पढ़ना। पॉडकास्ट सुनना और मुख्य शिक्षा के नोट्स बनाना। एक मेंटॉर तलाशना और नियमित सैशन करना।
- आर्थिक लक्ष्य : यदि ज़रूरत हो तो अपने माता-पिता और परिवार के अन्य सदस्यों की मदद शुरू करना। बचत शुरू करना और स्पष्ट लक्ष्यों के साथ निवेश करना। बचत योजनाओं पर सावधानी से रिसर्च करना और सोच-समझकर निवेश करना।
- भौतिक लक्ष्य : एक मोटरबाईक या कार ख़रीदना।
- स्वास्थ्य संबंधी लक्ष्य : कोई भी तरीक़ा अपनाकर 45 मिनट तक प्रतिदिन व्यायाम करना। काम पर टीम वाले खेल खेलना जैसे कि बास्केट बॉल वग़ैरह। इससे व्यायाम के साथ संबंध भी बनेंगे।
- रिश्ते संबंधी लक्ष्य : परिवार के साथ मज़बूत संबंध बनाना, सच्चे दोस्त बनाना। विवाह और परिवार शुरू करने के बारे में सोचना।
- मनोरंजन संबंधी लक्ष्य : हर साल परिवार के साथ सात दिनों के लिए छुट्टियाँ मनाने जाना। घर की छत पर या बालकनी में एक बग़ीचा बनाना। कोई नई कला सीखना।

- समाजसेवा के लक्ष्य : स्वयंसेवक बनना / दान करना। ग़रीब बच्चों की शिक्षा स्पांसर करना।

अ 6 . मध्य स्तर से सीनियर स्तर के प्रोफ़ेशनल्स के लिए लक्ष्यों का उदाहरण

करियर के इस पड़ाव पर, आप अपनी प्रोफ़ेशनल क्रिया-कलापों में अति व्यस्त होंगे। संतुलित लक्ष्यों से फ़ोकस का हटना बहुत आसान होगा। इस ग़लती से बचने के लिए, लंबी अवधि के लक्ष्य चक्रों को फिर से देखें और अपने लिए नए छोटी अवधि के लक्ष्य चक्र बनाएँ।

- करियर लक्ष्य : अगले दस से पंद्रह सालों में वीपी/एसवीपी/ सीईओ बनना। करियर में इस उन्नति की तैयारी के लिए सही अनुभव प्राप्त करने पर फ़ोकस रखना। इस रास्ते पर आगे बढ़ते हुए निजी उत्कृष्टता का विकास, लीक से हटकर सोच और लीडरशिप योग्यताओं का विकास करते रहना। जीवन के पड़ावों को आधार मानते हुए छोटी अवधि के लक्ष्यों को बनाना, जो ज़रूरी योग्यताओं का विकास करने में मदद करेंगी। अपनी नौकरी में श्रेष्ठता हासिल करना, मुश्क़िल प्रोजेक्ट पर काम करना और ग्राहक (कस्टमर) की समस्याओं को हल करने के लिए नए-नए विचार सोचना। कुल मिलाकर, अपने इच्छित रोल के लिए तैयार होना।
- शिक्षा संबंधी लक्ष्य : एक अच्छे संस्थान से एग्ज़ीक्यूटिव शिक्षा की डिग्री को पूरा करना। अप-टू-डेट रहने के लिए अपने क्षेत्र में विशेष कोर्स करते रहना। अपनी रुचि के क्षेत्र में 10 किताबें पढ़ना और निरंतर सीखते रहना। प्रेरकों और रोल मॉडल्स को पहचानकर, उनका किया गया काम देखना, उनसे सीखना। एक मेंटॉर तलाशना और नियमित सैशन करना।
- आर्थिक लक्ष्य : 1 या 5 करोड़ की नेटवर्थ पैदा करना। यदि ज़रूरत हो तो अपने माता-पिता और परिवार के अन्य सदस्यों की मदद

करना। बचत शुरू करना और स्पष्ट लक्ष्यों के साथ निवेश करना।

- भौतिक लक्ष्य : कार/अपार्टमेंट ख़रीदना।
- स्वास्थ्य संबंधी लक्ष्य : अपनी पसंद के किसी तरीक़े से हर रोज़ 45 मिनट तक व्यायाम करना।
- रिश्ते संबंधी लक्ष्य : अपनी पत्नी, बच्चों, माता-पिता और रिश्तेदारों के साथ समय बिताना और मज़बूत संबंध बनाना। अपने बच्चों के साथ कोई रुचिकर प्रोजेक्ट बनाना और उन्हें मेंटॉर करना। सच्चे दोस्तों का एक ग्रुप बनाना, साथ ही प्रोफ़ेशनल नेटवर्क तैयार करना।
- आध्यात्मिक लक्ष्य : प्रतिदिन 15 से 30 मिनट मेडिटेशन या प्रार्थना करना।
- मनोरंजन संबंधी लक्ष्य : हर साल या छह माह में अपने परिवार के साथ 7 दिन की छुट्टियों पर जाना। घर की छत पर या बालकनी में एक बग़ीचा बनाना। कोई नई कला सीखना। फ़िल्में देखना। किताबें पढ़ना।
- समाजसेवा लक्ष्य : स्वयंसेवक बनना/दान करना। ग़रीब बच्चों की शिक्षा स्पॉन्सर करना, दस ग़रीब बच्चों को स्वास्थ्य सेवाएँ मुफ़्त में देना, अपनी क्षमता के अनुसार समाजसेवा करना।

अ 7 : अपनी प्राइमरी नौकरी से रिटायर्ड लोगों के लिए लक्ष्य चक्रों का उदाहरण।

जीवन के सुनहरे सालों में आपका स्वागत है–यह समय अपनी मेहनत का फल खाने का है। पर रिसर्च से पता चला है कि नियोजित क्रियाकलापों के साथ सक्रिय रहने वाले रिटायर्ड लोग, उन लोगों से अधिक ख़ुश रहते हैं जो सक्रिय नहीं रहते हैं। आपके अगले 5 से 10 सालों के लिए लक्ष्य चक्रों का उदाहरण नीचे दिया गया है।

- जीवन की दूसरी पारी खेलने की तैयारी : यदि सेहत अच्छी है तो अपने ज्ञान और अनुभव का लाभ सलाहकार या कंसल्टेंट के रूप

में, नॉन-प्रॉफ़िट और फ़ॉर-प्रॉफ़िट संस्थानों के लिए काम कर सकते हैं।

- समाजसेवा : अपने पोते-पोतियों, नातियों सहित 50 युवाओं को मेंटॉर करना। 5 ग़रीब बच्चों को पढ़ाना, 10 ग़रीब बच्चों को मेडिकल सहायता देना, रोटरी या अन्य किसी एनजीओ के माध्यम से दान देना।
- आर्थिक लक्ष्य : अपने को आर्थिक रूप से व्यवस्थित करना और अपनी चादर के अनुसार पैर फैलाना। अपनी बचत में से कुछ धन उन चीज़ों को करने में ख़र्च करना जो आपने पहले करना तो चाहा था, पर दूसरी ज़रूरतों के कारण कर नहीं पाए थे।
- स्वास्थ्य संबंधी लक्ष्य : अपने वज़न को जाँचते रहना, अपनी आयु के अनुसार सेहतमंद आहार लेना। सप्ताह के तीन दिन 30 मिनट के लिए व्यायाम या वॉक करना।
- आध्यात्मिक लक्ष्य : अब आपके पास खाली समय अधिक है तो किसी मंदिर या अपने किसी पसंदीदा पवित्र स्थान पर स्वयंसेवक का काम करना। प्रार्थना या मेडिटेशन के माध्यम से ईश्वर से संबंध क़ायम करना।
- रिश्ते संबंधी लक्ष्य : अपने बच्चों, नाती-पोतों और दोस्तों के साथ समय बिताना।
- मनोरंजन संबंधी लक्ष्य : हर साल किसी एक नई जगह की यात्रा करना। सप्ताह में 2 दिन कोई खेल खेलना। किताबें पढ़ना, फ़िल्में व खेल देखना।

***

आशा करता हूँ कि लक्ष्य चक्रों के ये उदाहरण आपकी शुरुआत के लिए लाभदायक होंगे और इनमें से कम-से-कम एक आपकी परिस्थिति के क़रीब होगा। टालें नहीं, अपने लक्ष्य चक्रों पर काम आज से ही शुरू कर दें। *अपने जीवन के हर पड़ाव पर अपने लक्ष्यों को लिख लें*। स्वयं को चुनौती दें और

मेहनत से जुनून के साथ आगे बढ़ें। दुनिया आपके कदमों में होगी और आप अर्थपूर्ण व अद्भुत सफलता, संतुष्टि और आनंद की प्राप्ति करेंगे।

आपके सवाल और ऑनलाइन मेंटॉरिंग

इस किताब को पढ़ने के लिए आपको बधाई हो। क्या आपके कोई सवाल हैं? मेरे सोशल मीडिया चैनल्स या नीचे दी गई मेरी वेबसाइट के माध्यम से कृपया हमसे संपर्क करें। इन चैनल्स के माध्यम से मैं अनेक लोगों को लगातार मेंटॉर करता हूँ।

LinkedIn : Dr Vivek Mansingh
Facebook : Vivek Mansingh
Twitter :@Mansingh Vivek

Website : www.vivckmansingh.com

मेरे मेंटीज़ या मैं आपके सवालों के जवाब व्यक्तिगत या सामूहिक रूप से देंगे। ऑनलाइन मेंटॉरिंग के लिए कोई शुल्क नहीं है।

मेरा सपना है—'मेंटॉर ए मिलियन' (दस लाख लोगों को मेंटॉर करना) और युवाओं पर सकारात्मक प्रभाव डालना।

आभारोक्ति

मेरे लिए इस किताब को लिखना, अपने उस सपने को पूरा करना है जो मैं दशकों से देखता आया हूँ। मेरा सपना सैंकड़ों नहीं, बल्कि दस लाख युवाओं को मेंटॉर करने का है। मेरी इस किताब को लिखने की यात्रा का प्रतिफल मेरी सोच से कहीं अधिक रहा है।

यह सुश्री रचना ठाकुरदास के बग़ैर संभव नहीं था, जो इंग्लिश एडिशन की मेरी किताब की सह-लेखिका थीं। इस किताब के हिंदी एडिशन का अनुवाद करने में डॉ सोनल मित्रा का अभूतपूर्व योगदान है। उनके अथक परिश्रम और कड़ी मेहनत ने हिंदी एडिशन को एक नया रूप दिया है। मैं उनका बहुत आभारी हूँ।

इस किताब में प्रयोग किए गए अद्भुत स्कैच तैयार करने के लिए, मैं श्री सुरेश हुइड्रोम जी का आभारी हूँ। श्री सुरेश जी अंतरराष्ट्रीय स्तर के कलाकार और आर्किटेक्ट हैं, जिन्होंने भारत, यूएसए, यूके और सिंगापुर में अनेक अवॉर्ड्स प्राप्त किए हैं।

'अद्भुत सफलता' के कुछ वे श्रेष्ठ मास्टर्स जिनका मैं जीवनभर ऋणी रहूँगा, जैसे कि–श्री रतन टाटा, श्री नारायण मूर्ति, श्री सद्गुरु जी, श्री जॉन चैंबर्स, सुश्री किरण मजुमदार-शॉ, डॉ देवी शेट्टी, श्री राहुल द्रविड़, श्री प्रकाश पादुकोण और सुश्री वाणी कोला। इन सभी महानुभावों ने अपने जीवन से सीखे गए कुछ सबक़ों को इस किताब के लिए हमारे साथ शेयर किया है। इन सभी के ज्ञान ने इस किताब के संदेश के महत्त्व को कई गुणा बढ़ा दिया है।

मेरे द्वारा मेंटॉर किए गए और किए जा रहे अनेक मेंटीज़ ने अपने अनुभव शेयर करके बताया है कि इस किताब के ज्ञान से उन्हें किस प्रकार लाभ

हुआ है। मैं उनका बहुत-बहुत आभारी हूँ, ये हैं : अनंत मानसिंह, अशोक करानी, आयुष मानसिंह, ध्रुव रंजन वर्मा, एडवर्ड यर्दुमियन, एरिक प्राथर, रजत स्वरूप, रोहन मिश्रा, रूद्रमुनि बी, सतीश एमएम, शैफाली प्रकाश, शुभ्रा सिन्हा, स्नेह वासवाणी, सुजय दत्ता और स्वाति शर्मा।

मैं अपनी मित्र सुश्री जीजा हरि सिंह का आभार प्रकट करना चाहूँगा, जो लगातार मेरा हौसला बढ़ाती रहीं और मेरी मदद करती रहीं। यहाँ मैं सुश्री तारा नायर, श्री सुधीर सेठी, डॉ अक्षय मानसिंह और डॉ रवि प्रकाश का आभार प्रकट करना चाहूँगा जिन्होंने आवश्यक लोगों से मेरा संपर्क करवाया।

श्री जय कुमार, सीईओ, टूंज़ मीडिया ग्रुप, जिन्होंने इस किताब की वेबसाइट और सोशल मीडिया के लिए मेरी बहुत मदद की है, मैं इनका तहेदिल से आभारी हूँ।

मेरे अपने पब्लिशर पेंगुइन रैंडम हाउस इंडिया के सीईओ श्री गौरव श्रींगेश का, उनकी लीडरशिप टीम का, इंग्लिश एडिशन के एडिटर श्री मनीश कुमार का और हिंदी एडिशन की एडिटर सुश्री शिवानी खरे का भी आभारी हूँ, जिन्होंने इस किताब में विश्वास दिखाया और फिर इस किताब को अंतिम आकार दिया।

मेरा आभार है, अपने परिवार के सदस्यों को जिन्होंने मुझे पूरा सहयोग दिया, किताब की समीक्षा की और मुझे बहुमूल्य फ़ीडबैक दिया। मेरी पत्नी सुश्री प्रीति, जिन्होंने बहुत बार इस किताब को पढ़कर सकारात्मक फ़ीडबैक दिया और कभी कोई शिक़ायत नहीं की जब इस किताब को लिखने के दौरान मेरा पूरा फ़ोकस इस किताब पर ही रहा। सुश्री प्रीति के सहयोग के बग़ैर, मैं 'अद्‌भुत और अर्थपूर्ण सफलता' प्राप्त कर ही नहीं सकता था।

मेरे घर का सदस्य, हमारा हैल्पर, पल्टू, जिसने इस किताब को लिखने के दौरान, सैकड़ों कप चाय पिलाकर मेरी सेवा की।

सर्वोपरि, मैं ईश्वर को धन्यवाद देना चाहता हूँ क्योंकि ईश्वर की मदद और मार्गदर्शन के बिना, मैं 'अर्थपूर्ण सफलता' के रास्ते पर चल कर इस किताब को लिख ही नहीं सकता था।